WIZARD

ヘッジファンドの錬金術

絶対スーパーリターンを追求し進歩する投資手法公開

ジェームズ・アルタッチャー【著】 船木麻里【訳】

The New Hedge Fund Capitalism

Super Cash

Pan Rolling

SuperCash : The New Hedge Fund Capitalism by James Altucher

Copyright © 2006 by James Altucher. All Right Reserved.

All Right Reserved. This translation published under license from John Wiley & Sons International Rights, Inc. through The English Agency(Japan)Ltd.

わたしにとってヒーローである母のリタ・アルタッチャーに捧ぐ

CONTENTS 目次

序章　スーパーキャッシュ？　　　　　　　　　　　　　　7

● 第 1 章 ●　ヘッジファンドはニューバンク　　　　　19

　　サブプライム層向けの自動車ローン　　　　　　　　20
　　トレードファイナンス（ファクタリング）　　　　　22
　　不動産担保ローン　　　　　　　　　　　　　　　　23
　　シニア層に対する生命保険料の融資　　　　　　　　27
　　不動産に対する租税先取特権──タックスリーエン　31
　　ニューヨークのメダリオンタクシー　　　　　　　　33

● 第 2 章 ●　アクティビズム──モノを言う投資家　37

● 第 3 章 ●　クレジットカード債権の買い取り　　　81

● 第 4 章 ●　PIPEs について、
　　　　　　　今まで聞けなかったことすべて　　　　95

　　レギュレーションＳ　　　　　　　　　　　　　　　99
　　死のスパイラル　　　　　　　　　　　　　　　　100
　　取引のタイプ　　　　　　　　　　　　　　　　　102
　　普通株式　　　　　　　　　　　　　　　　　　　103
　　転換社債型新株予約権付社債　　　　　　　　　　105
　　PIPEs の運用益　　　　　　　　　　　　　　　　110

CONTENTS

●第5章● 新・新IPO　　　117

買収目的会社SPAC　　　119
ダッチオークションの実験完了　　　123
裏口上場の台頭　　　126

●第6章● 資産家の投資法に学ぶ　　　131

マーク・キューバン　　　133
ビル・ゲイツ　　　134
マイケル・デル　　　135
ブルース・コフナー　　　136
ピーター・リンチ　　　139
ジョージ・ソロス　　　142
ピーター・ケロッグ　　　143
カール・アイカーン　　　143

●第7章● クローズドエンド型アービトラージ　　　149

ディスカウントのメカニズム　　　150
自分でやってみる（Do It Yourself）クローズドエンド型ファンド　　　153

目次

● 第8章 ● 空売り　161

空売りの落とし穴　164
空売りが成功するとき　170

● 第9章 ● 人生を豊かにするもの　177

ひとつのレアコインにだけ投資しないこと　178
それにしても、1億ドルもする絵画を購入できるものだろうか？　182
ボウイボンドのその後　186
付録――レアコイン12枚で組成する合衆国金貨のタイプセット　190

● 第10章 ● トレンドとカウンタートレンド　205

QQQQクラッシュシステム再訪　210
クリスマスシステム　214
失業率の悪化に逆張りする　218

● 第11章 ● インデックス、そしてETF神話
　　　　　　――アクティブかパッシブか　221

ダウ・ジョーンズ設立当初の採用銘柄はどうなったのか？　229

CONTENTS 目次

●第12章● 要注意！	239
自分でできる（Do It Yourself）デューデリジェンス	252
付録——経歴チェック資料（サンプル）	256
●第13章● ヘッジファンドを立ち上げますか？	285
スタートしたばかりのヘッジファンドマネジャーが犯しやすいミス	285
年間60万ドルでやっていく	290
●第14章● 投資関連の情報 ——古典、新刊書籍、ブログなど	297
投資関連の良書	297
ヘッジファンドに役立つブログ	301
●第15章● どうやってデータを集めるのか？	309
訳者あとがき	315

序章

スーパーキャッシュ？
What Is SuperCash?

　昼間のスーパーマンは、温和なクラーク・ケント。もめごとも目立つのも御免だ。普段の彼は慎重で穏やかだから、冒険好きなロイス・レーンは退屈かもしれない。しかし、あらゆるパワーを発揮して世界を守ろうとする瞬間、彼はスーパーマンに大変身する。太陽エネルギーからスーパーパワーをもらいながら、周りの人間を救うためなら自分の命を危険にさらすこともいとわないのである。

　キャッシュもそれと同じである。ほとんどのキャッシュは銀行口座やマネー・マーケット・ファンド（MMF）やインデックスファンド、そして靴箱のなかで、生き延びれば上等とばかりに、ひたすら眠っているだけである。

　しかし、キャッシュを目覚めさせることで、資本主義全体に存在する流動性の隙間を埋めるのが可能になる。資本主義は常により大きな可能性を求めているが、そのおかげで、商業銀行やミューチュアルファンドなどの大手の機関投資家がリスク回避から入り込めなかった分野にチャンスを創造しているのである。そして、このリスク回避こそが市場の流動性にアノマリーを生じさせて、投資家にお金儲けのチャンスを与えてくれるのだ。

ヘッジファンドや投資家がそのチャンスに気づいて以来、彼らの手法は単に株価上昇を期待したトレードにはとどまらなくなってきている。運用する１ドルたりとも無駄にせず、その１ドルに見合う顧客を探し出して手数料を請求するのだ。ヘッジファンドの多くが株から範囲を広げて、従来の銀行がやりたくてもできなかった、企業や個人に対する融資にも乗り出している。そして、大手のミューチュアルファンドが規模的にも規制上も入り込めなかった裁定のチャンスを生かしたり、「モノを言う投資家」になれば投資価値を高めることができる企業に、資金を注ぎ込んでいるのである。

　これら辣腕ファンドマネジャーは、控えめなＸ％のリターンの代わりにＹ％のリターンを生み出しながら、キャッシュをスーパーキャッシュに変身させているのである。買った株が１日で３倍になるのはもう過去のことだ。これからは、すべてのお金を優れた投資先に送り出して、新たな保有者がそのお金の価値を最大限に引き出しているかどうかを、ファンドマネジャーが、しっかりとモニターする必要がある。

　ファンドマネジャーが自問すべきなのは、資本主義が私に報酬を与える理由は、などだろう。例えば、ミューチュアルファンドのマネジャーが、「よし、今日はインテル株が上がりそうだから買うぞ」と決めたとしても、同じような考えを持つ8000を超すミューチュアルファンドや万単位のトレーダーやアナリストに比べて、彼にエッジ（優位性）があると実証するのは難しいだろう。みんなが同じ情報を共有し、インターネットのおかげで、どんな新しい情報も瞬時に広まってしまうからだ。しかし、これは効率的市場の理論が働いている表れでもある。確かに市場は完璧ではないし、ゆがみも存在するが市場はおおむね効率的であり、特に人気のある大型株にその

傾向がみられる。

　では、市場の取引を損ないやすい非効率性の一歩、先を行くには、取引を積極的にコントロールする必要がある。つまり、

●銘柄選びでは、①相手企業と直接交渉しながら案件を組み立てる（第4章のPIPEsを参照）、②ROEの低い企業の経営陣がキャッシュを有効活用するよう積極的に働きかける（第2章のアクティビズムを参照）。
●債券取引では、他人が組成した債券を単に購入して公開市場に放出するのではなく、銀行が避けている分野に積極的に参入して、投資家であるあなた自身が銀行になったような気持ちで、債券を組成して貸し出すべきである。
●裁定機会では、投資銀行や大手のヘッジファンドの規模が大きすぎるために、素早くかつ柔軟に見つけだすことができないチャンスを探り、市場に残されたアノマリーを生かすべきである。
●以上のどれも実現が困難な場合は、αを追求しているプレーヤーが公開している取引に相乗りする。

　本書は、資本主義に存在するギャップや隙間を描き出そうと試みたシリーズの第3作目である。ただし、市場を取り巻く状況は常に変化しているために、どんなロードマップも単なるガイドにすぎない。また、グローバル経済には膨大な機会が存在しているために、残念ながら筆者が描いているのは何百マイルも広がる市場経済のなかのほんの数平方マイルにすぎないのである。筆者の第1作目、『ヘッジファンドの売買技術』（パンローリング）は、市場で繰り返し起こると思われる基本的なアノマリーや非効率性を取り上げている。

ラージキャップ企業（時価総額が100億ドル以上の大型銘柄）の株価が倒産（ワールドコムやエンロンなど）を発表してから48時間以内に２倍から３倍に上昇する傾向もその一例だが、収益の悪化や同様の悪材料が原因で大幅なギャップダウンを起こしたあとに、株価が反転する傾向も明らかにしている。筆者がカバーしている約19個のアノマリーは、短期トレーディングの案件にはうってつけであり、１億ドル以下のファンドにも適している。ファンドの資産規模が大きすぎると、トレード上のさまざまなゆがみを素早く生かすのが難しくなるのである。

　筆者の第２作目は、『トレード・ライク・ウォーレン・バフェット（Trade Like Warren Buffet）』である。バフェットは間違いなく世界で最も優れた投資家であり、それは50年以上の彼のキャリアのなかで繰り返し証明されている。しかし筆者は、すでに出版されているバフェットに関する本にあまり満足していなかったので、彼の多面的なキャリアについて独自の考察を行うことにしたのである。バフェットにとって、投資で最も重要なのは必ずしもROE（株主資本利益率）やPER（株価収益率）や、その他のお馴染みの評価法ではなかった。その代わりに、どの投資にも必ず１つか２つ、ときには３つの抜け道を用意しておくことで、損失に対する安全性マージンを確保していたのである。ジレットが格好の例である。ジレットはバフェットの巧みな銘柄選択として有名だが、実は彼が選んだわけではない。陰りを見せていた事業と（マーケットシェアでは、ビックがジレットを凌駕していた）、安定したキャッシュフローが乗っ取り屋を引き寄せるのではないのかと心配したジレットのCEOが、バフェットにホワイトナイトになるよう頼んだのである。そういった経緯から、バフェットは普通株に転換可能な年利約９％

の利付き債を、公開市場ではなくて直接ジレットから手に入れることができたのである。そしてこの投資をするに当たり、バフェットは以下の点を押さえていた。

● 最悪のシナリオでも、上位債権なので全額の支払いを受けることができる。また、仮に倒産しても（ジレットでは考えにくいが）資産が清算される。
● 株価が下落しても、ジレットのキャッシュフローは非常に安定していたので、年率9％のリターンが得られると確信していた。そして、債券の満期時に株価が下落していても、元本が償還される。
● また、もし株価が転換価格を上回れば株に転換して十分な投資利益を得られる。そして、実際にそのとおりになったのである。

　つまり、バフェットは大金を投資しながら、投資分の回収の心配をしたり、1セントの損失を出すこともなく、通常の株価の上昇のメリットを享受したうえに待っている間も年率9％の利息を受け取っていたわけである。凡人には素晴らしいディールに思えるが、バフェットにとっては当たり前のことであり、筆者はバフェットが過去50年間に確保した同様の安全性マージンを、入念にリストアップした。
　本書は、さらに一歩進んで、世界中のトップヘッジファンドや投資家によって開拓された資産担保ローンやPIPEs（パイプス）、クローズドエンド型ファンド、新しいタイプのIPO、そしてショッピングモールのBGMや着メロが生み出すキャッシュフローまで証券化してしまう新しいタイプの投資方法を検証している。
　後続する章では、辣腕トレーダーやヘッジファンドマネジャーが

今日の厳しい市場環境でいかにしてキャッシュをスーパーキャッシュに変身させているのかを紹介するが、リターンをスーパーサイズ化するために、以下のトピックと戦略を探って行く。

「**第1章　ヘッジファンドはニューバンク**」　ヘッジファンドは銀行が見落としている分野に食い込んでいる。従来の銀行は短期債権や回収困難なローンは扱わないし、マイクロキャップ銘柄（時価総額が5000万～3億ドルで、しばしば店頭市場で取引される超小型銘柄）への投資リスクは回避している。ヘッジファンドは今や、審査落ちしやすいサブプライム層向けの自動車ローン、ファクタリング、不動産ローン、租税リーエン投資、生命保険などの幅広い分野を扱うニューバンクになりつつある。

「**第2章　アクティビズム――モノを言う投資家**」　バリュートラップ、つまりバリュー株（低いPER、安定した収益、優秀なバランスシート）の素質をすべて兼ね備えていながら、株価が上昇しない銘柄については多くのことが書かれてきた。バリュートラップが生じている原因が単純な場合――経営陣の頭脳が硬直化してしまい、株主価値を高める努力を怠っている。そして原因がもっと根深い場合もある――経営陣が企業を略奪し、余剰キャッシュフローを投資家に還元しない場合だ。アクティビストは、経営陣が何らかの理由から企業価値の解放を拒んでいるが、本来なら大きな価値が潜んでいるような状況を狙って投資する。次に、アクティビストは封じ込められている価値を解放する方法を、経営陣との交渉を通じて彼らに伝える。最悪のケースでは、当該企業の取締役会や、ときには企業そのものを乗っ取るという強硬手段に出る場合もある。一般の個人

投資家がアクティビストになるのは難しいが、アクティビストに相乗りして、投資家の手法を記録している公開資料である「SEC（証券取引委員会）ファイリング」を通じて彼らの投資哲学や行動について学ぶことは可能である。

「第3章　クレジットカード債権の買い取り」　ヘッジファンドは最後のクレジットカード発行体になりつつある。ヘッジファンドがVISAカードを発行するわけではないが、ヘッジファンドがあなたのカード残高の保有者かもれない。不良債権の回収に困った銀行が、遅延債権をまとめて証券化し、ヘッジファンドに売却しているのである。そして、ヘッジファンドは回収業を外部業者にアウトソースするのだ。

「第4章　PIPEsについて、今まで聞けなかったことすべて」　公開企業への私募投資（PIPEs）は、多くの中小企業の資金調達手段として、伝統的な公募増資を着々と置き換えつつある。投資銀行に7％以上の手数料を払ったり、コストが掛かるSECファイリングを強いられたり、投資家を勧誘するための半年単位のロードショーに出ている間に株をショートされるよりも、公開企業はヘッジファンドと直接、条件を交渉して、従来の数カ月ではなく数週間や、ときには数日で資金調達を済ませる方法を好むようになっているのである。第4章は、人気を博しているさまざまな取引構造や、PIPEs後のパフォーマンスについて検証する。

「第5章　新・新IPO」　これまでは、大手銀行や証券会社がIPOのプロセスや利益を独占し、IPO当日に転売していた。しかし、新

しいタイプのIPOが生まれたことによって、ブルーチップ投資銀行が握っていた支配力を、ある程度は個人投資家の手に戻すことに成功している。第5章は、投資企業であるWRハンブレヒトが考案したダッチオークションと、この新しい戦略が生み出している90％を超すリターンについて検証する。また、裏口上場が必要以上に悪者扱いされている点や、プライベートエクイティとIPOを結合した斬新なアイデアである買収目的会社（SPAC）について検証する。

「**第6章　資産家の投資法に学ぶ**」　世界の資産家たちは、どこに個人資産を投資しているのだろうか？　ビル・ゲイツ、マイケル・デル、カール・アイカーン、ピーター・リンチ、マーク・キューバンなどの資産家のポートフォリオを検証する。

「**第7章　クローズドエンド型アービトラージ**」　筆者のお気に入りのアービトラージ戦略である。ポートフォリオの組み入れ銘柄を合わせた全体的な価値を見たときに、ファンドが過小評価されているものを探し出すのがポイントである。クローズドエンド型のファンドは流動性が低いものが多い。つまり、ボリュームが不足しているので、大手の機関投資家（資産規模が2000万ドル以上）が、残骸を残さずに身軽に出入りするのが難しいのである。第7章は実例や、この戦略を専門としているファンドマネジャーに対するインタビューを紹介するだけでなく、個人投資家が参加できる方法を検証する。

「**第8章　空売り**」　筆者は空売りの信者ではない。市場は、長期的には上昇する傾向があるし、そうならない場合でも、不正な企業でさえ株価が急落する前には、数百％も上昇するケースがあるので、

結局、空売り筋にとっては不利だからだ。とはいえ、第8章はこの分野のうち、時の試練に耐えてきた幾つかの空売りの手法について検証する。

「**第9章　人生を豊かにするもの**」　人生を豊かにする品々も、キャッシュフローを生み出してくれる。格好の例として、デビッド・プルマンが開発したボウイボンドが挙げられる。この債券は、ボウイの音楽が将来的に生み出すキャッシュフローを担保とした資産担保ローンであり、ボウイは5000万ドルの借り入れに成功している。ボウイボンドは投資適格の格付を保ち、プルマンはその後もほかの音楽家のために、この斬新な手法を利用して同様のローンを提供している。ボウイが利益を得ただけでなく、投資家もリターンを享受し、プルマンも独自の業界を創造することができたのである。また第9章は、アート投資を専門とするファーンウッド社についても検証している。レアコインについては、この世界の大御所であるシルバーノ・ディジェノワへのインタビューを試みた。

「**第10章　トレンドとカウンタートレンド**」　ジョン・ヘンリーとトビー・クライベル、リチャード・デニスとモンロー・トラウト、ボラティリティと一貫性。どうやってトレンドを追うべきか？　カウンタートレンドのトレードで成功する方法は？　過去30年の間、トレンドフォローの手法を取ってきたヘッジファンドが、特に2000～2002年のベア市場でほかのヘッジファンドが損失を出したり閉鎖するなかで惨敗を免れて年率20％を超すリターンを数年間、享受したことからも人気を高めてきた。筆者の前作『ヘッジファンドの売買手法』のなかで紹介した幾つかの手法や結果を再確認しながら、

新たな戦略をアップデートする。

「**第11章　インデックス、そしてETF神話――アクティブかパッシブか**」　ほとんどの効率的市場理論派が、インデックス投資の熱烈な支持者である。インデックス投資とはS&P500や、ダウ30、あるいはナスダック100などの指標に連動するETF（株価指数連動型上場投資信託）であり、株式市場に幅広く分散投資する。筆者は、ナスダック100やS&P600から削除された銘柄がその後も順調にリターンを出している様子や、設立当初のダウ・ジョーンズ工業株平均株価から削除された削除銘柄の元祖ともいえる優良企業を検証する。

「**第12章　要注意！**」　ヘッジファンドへの投資は、開拓時代の大西部に繰り出して金を採掘するのと同じである――大当たりするかもしれないが、デューデリジェンスを慎重かつ徹底的に行わないと、身ぐるみをはがれる恐れもある。第12章は、自分のファンドの不正をあばいた女性ファンドマネジャーに対するインタビューなどの実例を挙げながら、可能なかぎり詐欺を避ける方法を探る。

「**第13章　ヘッジファンドを立ち上げますか？**」　今日の市場環境ではヘッジファンドを新たに立ち上げるのは容易ではない。平均的な成績のファンドを運営しさえすれば、そこから得られる報酬でやって行き、リスクも乗り越えられると思いがちなヘッジファンドマネジャーが犯しやすい典型的なミスや落とし穴を検証する。

「**第14章　投資関連の情報――古典、新刊書籍、ブログなど**」　キャッシュをスーパーキャッシュに変身させるのは単なる投資スタイ

ルではなく、生き方そのものである。1ドルたりとも無駄にせず価値を最大化して、あなたのサービスを喜んで受けとる顧客を見つけるのは、終わりなきリサーチと忍耐、勇気、そして不屈の精神を必要とするのだ。スーパーキャッシュを目指す道のりは、やりがいがあると同時に非常に困難である。過去の良書だけでなく最新のブログや書籍、そしてネット上に散らばるあらゆる金融情報に常に目を通すことが、筆者には役立っている。第14章では、筆者にとって、なくてはならない書籍やブログを幾つか紹介する。

「第15章　どうやってデータを集めるのか？」　どの投資戦略も試行と分析が必要である。無作為の推測や理論づけも結構だが、最終的にはデータを収集してその理論を試すべきである。第15章は、最高のデータのありかと試行方法について検証する。

第1章
ヘッジファンドはニューバンク
Hedge Funds Are the New Banks

　アラン・グリーンスパン前FRB（連邦準備制度理事会）議長は、2004年2月の上院銀行委員会で当面、ヘッジファンドを規制の対象外にすべきだという議会証言を行った——「ヘッジファンドの重要性は、既存の金融システムに非常に高い流動性を創造している点である」。グリーンスパンが指摘した流動性とは、ヘッジファンドが株の売買を活性化させて市場の効率性に寄与しているという意味ではなくて、従来の銀行の枠内に存在する、流動性は低いがリターンを生み出す数々の貴重なチャンスを銀行がリスク回避、あるいは単なる恐れから見逃してきたために、代わりにヘッジファンドがその役割を果たすようになったという意味だろう。

　トレーディング戦略は、量子物理学の素粒子と同じで観察によって変質する（ヘッジファンド戦略のインデックス化など）。ヘッジファンドは伝統的資産に対するオルタナティブである。制度化するとその価値を失う。広範囲で相関性のない分散投資を目指すファンド・オブ・ファンズのマネジャー（筆者もそのひとりだが）にとって、マージャーアービトラージ、債券アービトラージ、転換社債アービトラージなどの従来のヘッジファンド戦略では、思うようなリター

ンが得られなくなっているのが現状である。市場中立型の戦略では、2倍のリスクで半分のリターンしか得られていない。本来、伝統的資産と相関性がなかったはずの市場中立型、トレーディング中心のファンドは、ヘッジファンドに投下される資本の急増と市場のボラティリティの低下が複合されて、最近では株や債券の動きと重なるかそれ以下になっている。しかしその一方で1990年代後半以降の低金利や、銀行同様にリスク回避の傾向を強めているトレーディング中心のファンド、あるいはITバブルの崩壊とそれによって多くの三流の投資銀行が一掃された流れを受けて、ヘッジファンドはトレーディングから「オルタナティブバンキング」へと変貌し始めている。

　ヘッジファンドから自動車ローンを借りられるのか？　テレビを購入するためのローンを組めるのか？　生命保険の支払いをしてくれるのか？　学費ローンを組めるのか？　映画の制作資金を調達してくれるのか？　その答えはすべて「イエス」である。オルタナティブトレーディングではなく、オルタナティブファイナンシングに特化したヘッジファンドが資産担保ローンのあらゆる分野で立ち上がり、銀行が官僚的、あるいはリスク回避を重視するあまり、思い切って参入できない分野で先頭に立っている。結果として伝統的な手法とまったく相関性のないファンドが誕生し、ボラティリティの低下した環境でも、これまで平均以上のリターンを得られているのだ。

サブプライム層向けの自動車ローン

　コロラド州デンバーを本拠地とするセントリックス・ファイナンシャルが提供するサブプライム層向け、いわゆる信用度が相対的に

低い消費者を顧客とする自動車ローンのアイデアは興味深い。ローン金利は通常15〜20％で、デフォルトリスクをＡ格の保険会社に移転して信用補完している。典型的な借り手は、過去の支払い経歴である「クレジットヒストリー」のレベルが低すぎるために、従来の銀行ローンや自動車ローンの審査を通過するのが難しい層である。

　自動車ローンに投資するときのデューデリジェンスは、ローンのオリジネーターとサービサーの分析や（ファンドにプールされるローンは数千本に及ぶこともあり、個別査定を要する）、貸し手と保険会社の関係などの分析が必要となる。また、デフォルトに対する法律的な契約条件が万全かどうかも重要である。

　サブプライム層向けの自動車ローンファイナンシングに投資する利点とは、

●株や債券など伝統的資産との相関性がほとんどない
●高い分散効果。平均的なローンサイズは１万6000ドルであり、ローンは地理的にもリスク上も分散される
●低いボラティリティ。もともと市場金利よりも高いので、金利の変動に対する感応性が低い。またローン期間が２〜５年と比較的に短期なので、ローンに影響を与えるほど市場金利が変動するとは考えにくい。さらに、このローンは固定金利型なので市場金利の変動には左右されない

　セントリックス・キャピタルマネジメントは1999年以降、一度もパフォーマンスが下落した月がない。2003年にヘッジファンドが立ち上げられ、その後の実績はリターンが物語っている。2004年には

9.987ポイント上昇し、2005年も同様の成果が見込まれている。

　なぜ銀行は、サブプライム層向けの自動車ローンに参入しないのだろう？　セントリックス・キャピタルマネジメント社のクラーク・ゲイツ社長によると、「プライム層向けのポートフォリオと違い、銀行はサブプライム層向けのローンを回収しサービスするような仕組みにはなっていない。われわれはローンを投資資産と位置づけてサービスを提供するように事業全体を設計しているが、銀行はローンをバランスシート上の債権ポートフォリオの一部としかみなしていないのだ」。

トレードファイナンス（ファクタリング）

　IIGトレード・オポチューニティーズファンドはトレードファイナンスに特化したヘッジファンドで、投資資産は3.3億ドルである。トレードファイナンス型の取引は、例えば大型ディスカウントストアが大量の家電製品をメーカーから購入したいとする。ディスカウントストアは商品が到着してから代金を支払いたいし、メーカーは支払いが終わってから出荷したい。トレードファイナンスファンドは製品のアセンブル・出荷・搬入までの2～6カ月の期間に、代金を立て替える仕組みである。ローン利率は通常、年利15％。このタイプのファンドのデューデリジェンスはデフォルトリスクよりも（ウォールマートやコストコが支払いを踏み倒す可能性は低いだろう）、このテレビのリモコンは同梱されているかなど、ファンドマネジャーが自分の扱っている取引内容をきちんと把握しているかが重要になる。IIGが事業を開始した1998年8月はまさにLTCMが破綻した月だが、それ以後もIIGのパフォーマンスが下落した月はな

い。IIGは創業1年目の1999年に年次リターンが10.982ポイント上昇し、翌年はさらに好調で年次リターンは13.240ポイント上昇した。その後、2000年のレベルを超えた年はないが、月次ベースでは常にプラスである。また、同業者のパーム・ビーチ・ファイナンスパートナーズ社も2002年の創業以来、パフォーマンスがマイナスだったことは一度もない。IIGと同様に2003年は、プラス12.526ポイント、2004年は、プラス11.586ポイントと目覚しい実績を上げ続けている。

不動産担保ローン

　顧客の不動産を担保にして現金を貸し出す分野にも、ヘッジファンドが登場している。タリスマンというクレジットカードの遅延債権向けファンドを運営しているマイケル・ドラックマンは、その一方でエクイティ・インカム・パートナーズを通じて、信用評価の低い顧客の不動産を担保に、現金を貸し出している。例えば、200万ドルの住宅を所有しているが、倒産経験者や無収入者などクレジットヒストリーが悪く100万ドルの融資を必要とするような顧客に、ドラックマンは、2桁台の比較的高利率で100万ドルを融資し、200万ドルの住宅を担保にする。そして借り手がデフォルトしても、ドラックマンは容赦なく抵当権を実行するのである。「友人たちに、私からはお金を借りないようにと伝えてある。抵当権を実行すれば友情は壊れるからだ。差し押さえる月は実に気分が良いものである」
　エクイティ・インカム・パートナーズはLTV（融資比率）を67％までとしている。つまり、100万ドルの住宅に対する融資額が67万ドルを超えることは絶対にない。なぜ銀行は、このタイプのローンを提供しないのだろう？　それには、いくつかの理由が挙げられ

る。

●銀行は顧客の信用力に焦点を合わせる傾向がある。彼らは長期的で信用度の高い顧客を求めているのだ。銀行は、自分たちの商売が抵当権を実行して顧客の不動産を清算することだとは認識していないので、不動産に対する興味がそれほどないのだろう。
●このタイプの現金融資は1～2年の短期間のものが多い。銀行は住宅ローンのような30年物の債権を証券化すること以外には興味がないのだ。

1989年にドラックマンがファンドを立ち上げて以来、パフォーマンスは悪くない。今まで運用パフォーマンスが下落した月はなく、1990年には年次リターンが13.348ポイント上昇した。2004年には同様に13.072ポイント上昇している。

以下はドラックマン氏とのインタビュー内容である。

どのようにしてローン対象者を見つけるのか？
第三者の住宅ローンブローカーから持ち込まれる。ガリレオファンドは、LTVの上限を67.5%としており、担保物件の評価額は厳密に分析されている。

担保物件の評価額をどのようにして決めるのか？
不動産鑑定評価は第三者機関から提供されるが、実際の清算価値のデューデリジェンスは、われわれの重要な仕事である。

なぜ銀行は参入しないのか？

われわれがこのタイプのローンを提供し、銀行が提供しない最大の理由は、銀行が顧客が債務を履行する能力に貸出基準を当てているからだろう。銀行も不動産の鑑定評価や信託証書を必要とするのだが、彼らにとって不動産はローン審査の判断材料として重要度が低い。銀行は借り手の返済能力そのものを重視する。われわれは、顧客に債務を履行する能力が十分に備わっているかどうかには興味がない。抵当（不動産）の評価額のみを重視している。ハイリスクローンを提供していると思うかもしれないが、実は逆だ。ローンを提供し始めて18年以上がたつが、抵当権を実行したのは13件で、その13件とも利益を出している。

標準的なローン金利は？

われわれが適用するローン金利がFRBやアラン・グリーンスパンの言動に左右されることはない。ローン金利は純粋に市場原理に基づいている。過去18年間で請求した最低金利は11％で、最高金利は14％である。2005年半ばの現在は12.5％〜13％である。

日本のような不動産バブルの崩壊が起こったらどうなるのか？

われわれは1987年から融資活動を行っている。1987年〜1994年までアリゾナ州の不動産相場は大幅に下落した。金融機関の不良債権問題が不動産価格の下落を加速させたのだが、その間もわれわれは利益を上げていた。LTVの上限を67.5％としているので、不動産価格が32.5％以上下落しないかぎり影響を受けることはない。

不動産バブルが起きかけていると思うか？

　不動産バブルは一般的に投機筋によって引き起こされる。1980年代の不動産バブルも投機活動の結果だった。私はアリゾナ州に関してしか述べられないし、全米の他州について述べるつもりはないが、他州でローン活動を行っているわけではない。アリゾナ州の不動産景気は需要に牽引されており、この州が引き続き太陽の恵みをたっぷりと浴びることができ、ニューヨーク州のアップステートやシカゴ、ウィスコンシン州に住むベビーブーマーたちが高齢化とともに、日照時間の長いサンベルト地域に移住するのをやめないかぎり、アリゾナ州の不動産景気は好調のままだろう。しかし、だからといって景気サイクルを否定するわけではない。過去にも好不況の波を受けながらローン活動を行ってきており、われわれは将来にわたっても楽観視している。

市場金利が上昇したらどうするのか。ローン金利も上昇するのか？

　われわれのローンは2～3年とローン期間が非常に短いうえに、最初は利息だけ払い最終期日に増額返済するバルーン型のI・O（アイオー）ローンである。市場金利の変動に左右されることはなく、金利リスクもない。

貸し倒れになったことはあるか？

　ない。

この業界に入るきっかけは？

　不動産担保ローンは既存顧客にとって、株や債券に代わる有望な投資機会になった。ある日、住宅ローンブローカーから投資家を探

していると切り出され、われわれのニーズが一致した。伝統的資産に対する低い相関性、低い標準偏差、高いシャープレシオのメリットに気づき、この投資手段が既存顧客にとって有望なオルタナティブ投資になると悟ったのである。

シニア層に対する生命保険料の融資

　生命保険の買い取り市場の拡大については、すでにいろいろなところで紹介されているが、急成長しているこの市場の最新の試みは、生命保険料のファイナンスと称される資産担保ローン戦略である。保険契約の開始年齢が高いために、保険料も高くなるシニア層が数多く存在する。生命保険のセカンダリー市場は、保険契約の資産価値を審査してそれを買い取る市場を形成しているので、シニア層は保険契約を資産担保にしたローンで、生命保険料をカバーすることが可能になる。
　このタイプの生命保険をシニア層が必要とする理由は？

●対象シニア層の資産のほとんどがすでにほかの投資に組み込まれているか、現金化しにくいから
●大型不動産を所有する資産家の場合、死亡給付金を相続税対策に役立てることができるから
●予算以上の保険に加入することができるから
●従来の銀行の枠組みでは保険契約を担保としたローンを提供しないケースがあり、被保険者がデフォルトしたときには資産の売却を迫られかねないから

投資家がローンを提供する理由は？

●貸し手は通常、10～15％の貸出金利を手にすることができる
●貸し手にとっては、伝統的な資産のオルタナティブな投資機会になる

　しかし投資である以上、リスクがないわけではない。セカンダリー市場の流動性の問題、法規制の変化や余命の延長などが挙げられる。この分野にはすでに複数のヘッジファンドが誕生している。基本的なアイデアは、65歳以上のシニア層に対する保険料のローンサービスである。標準的なシニアは資産家で、不動産の相続税対策に悩む高額なタイプの生命保険の適格者である。ローン期間は5年でノンリコース、利率は10～15％である。デフォルトの際にはファンドが抵当権を実行して、保険料の支払いをファンドが継続するか、あるいはセカンダリー市場で売却する。被保険者が保険契約を継続する場合には、ローン借入金額と利息を返済しなくてはならない。また、契約を継続したくない場合は、その権利を放棄して利息の支払いを中止することができる。被保険者がローン期間中に死亡した場合は、ローンが死亡給付金から払い戻され、被保険者の不動産には期限前償還ペナルティが課されて死亡給付金の中から払われる。
　このタイプのヘッジファンド戦略に参入し、成功させるには複数の関門がある。以下の能力やスキルは不可欠だ。

●定めた基準にそった生命保険契約を探し出して分析する能力
●セカンダリー市場で保険契約を、競争力のある価格で生命保険会社に販売する能力

●医療関係者、保険アクチュアリーなど当該分野の関係者をコーディネートして、ひとつひとつの契約者の余命期間を査定したうえで多様なポートフォリオを設計する能力
●州ごとに異なる保険の法規制についての知識

　生命保険のセカンダリー市場は、65歳以上のシニアを対象とした保険契約のプールを機関投資家が購入し始めてから、ここ６～７年の間にぐんぐんと大きくなっている。彼らは大数の法則と契約者の余命期間をベースに投資している。平均２億ドルの死亡給付金を手にすることを期待しながら保険料を払い続ける投資家たちは、約７～８年の投資期間で10～15％のIRR（内部収益率）を目標としている。投資家の種類はヘッジファンド、銀行、基金などで、彼らは生命保険契約を投資リターン（ときには相当大きな）の源泉としてだけでなく、株・債券・商品などの伝統的資産からのリスク分散として位置づけている。
　現在の市場規模は150億ドルだが、バーンスタイン・リサーチの予測によれば、生命保険市場は７年以内に1600億ドルの市場に成長するだろう。成長の原動力となっているのは以下の要素である。

●高齢者の寿命の延長
●死亡給付金を売却することで相続税の削減につながる
●低金利時代では、既存の保険契約が貯蓄性にならない
●資産運用計画のツールとして、被保険者は既存の保険契約を売却したうえ、そこから得た現金を元手に、より経済的に新たな保険契約を購入することができる

投資家が生命保険契約を購入するリスクは？

●被保険者の余命期間が延長された結果、保険料の払い込み金額が増えるのでリターンがそれだけ減る。しかしこのリスクは、ひとつではなく生命保険契約のプールを購入することで大数の法則が働き軽減できる。
●生命保険契約のプールに投資する投資家は、被保険者が生き続けるかぎり保険料を払わなければならない。このため初期段階では、投資キャッシュフローはマイナスになる。死亡給付金がトータルの保険料を上回るのは最終段階である。
●セカンダリー市場の保険契約は利率とは逆に相関している。利率が上昇すれば保険料に対する投資判断に影響するだろう。

　生命保険契約の投資価値は、以下の複数の要因が判定基準になる。

●被保険者の余命
●生命保険の種類
●保険料金
●死亡給付金の価格
●生命保険会社の格付け

　10年前には存在しなかった生命保険契約のセカンダリー市場は、150億ドルの市場規模に成長しており、今後も急激に増加するだろう。投資家に新たな利益機会を創出し、間接的にではあるがより多くの人が生命保険に加入するチャンスを広げている。

不動産に対する租税先取特権——タックスリーエン

　銀行がリスクを取りたがらない、あるいは取れるような仕組みになっていない分野でヘッジファンドがファイナンス上のリスクを取る能力を発揮しているために、ヘッジファンドはニューバンクだとみなされることが多いが、ヘッジファンドは税の徴収者としての役割も果たすことが可能だ。州政府は、未徴収税に未払い利息を加えた形で、効率良く国民に資金をローンしているともいえる。もちろんこれらは一般的なローンと違い、国民に直接的に資金を提供しているわけではない。しかし、未徴収の固定資産税はあらゆる点で、不動産担保付き不良債権と同じである。

●税を収める州や市によって異なるが、一般的に遅延金利は高く8〜50％である。その理由のひとつは、固定資産税は不動産価値の数％にすぎないが、政府に借金をしている遅延者の信用度を正確に測る方法がないからである。不動産所有者は本人の信用度にかかわらず、例外なく固定資産税を納めなくてはならない。
●不動産担保付き債権は、銀行ローンより優先されるべき上位債権である。しかし場合によってはIRS（米内国歳入庁）の連邦債務が優先されることもあり、州によっては破産法が債権の返済を阻害するかもしれない。しかし、一般的には税金の未納を理由として資産に対して行われる法的申し立ての権利（リーエン）を有する者が、不動産に対する抵当権の実行を申し立てることができる。リーエンは通常、不動産価値の3〜7％であり、住宅の所有者が差し押さえを許容してまで、その支払いを避けるのは考えにくい。よってリーエンは支払われる確率が高くデフォルトはまれである。

一般的に固定資産税の支払いが1年以上遅延した場合に、州政府はリーエンを競売に掛ける。これは銀行がクレジットカード債権や、サブプライム層に対する自動車ローンを、いちいち回収するのを嫌うのと似ている。州政府は遅延債権を積極的に回収するような仕組みにはなっておらず、一部でも良いから回収して、固定資産税を財源として予算を組んでいた学校、道路開発、消防活動などに速やかに利用するのを選ぶ。

　どの投資もそうであるように、リーエンを購入する前にはデューデリジェンスが重要になる。確認すべき点をいくつか挙げてみる。

●競売が過熱しすぎて、ほかの投資方法と比べて利回りが下がりすぎないかを確認する
●一般的に不動産価値に占めるリーエンの割合が極めて低いために、その所有者がデフォルトを選ぶのはまれだが例外もある。所有者が差し押さえを大歓迎するような、例えばゴミ捨て場に隣接している不動産でないかどうかを確認する
●リーエンはほかのどの債権にも優先されるが、それよりもさらに優先されるIRSが徴収する連邦債務がないかどうかを確認する。また、その州の破産法が固定資産税の支払いの遅延を長期にわたって許容しないかどうかを確認する
●リーエンを支払う前に解決すべき、所有者に対する訴訟が存在しないかどうかを確認する

　タックスリーエンはいかなる資産クラスにも相関していない。リーエンの利回りは、Tビル（米財務省短期国債）よりも2000bp（ベーシスポイント——20％）ほど高くなるので金利が上昇しても価値

が下がりにくい。また、不動産価値もリーエンの価値には無関係である。仮にリーエンが不動産価値の10%だとしても、リーエンの価値が下落するには不動産価値が急落（90%以上）する必要がある。これらの理由からヘッジファンドが急速にリーエンの分野に参入し、競争が増している。ニューヨークを拠点とするファミリーファンドのひとつ、MD・サスは、資産担保証券に重点を置いている。タックスリーエンに特化したヘッジファンドを運用しており、年間8〜14%のリターンを達成している。シティーグループの前副社長だったリチャード・チェンが経営するオリオン・キャピタルもこの分野に特化している。また、イリノイ州、アマーストのオプティアム・リアリティ・コーポレーションは5%の固定リターンを保証し、投資資金をタックスリーエンの購入に充てている。

ニューヨークのメダリオンタクシー

第1章のタイトルは、「ヘッジファンドはニューバンク」だが、一般の民間企業がオルタナティブな貸し出しゲームに参入するのも、珍しくはなくなってきている。特に、銀行ができれば避けたい分野でその傾向が見られる。筆者はニューヨーク市の周辺で生まれ育ったが、車の運転は好きではない。正直に言うと、1年のうち運転をするのは数回で、移動するときにはなるべく公共交通機関を使うことにしている。ニューヨーク市を縦断するには地下鉄が一番速い方法だからだ。しかし、タクシーはたしかに移動時間が長いし高いのだが、座席で仕事はできるし、携帯は使えるしリラックスできるなどのメリットがある。現在、ニューヨーク市には、市に公認された1万2187人のタクシードライバーがいる。雨の日の午時5時にマン

ハッタンで仕事をしている人間ならだれでも、タクシードライバーが10万人ぐらいいればよいのにと思うだろう。しかし残念ながら現状はそうではないし、今後、急激に増える見通しもないだろう。タクシードライバーの人数は法律で定められているのだ。ニューヨーク市内でタクシーを運転するには、市が発行するメダリオン（営業権を証明するボンネットに貼る登録バッジ）を購入する必要があるのである。

　ニューヨーク市は2004年に、向こう３年間で900人、年間300人ずつ、タクシードライバーを増やすと発表した。実はこの決定が下されるまで何年もかかっている。ニューヨーク市議会は追加の300台が公害の原因にならないか、事前に環境調査を命じたほどである。断っておくが、マンハッタン周辺には連日、200万台の車が走っている。わずか300台のタクシーを追加するための官僚的な規制がこれである。というわけで、タクシードライバーの人数の上限はおおむね変わらないだろう。

　メダリオンの供給が厳しく制限されているのに対して、需要が極めて高いため（上司はいないし営業時間も自由、１日中、新たな出会いがある）、メダリオンの価格は発行された当初から高騰し続けている。ところが、タクシードライバーになりたがる多くの人にとって、メダリオンは価格が高すぎて手が届かないのだ。彼らは移民であったり、業界不振でリストラされた人間であったりする。つまり、大手銀行からローンを受けられる層ではない。

　そこで登場するのがメダリオンの購入費をファイナンスする会社、ナスダック上場のタクシー・メダリオン・ファイナンシャル・コーポレーションである。メダリオンの価格は1997年の20万ドルから現在では40万ドルに上昇している。これは、1937年にメダリオンが

最初に発行されて以来、年間平均13％上昇したのに等しく、ダウの年間上昇幅の10％より大きい。タクシー社のようなタイプの企業は、金融機関から受けた融資をメダリオンの購入費が必要な人の貸出資金に充てている。標準的なLTVは60％（融資比率——つまり、メダリオン価格が30万ドルの場合、タクシー社の貸出限度額は18万ドル）。タクシー社の利益は金融機関に払う金利と顧客から支払われる金利スプレッドになる。

　タクシー社はさらに、顧客の預金を引き受けるためにメダリオン・バンクをスタートさせた。引き受け損失がゼロの保険会社を始めでもしないかぎり、銀行業務がもっとも賢く低利資金を得られる方法である（当座預金の金利を考えてみてほしい。ないに等しい）。実際のところ、2004年のタクシー社の借り入れコストと貸出金利のマージンスプレッドは372bp〜437bp（3.72〜4.37％）に上昇した。これは、FRBの利上げにもかかわらずだ。

　タクシー社はアルビンとアンドリュー・マースタインという、父と息子の親子チームが経営している。この親子がニューヨーク市のタクシービジネスについて詳しいか、などと聞くだけ野暮だ。1937年に、アンドリューの祖父が市の発行した最初のメダリオンを10ドルで購入して以来、彼らは常にこのビジネスにかかわってきた。彼らはまた、メダリオンの購入費を貸し出すだけでなく、150個のメダリオンを所有しており、予定されている新たなメダリオンの発行に伴い在庫を増やすだろう。ニューヨーク市が1996年と1997年に、最新のメダリオンを発行したときも、合計400個のメダリオンの価格が翌年には10％以上も値上がりしている。その程度の供給では需要は抑制されないことを示しているのだ。

　ニューヨーク市が2000年以来、数度の運賃値上げを実施している

ことも、新たに発行されるメダリオンの需要を加速させるだろう。この業界の面白いところは、景気の低迷が直ちにタクシー社の向かい風にはならないことだ。失業者が増える、すなわちタクシードライバーの希望者が増えるからメダリオン需要も上昇するのである。

最近のヘッジファンドが取り組んでいるさまざまなファイナンシング方法については、後続する章で取り上げてみたい。

第2章
アクティビズム
——モノを言う投資家
Activism

　個人投資家には、企業の大株主になることで経営陣に働きかけて、株主価値を高めるよう企業に変化を求めるほどの力はない。しかし、「モノを言う株主」である有能なアクティビストの手法を学び、彼らのポジションに相乗りするのは可能である。アクティビストファンドが企業に影響力を及ぼすには、保有ポジションが10％は必要になる一方で、個人投資家には彼らより小回りが効くという長所がある。

　投資の世界は、大半がパッシブな運用手法を採用するパッシブ投資家で構成されているが、パッシブ投資で年間５％以上のリターンが得られる時代は、ほぼ終わったといえるだろう。ここでいう「パッシブ」とは、庭先に出したデッキチェアに寝そべりながら、中国の成長がアメリカ国内のチップ需要にどんな影響を与えるかを予測する（その予測によってインテルが買いがどうか見定めたり）投資家のみならず、自分たちの理論に基づいた市場予測に沿って、投資を行う10万人を超すミューチュアルファンド（投資信託）のアナリストや、デイトレーダー、その他も含まれる。彼らにはエッジ（優位性）がなく、お互いの間を資金が往き来しているにすぎない。確

かにアナリスト予測が功を奏してリターンを上げる日もあるだろう。しかし翌日には、別のアナリストがゲームに勝つことで、昨日、奪われた損を取り戻したにすぎないのである。エッジを効かせるには割安の状況を発掘して、価値を引き出すためのステップを踏みながら、エッジを積極的に創造していく必要があるのだ。

　ある企業が高価値な不動産を所有していながら、含み益がバランスシートに反映されていないために市場に過小評価されていると気づくだけでは十分ではない。その不動産を実際に売却して得たキャッシュを株主に還元するか、それ以上のROE（株主資本利益率）を得られるような状況を作り出していく必要があるのだ。しかし、さまざまな理由から企業はそのステップを取りたがらないかもしれない。硬直した経営体制が積極的にチャンスを生かそうとしないかもしれないのだ。彼らは高価値資産のうえにあぐらをかき、高給を得られれば株主など二の次なのである。これがいわゆる「バリュートラップ」である。企業に相当額の価値がありながら、株主の権利を侵害する経営陣が1年のうち100日をゴルフコースで過ごしたいがために、その価値が株価に反映されないのである。

　アクティビスト型のヘッジファンドは、過小評価されている企業を発掘しポジションを得たうえで宣戦布告する。アクティビストは価値を解放するためには、どんな苦労もいとわない。ヘッジファンドマネジャーのボブ・チャップマンいわく、「アクティビストにはそれなりの特徴がある。戦いにひるまない強い性格が必要なのだ」。

　アクティビストの典型的な手法は次のとおりである。まず、過小評価されている企業を探し出す。過小評価とは必ずしも帳簿価値よりも株価が低い企業を指すものではないし、グレアム・ドッド型のバリュー投資とは随分と異なる考え方である。アクティビストファ

ンドにとっての過小評価の定義は、キャッシュフローが安定していながらROEが低い企業。つまり、経営陣がキャッシュフローを収益性の高い事業に投じていないことを暗示する企業である。経営改革によってキャッシュフローの振り分けを改善するか、むしろ株主への配当や自社株買いに利用したほうが良い場合もある。逆に株価が過大評価されているケースもあるかもしれないが、モノを言う投資家はバランスシートを、より深く掘り下げた企業分析を目指しているのである。

　次にポジションを作る。アクティビストは発言権を得るだけの十分なポジションは作りたいものの、準備が整う前にSEC（証券取引委員会）へのファイリング（申請）を余儀なくされる事態は避けたい。SECは、投資家やファンドが議決権付き株式を5％を超えて取得した場合に、スケジュール13Dによる報告書の提出、いわゆる13Dファイリングを求めている。よって、多くの投資家はまず4.9％のポジションを取得して、その後、一気に株を買い占めることで13Dの開示義務が完了したころには5％を超す10％近いポジションを得るのに成功するのだ。また、手ごろなサイズの企業を選ぶのも、アクティビズムを追求するヘッジファンドの大切な課題である。例えば、1億ドルのファンドを運用するアクティビストが、時価総額が10億ドルを超す企業をターゲットにしても、経営陣が耳を貸すほど大きなポジションを作るのは、なかなか厳しいので意味がないのである。

　13Dファイリングが済めば、アクティビストはその報告書のなかで、ポジションを作った理由や経営陣が価値を解放するために踏むべきステップについて説明することができる。追加的に株式を取得する場合には、当初の報告書に追加説明を加えるか修正案を述べればよい。そしてこれはまた、非常に有効なPRになるケースが多い

のだ。というのも、対象企業の大株主はもちろんのこと、機関投資家向けの情報サービス会社（ISS）など、株主が総会で議決権を行使するさいにアドバイスを提供する企業も、13Dには必ず目を通すからである。本章の後半で巧みな13Dバトルを幾つか紹介したい。

　3番目のステップは、対象企業が実施すべき変革を提示する。アクティビストの典型的な要求は以下のとおりである。

●**新たな経営陣を雇う**　いかなる理由であれ、現CEOは株主価値の解放を拒んだのであるから、お引き取り願う。

●**アクティビストが推薦する取締役候補者を取締役会に送り込む**
現取締役員は経営陣のお仲間かもしれないからだ。取締役会が株主に対する受託者としての義務がある以上、これは決定的な意味を持つ。経営陣が株主の利益に応えていない場合は、取締役会が本当に独立性を保っているかどうかを確認する必要がある。それを探るために、取締役会の詳細な経歴チェックや調査を実施する場合もあるだろう。一見、独立性を保っている取締役会のメンバーが、実は30年前にCEOが大学生だったころの寮のルームメートであったり、アスペンのスキー場に山小屋を共同で所有していたり、週に３回はゴルフを共にするゴルフ仲間だったりするのだ。通常の経歴チェックだけでは取締役会の真の独立性を確認することはできない。

●**対象企業を売却する**　業界そのものが低迷している場合には、さらなる価値を解放できる方法はないだろう。企業を売却するのが最善策の場合もある。

●**資産を部分的にでも清算する**　例えば、大量の不動産を所有するソフトウエア企業が不動産を清算して、その結果を株主に配分する。

近年、ニュースを賑わしたアクティビズムの手本としてディズニー社を挙げることができる。創立者ウォルト・ディズニーの甥であるロイ・ディズニーと彼のパートナーのスタンリー・ゴールドは、ディズニー社のCEOであるマイケル・アイズナーの支配に、長年、不満を抱いていた。マイケル・オービッツ社長が就任して、わずか１年後に支払った１億ドルを超す退職金やジェフリー・カッツエンバーグへの２億ドルの巨額の退職金（もっと早期に手を打っておけば、はるかに少ない金額で済んでいたはずである）、ユーロ・ディズニーの失敗、その他の一連の不祥事を機にロイ・ディズニーとスタンリー・ゴールドは、アイズナーの経営責任を問うことにしたのである。２人はアイズナーを取締役会から追放するプロクシー・ファイト（委任状闘争）を仕掛け、株主の支持を得るために大掛かりな追放キャンペーンを繰り広げたのだ。結果的にアイズナーは取締役会から追放され、CEOも退任した。

　ロイ・ディズニーとスタンリー・ゴールドは、ディズニー社にとっては直接的な利害関係者だが、この２人は他社に対してもアクティビズムを仕掛けている。2005年の前半には、アイパス（iPass）とイントラード（Intrado）に新たなポジションを作り、SECに13Dファイリングを行っている。この２社には共通点があるので、ディズニーとゴールドがポジション（ヘッジファンド、シャムロック・ホールディングを通じて）を作るさいに、何を重視するのかを見定めるのに役立つだろう。単に投資家のポジションに相乗りするだけでは不十分なのだ。もっと大切なのは彼らの投資哲学を探ることで、われわれが実際にポジションを作る前に道しるべとすべきポイントを押さえ、さらにポジションを広げるべきか、エグジット（出口戦略）をするべきかを判断するのに役立てるのだ。なによりも、有能

な投資家の手法を学ぶのは、それだけでも有意義である。

　ディズニーとゴールドがポジションを作った2社には共通点がある。

●両社とも安定したキャッシュフローを生み出していた。過去3年間、毎年、収益と利益が増加していた。
●両社ともバランスシートが優れていた。アイパスはキャッシュが1.58億ドルで負債ゼロ、イントラードもキャッシュが4000億ドルで負債は400万ドルだけである。
●両社ともROEが低く安定していなかった。社外ベンチャーに投じた資金が効率的に使われていないことを示唆している。
●両社とも、企業価値を営業活動による純キャッシュフローで割った値が1桁台である。アイパスの企業価値（株式時価総額＋負債総額－保有現預金）は2.19億ドルで、過去12カ月の営業キャッシュフローは3500万ドル。イントラードの企業価値は2.13億ドルで、営業キャッシュフローは2700万ドルである。

　両社とも無線LANの周辺サービスを提供しており、無線通信事業セクター全体に対する見識が、シャムロック・ホールディングのボトムアップ・アプローチを牽引しているのが分かる。
　アイパスは、企業のモバイル社員が社内データベースに無線で接続するときに必要なソフトを提供している。イントラードは緊急通報システムを既存の電話会社に提供している。例えば、あなたが携帯キャリアのシンギュラー・ワイヤレスの携帯から、緊急電話番号911にダイヤルをしたとする。その通話をイントラードが処理することで、最寄りの警察・消防・救急車にルーティングされると同時

に、あなたのID情報や電話番号も先方に提供されるのである。

　また、アイパスとイントラードは成長産業に属している。アウトソーシングによる分業、増加し続けるモバイル営業、あるいは単純に社員が社外で仕事をすることを可能にする労働環境の変化によってワイヤレス社員は年を追って増えており、これらの状況はアイパスにとって追い風である。イントラードも、FCC（米連邦情報通信委員会）が電話会社に対する911サービスの提供を義務づけたために、インターネット電話のVoIP事業者、ワイヤレス事業者、競争事業者（CLECs）からの需要が伸び続けている。

　シャムロック・ホールディングは、アイパスの株式を平均5.30ドルで450万株取得し、約2700万ドルで購入したことを、2005年5月の13Dファイリングで報告している。投資理由は明らかにしていないが、アクティビストファンドから投資したのは確かである。

　イントラードに関しても同様に、2005年5月26日に13Dファイリングを行っているが、イントラードの株式を平均12.50ドルで100万株強、あるいは6.2％保有していると報告している。6月26日にはイントラードに対する懸念や提案を織り込んだ13Dを新たに提出しており、そのなかでイントラードの対応が遅いと指摘している。具体的には——。

　　「私は5月にジョージ・ハインリッヒに連絡を入れ、イントラードの筆頭取締役とのミーティングをお膳立てしてほしいと頼んだ。そしてそれを追うように、イントラード株の6.2％の保有を開示するスケジュール13DファイリングをSECに提出した。6月23日に、コロラド州ロングモントで会う予定だったが、残念ながら目前になってミーティングがキャンセルされたので、

7月27日に改めて会う予定である」

そしてその後——。

「先日のジョージとのやりとりを、取締役のメンバー全員に回覧してほしいとリクエストしたが、応じてもらえなかったので、僭越ながら今回は私から直接、関係者各位に送らせてもらう」

アクティビストの手紙は、企業価値を引き出す貴重なヒントをわれわれに与えてくれる。イントラードに対するシャムロックファンドの主だった懸念は、顧客数や売り上げは順調に増加しているのに、ROEがぱっとしない点である。これは、効率良く資本を活用する方法が別にあることを示唆している。また、シャムロックはイントラードのすべてのプロジェクト成果を評価する、診断審査の実施も提案している。

「本審査で力を入れたいのは、主なプロジェクトの収益性や資本の配分を織り込んだ、過去の財務実績の詳細かつ徹底したアセスメントである。過去の経験からいって、経営陣の協力があれば、このタイプの審査は低コストで、60日～90日程度で取りまとめられるはずである」

また、以上の見解は、イントラードがすでに長期顧客を確保しており、キャッシュフローも安定している以上、バランスシートに計上されているすべてのキャッシュが必要ではない点も示唆している。

具体的には――。

　「イントラードが、しっかりとした顧客ベースを押えながら、継続的に安定した加入者収益を上げているうえに負債もわずかな点を考えると、貴社の余剰資金の大半を株主に還元するよう取締役会が検討するべきだと感じる。余剰資金が豊富なバランスシートは、最適とはいえない資金配分に至るケースが多いからである。商用データベース事業（CDB）、パレイディアム（セキュリティ技術）、そしてbmワイヤレスの買収に関連する償却と減損の合計約3000万ドルの存在は、われわれの懸念を具体的に裏づけている」

　シャムロックファンドはまた、報酬体系、特にストックオプションを成果主義と結びつけるべきだと示唆している。
　彼らの13Dファイリングに相乗りしていれば、かなりの成果が上げられたはずである。シャムロックファンドが最初の13DをSECに提出した時点での株価は12.50ドルだったが、３カ月後には30％以上も値上がりして16.50ドルになっているのだ。アクティビストの参入、そして彼らがポジションを作り始めていることに対する市場の興奮と、経営陣がアクティビストの要求に応じるのではないかという期待感の両方に反応して、株価は上昇したのである。
　図2.1を見れば分かるように、シャムロックファンドが最初の13Dファイリングを提出した直後に株価は微増しているが、この時点ではまだ、投資家がポジションを作る時間的余裕が十分にあり（シャムロックファンドより良い価格で）、その勢いに乗って株価の上昇に相乗りできたはずだ。この例からも、最新の13Dファイリ

図2.1　イントラード（2005年8月5日まで）

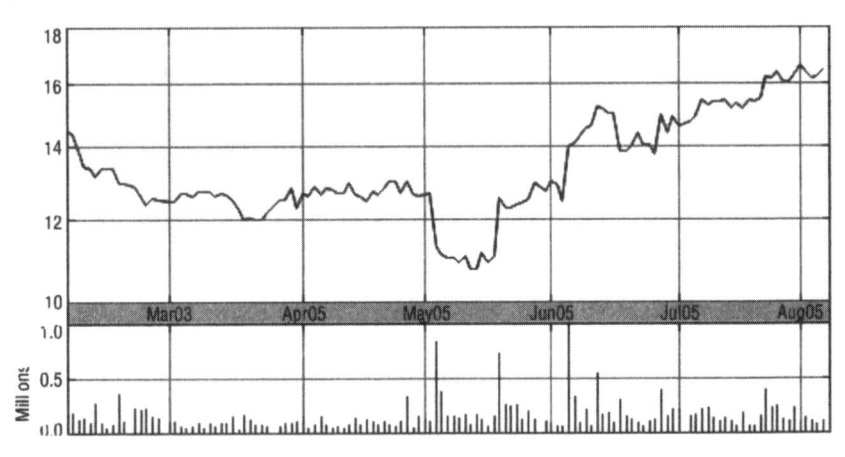

出所＝ http://finance.yahoo.com/　Yahoo!Inc.

ングを追跡し、熟読し、できれば行動に移すべき理由が分かるだろう。13Dファイリングのライターとして卓越しているのは、ロバート・チャップマンが運営するアクティビストファンドのチャップ・キャップ・パートナーズや、ダン・ローブが運営するサード・ポイントなどだが、ときとして、「過激な13Dファイリング」の異名も持つこれらの資料を熟読する価値は十分にある。筆者が、これらのファイリングを気に入っている理由は以下のとおりである。

●優れた投資家の洞察に触れることができる。シャムロック、チャップ・キャップ、そしてサード・ポイントは、３社とも年間リターンが20％以上と羨ましいほどの運用成績を上げている。彼らの13Dファイリングは、対象企業の長所（５％以上を保有しているわけだ

し）と短所（モノをいう理由）、つまりポジティブとネガティブの両面を反映したデューデリジェンスの結果を包み隠さず正直に分析している。彼らのデューデリジェンスは常に多くの教訓を、われわれに与えてくれるのである。

●アクティビストが指摘するすべての点でCEOに過失があるときには、一般的には危険信号のはずである——CEOがアドバイザリーフィーで仲間を買収しているときには投資をしてはいけない！
ところがアクティビストは投資を続行するだけでなく補足的な行動を取る。彼らは燃え盛る火から顔を背けるのではなく、それを鎮火しようとするのだ。

●アクティビストの13Dファイリングは企業を再生させるための手順でもある。一般的なSECファイリングに見られる美辞麗句と違い、彼らの洞察には新鮮な発見がある。個人投資家が公共資料から断片的にでも率直な意見が得られるのなら、読まない手はないだろう。

さて、ワイリー社の編集者の意にやや反するのだが、これから幾つかの13Dファイリングを丸ごと紹介したい。シャムロックファンドとイントラードのケースでは問題点を要約して対策を練ることが可能だった。これから紹介する「過激な13Dファイリング」は、アクティビスト投資家がファイリングの全工程を通じて取っている姿勢が分かるので面白いと思う。彼らが投資する理由と対象企業の問題点、そして解決策が繰り返し述べられているが、13Dファイリングの内容は理屈を抜きにして非常に面白いのである。

ロバート・チャップマンは、2002年の12月までに超音波医療機器のメーカーであるミソニックスの株式を7％取得した。チャップマンがアクティビスト行動を取ろうと決めたときには、株価は10ドル

の高値から4ドル以下に下落していた。彼はまず、もうひとつのアクティビスト・ポジションを有しているNWH社のCEOであるテレンス・キャシディー宛に手紙を出すことから始めたのだが、その一部をここに抜粋して紹介したい。かなりの長文ではあるが、内容が興味深いからだけではなく、当該企業とそのCEOを精査するために実施された分析の度合いや、13Dファイリングを実施する前にチャップマンが行ったコミュニケーション努力、そして表面的にはあまり値打ちがなくても、価値を解放すれば値打ちが出る企業に投資するさいに必要となる提言や分析手法を知るために、あえてここに大半を紹介したい。

　ここ数カ月、チャップマン・キャピタルはNWH株（ナショナル・ワイヤレス・ホールディングス）に対する市場の慢性的な過小評価と時価の下落について、貴殿の喚起を高めようと努力してきた。やっとのことでアシスタントのカール・ニコラを通じて、2002年10月10日の午前10時30分ごろ（東部標準時）、貴殿が病欠で自宅でゆっくり休んでいるところをつかまえることができた。貴殿に対する株主の評判は以前から知っていたので、よもや丁重な扱いを期待していたわけではない。しかし、貴殿の2番目の元夫人との離婚訴訟に関する公の資料を読んでしても、あの日、貴殿が私に浴びせた罵倒の数々を予測することはできなかっただろう。会話が始まって間もなく貴殿は、私があれだけの短時間では経験がないほどの汚い言葉を並び立てて、貴社の大株主を攻撃したのである。貴殿が「ネットワークシステムの事業投資では自分の右に出る者はいない」とか、「糞株主のことなど屁とも思わない」とか、個人的には次がお気に

入りなのだが「そこに乗り込んで貴様をぶっ飛ばしてやる」など、数々の自画自賛と放送禁止用語を私に浴びせたのである。これがまともな経営者の態度だと貴殿が認識しているのかと思うと理解に苦しむが、ましてや相手が私のような大口の機関投資家となれば、なおさらのことである。貴殿のあまりに下品な言葉使いは、ラップスターのエミネムやアイス・キューブでも、子供たちの耳に入れたくないと思うに違いない。しかしもし貴殿が、無能な経営者からウォール街のラッパーに転職する日が来るのなら、グループ名を「E.W.A」にすることをお勧めする。もちろんこれは、「エギュゼキュティブズ・ウィザ・アティチュード──偉そうな経営者」の略である（**訳注** 人気ラップグループのN.W.A──Nigga Witta Attitudeにあやかって）。また、ラッパーにとって出身地を示すのは極めて重要なので、デビューアルバムは「E.W.A──Straight Outta Hampton──ハンプトン直送」がぴったりである（**訳注** N.W.Aのヒットアルバム、Straight Outta Comptonコンプトン直送にあやかって）。

　貴殿のあまりに卑劣な態度に唖然としたわれわれは、NWH社における貴殿の怠慢な舵取りの根底に潜む原因を探るために、直ちに過去の調査に着手した。その野蛮な態度は、民間企業のCEOとして到底、受け入れがたいが、実績と富の蓄積が全体に散りばめられた貴殿の経歴からなんらかの合理的な説明が得られるかもしれないことを期待した。しかしだ、われわれの調査は、かなり混沌とした貴殿のキャリアを示すに至ったのである。

　ここに示す批判の多くはチャップマン・キャピタル及び、旧・現株主の総意であり、それを裏づける十分な証拠を提供してい

ると貴殿も認めざるを得ない自信がある。

　貴殿は、アレン・アンド・カンパニーで15年間勤務した末に、コーポレートファイナンス部の課長、兼プリンシパルという控えめなタイトルを手に入れて退職している。その後は、1988年秋のタッチストーン・ビデオ・ネットワーク（TVN）においてチーフコンサルタント兼投資銀行サービスのアドバイザーという極めて短期間の職歴があるが、この職歴はなぜかNWH社の最近のプロキシーステートメント（委任状勧誘書類）には記載されていない。記憶からこぼれ落ちやすいTVNでの短い職歴は、イーグル・テレフォニックス・インク（店頭株価表の最終株価は１株５セント）の取締役会に就任していたころとも重なる。インターネットで貴殿の二度目の離婚について、偶然、知ったときには、貴殿の興奮しやすい性格は離婚の痛手のせいかもしれないと、ひいきめに解釈しようとも思った。しかし元夫人が裁判所に訴えた離婚理由が、「夫が感情面、かつ暴言によって虐待したから」なのだと知るに及び、貴殿の無礼な態度は結婚生活や仕事上の挫折の結果というよりは、原因だと結論づけられるのである。

　1988年９月21日付のパーム・ビーチ・ポスト紙の記事は、貴殿の不快かつ傲慢で妄想を抱きやすい性格を確証づけている。この記事には想像を絶する説明が含まれているので、幾つか紹介しよう。

●「ベル・サウスに対する投資（投資利益が約９倍になった）は、NWHのCEO、テレンス・キャシディーが投資家を引きつけるために好んで引用する例である。彼は、自分がほかの投資でも

大成功するとアピールしている」。しかし、これはマイケル・スペッキオ会長、独自のアイデアであり、NWHのその後のパフォーマンスを見れば、テリーに投資の先行きを読む能力がないのは明らかなのに、テリーの投資判断だという誤解を与えている。

● 「5月現在、NWHの7.1％株主であるアストリア・キャピタル・パートナーズのゼネラルパートナーである、リチャード・コウいわく『テリーは投資家のなかの投資家だ。テリー・キャシディーこそが目玉で、投資機会を見つける彼の能力が買いだ』」。しかし、その後、コウは正気に戻り1997年の役員報酬制度の贅沢すぎる改正案に反対している。そして、アストリアは貴殿の経営判断に嫌気がさしたらしく、2001年の秋にNWHに対する投資分を吐き出した結果、株価は6年来の安値を付けた。

● 「ニューヨークのアナリストや投資家が来ないように、株主総会をマイアミで実施することにしたとキャシディーは4月ごろに述べている。ニューヨークの彼の勤務先によると本人は、ただ今、1カ月間の旅行中なので、この発言に対するコメントはとれていない」。民間企業のCEOが株主を避けるために総会の開催場所を変更するなど、想像を絶する行為である。まして、42万ドルの年間報酬を受け取り、1カ月間の長期旅行に出る前に無謀にも記者にそのことを漏らすとは驚くべきざまだ。

1985年に起きた、パイントップ・インシュアランスのスキャンダルと貴殿の関係は、われわれの貴殿に対する疑惑をますます深めることになる。1985年の5月22日、グレイハウンド・コーポレーションは、パイントップ・インシュアランスの国内

部門を、双方合意したうえでウイットニー社に約2800万ドルの売却簿価で売却した。アリゾナ州フェニックスを本拠地とするデラウェア企業のウイットニーは、議決権付き株式の100％を保有するテレンス・S・キャシディーによってコントロールされていた。そしてこのMBOの協力者は、グレン・ハーブスト（パイントップ社長）、ロバート・M・ブラウン、ジョージ・M・パワーズ（パイントップ会長）、そしてH・ローレン・ハウリー（パイントップ副会長）の4人だった。しかし貴殿が指揮したこの構想倒れの案件は、第1日目からすでに歯車が狂い始めていた。ビジネス・インシュアランス誌の1988年7月4日号によると、グレイハウンドは「ウイットニーの株主、取締役会、経営幹部の間の訴訟問題にまで発展した社内トラブル」の結果、わずか数カ月後にパイントップの支配権を取り戻している。われわれは、貴殿や貴殿の協力者に対する訴訟提起、特に不正や詐欺、そして派閥争いに付随した取締役会内の操作に関する資料を愕然としながら読み直したのである。ショッキングなことに、貴殿が徹底的なディーディリジェンスを行ったはずであると思いたいパイントップは、貴殿が買収を公表した時点ですでに1億ドル以上（貴殿の投資部門が算定した簿価の3倍以上）の債務超過だったのである。1986年6月にパイントップは、会社更生法を適用されている。作家のブライアン・バロウが、RJRナビスコのLBO劇を描いた『野蛮な来訪者』（日本放送出版協会）の執筆に忙しくなければ、ウイットニー・ファイナンシャルの話をコミックバージョンで『滑稽な来訪者』とでも題して、貴殿を尊大なタイクーン役で登場させてもらえたかもしれない。経営権の掌握を巡る内部抗争や不正流用に励む暇

があったのなら、貴殿や経営陣は買収しようとしている企業に関する分析にもっと時間を割くべきだったのである。

　貴殿のビジネスパートナーに対する訴訟に失望する間もなく、貴殿がこの崩壊劇の被告であると同時に原告でもあると知り驚愕した。ビジネス・インシュアランス誌の1988年7月4日号によると、イリノイ州の保険ディレクター、ジョン・E・ウォッシュバーンは、貴殿と経営陣を相手取り、保険会社倒産の責任を巡って告訴している。未確定な損害賠償を求めた本訴訟は、パイントップの倒産が「役員や経営幹部の経営ミスや怠慢な姿勢を、その直接的な主因とする」と主張している。そして具体的に貴殿の行動として、パイントップの旧親会社、アリゾナ州フェニックスのウイットニー・ファイナンシャル・グループを「保険会社を短期的に所有した期間に資金を流用した」点で非難した。本訴訟は、ロバート・M・ブラウン、テレンス・S・キャシディー、H・ローレン・ハウリー、以上のウイットニーの3人の経営幹部を、保険会社の23万3000ドルの資産を「不正に引き出した」理由で告発し、3人がこの金額プラス、裁判所が妥当だと考えるその他の被害金も合わせて返還するべきだと訴えた。本件における被告人の行為にあきれ返ったウィリアム・T・マロニー・アリゾナ州最高裁の裁判長は、1985年12月8日付けの裁判記録のなかで、貴殿と貴殿の仲間たちをプロモーターであると記している。

　NWHの潤沢な純資産価値は、すでに売却されているサウスフロリダ・ワイヤレル・ケーブルと現在のエレクトロニクス・ネットワーク・システム（ENS）事業の創業者であるマイケル・J・スペッキオと開発者のジョゼフ・D・トルスセリ

の両者の経営手腕に負う部分が大きいと、われわれは認識している。そして、貴殿があちこちで吹聴している優れた経営手腕のあかし「周りがすべてを失ったときにわれわれは破産はしなかった」という可もなく不可もない実績とは裏腹に、われわれは貴殿が受託者責任を負っているはずの株主たちを強気で脅すことを専門とするウォール街のペテン師としかみなしていない。NWHの大株主の非難を受けて貴殿のトーンはやや変化したものの、非常に成果の大きかったサウスフロリダ・テレビジョン（MMDS）の責任者であるスペッキオ氏が残念ながら辞任した２年半前でさえ、功績がある者をもっと認めるべきだったときに貴殿は、「マイクの今後に期待する。彼は、ワイヤレルケーブル事業の開発と清算に広く貢献した」と述べるにとどめている。

　しかし、われわれはNWHの資料の中から1986年のビジネス・ジャーナル・オブ・ミルウォーキー紙の記事を発見している。その記事は、スペッキオ氏がNWHで実績を重ねる以前に、ワイヤレスケーブル帝国をゼロから構築した伝説ともいえる偉業について説明している。また、貴殿の他者の功績を認めない策謀政治のせいで、ENS事業のCEO兼社長の座から引きずり降ろされたトラッセリ氏は、スペッキオ氏が約７年前にENSの価値をNWHに認めさせるまで、雀の涙ほどの予算を元に自宅ガレージでENS事業をスタートさせ維持していたのである。ここで、貴殿を仲間はずれにしないために、1995年にNWHが買収して失敗に終わった、TLCプロダクションズについて自慢する権利は与えることにしよう。テレポートとアップリンクを専門とするTLCを買収した戦略的理由は、「NWHとの技術

面のシナジー効果やTLCが財務的に健全で十分なキャッシュフローを生み出すから」──1995年5月3日、テレンス・キャシディー談。しかし、2001年の4月にNWHがTLCを閉鎖したときの純資産は9万1000ドルにすぎなかった。

　これ以上、テレンス・S・キャシディーのビジネスパートナーで居続けるのは、チャップマン・キャピタルにとって財務的にも感情的にも苦痛である。貴殿に明らかに悪用された面々は、①パイントップ保険会社騒動に巻き込まれた人々（訴訟に発展）、②2番目の元夫人のキャロライン（貴殿が彼女にクリスマスプレゼントとして贈ったヨークシャテリアの養育権を巡って対立）、③ジョゼフ・トルッセリ（彼が創業したENS事業に対する所有権を大幅に縮小された結果、辞任）、④その他の無数のNWH株主、例えばリチャード・コウ（前株主であるアストリア・キャピタル・パートナーズの代表）やローレンス・ズィマーマン（1998年8月2日のサンデー・タイムズ紙によるとテレコム事業に注目するよう友人のテリー・キャシディーに勧められて以後、NWHやウィンスター・コミュニケーションズへの投資で「好成績」を上げている軽率なニューヨーカー）。そしてもちろん、NWHの現在の株主（S&P500が1994年以後、145％も上昇しているにもかかわらず、1994年のIPO価格と大差ない価格で保有）である。貴殿とかかわりを持った人間で利益を上げた人物がいるとすれば、2000年のITバブルに狂乱していた投資家に対して、NWH株を売却したマイケル・スペッキオなどの前株主しか思い当たらない。

　NWHの取締役会は、ニューヨーク財界の名士ぞろいであると、われわれは認識していただけに、貴殿のNWH株主に対す

る高慢な態度が取締役会に容認されているのは信じがたい事態である。NWHが取締役会会長としてマイケル・スペッキオを不運にも失ったあと（代わりに貴殿が即座に席を埋めたが）、前ニューヨーク州経済開発局のディレクターだったビンセント・テスが取締役会に加わった。テスは「経験豊富な弁護士であるうえに、投資アドバイザー、そしてケーブルテレビ会社のCEO」でもあるが、8社以上の企業の役員を勤めるなど、やや手を広げすぎているのと、NWHに対しては、わずかな（5000株）保有分しかない点を考えると、貴殿のNWHのCEOとしての振る舞いに、あるいは気づいていないのかもしれない。また、フォードとレーガン両大統領の前アシスタントであったうえに、ニューヨークの投資家、ロナルド・パールマンの補佐役も勤めたことがあるマイケル・A・マックマナス・ジュニアについていえば、彼がもし貴殿の煽動的な経営スタイルに同調していたのだとしたら、これまで彼が築いてきた信用は明らかに損なわれるだろう。マックマナスが、RGBコンピューター・アンド・ビデオ（この会社はその後、サフ・T・ロック・インコーポレイテッドに改名するが、最終株価が0.0001ドルと物議をかもした会社である）の取締役時代に経験した、経営上の失敗を繰り返すことを望んでいるとは考えにくい。さらに、トマス・R・ディーベネデット氏は、ジャンクション・インベスターズの社長であり、ボストン・レッドソックスの共同オーナーとマサチューセッツ・ゼネラル・ホスピタルとトリニティーカレッジの理事職も勤めているが、貴殿の常軌を逸した行動には当惑するだろう。また、ルイス・B・ロイド氏はベルファイナンス・セキュリティーズ・インクの社長であり、リパブリック・ニ

ューヨーク・セキュリティーズ・コーポレーションの前CEO、そしてシアソン・リーマン・ブラザーズとモルガン・スタンレーの前経営幹部だが、彼も貴殿のような人間とかかわったためにNWH株の保有分である１万株の上値が制限されたことに気づくだろう。

　HIPAA法（医療保険の相互運用性と説明責任に関する法律）が施行され、アメリカの医療関係者に対する規制が強化されようとしている状況下において、NWHのENS部門の価値は、どの買収候補社にとっても明白であろう。ENSの既存の顧客や新規の顧客は、ENSが提供するソフトウエアやITソリューションを利用して法令に準拠しなければ、大きな打撃を受けるのである。HIPAA基準に適格したソリューションは、保護データへのアクセスを制限し、個人保護法やセキュリティー上のルールに準拠して、ファイルにアクセスする人間に対する監査証跡を提供しなければならない。また、NWHのENS事業にも深く関連するが、どの医療機関も資格確認、クレームチェック、送金、アドバイスなどのサービスを利用するために自分たちのシステムと直接、接続する医療サービスのプロバイダーや、保険会社などの支払い仲介業者に対しては、HIPAA法への準拠を促さなければならない。その点、自動決裁を通じて保険会社の支払処理を効率化するENSのPASS（事前決裁ソフトウエアシステム）は、今まさに求められているシステムだといえる。HIPAA法の施行によって急速に高まってきた需要を生かすべく、貴殿は数カ月前から、NWHに対して最も高い価格を提示するENSの買い手を探すという課題を負っているが、現在、プロキシーメッド・インク（PILL）など数社の企

業が関心を示しているという噂はあるものの（Yahoo!Finance http://messsages.yahoo.com で、ティッカーシンボル「NWIR」と入力）、具体的な売却先を見つけるには至っていない。

　6年前にマイケル・スペッキオが、絶妙なタイミングでサウスフロリダ・テレビジョンをベルサウスに5000万ドルで売却したのを最後に、NWHは株価を上げるような目立った功績は上げていない。株主価値を最大化する努力が欠如している状態に、NWH株主がこれ以上、我慢できると思っているのだろうか。これだけは言えるが、IRS（アメリカ内国歳入庁）から貴社の「長期投資家」と認定されている大口投資家であるチャップマン・キャピタルは、忍耐の尾が切れたのである。結論としてわれわれが、貴殿に要求するのは、①最も高い入札価格を提示した相手にNWHを丸ごと、あるいはENS事業から2段階に分けて売却する、②貴殿が直ちに辞任する──のいずれかである。後者を選んで潔く辞任するのなら、株主が更迭しようとしている貴殿よりも、はるかにENS事業に明るいCEO候補者を、チャップマン・キャピタルが複数名、用意しているので株主はご心配なく。貴殿の経歴からすれば目新しくもない訴訟についてだが、この処分に対しても貴殿がいつものように顧問弁護士に連絡を取り、NWHの株主に対していい加減な訴訟を起こそうとしたとしても、われわれは一向に驚かない。貴殿の在職期間中のさらなる疑惑を見つける作業に新たに着手できるのかと思うと、われわれはヨダレが出るほど、ワクワクすることだけは伝えておく。

敬具

　　ロバート・L・チャップマン・ジュニア

第2章　アクティビズム──モノを言う投資家

　この手紙を追うように、2003年5月6日にも13Dファイリングが行われている。以下に抜粋する。

　2003年4月28日にチャップマン氏は、当時のミソニックス社の最大株主だったチャップマン・キャピタルのロサンジェルス本社にマックマナス氏を招待するために、電話をかけた。しかし、マックマナス氏は自分がすでにチャップマン氏を、ミソニックス本社の「工場見学」に招待してあると断ってきた。チャップマン氏は、マックマナス氏がほかの大株主の企業を訪問したことは知っており、チャップマン・キャピタルに対して同等の扱いを期待したいと切り返した。それからやや話が横道にそれて、チャップマン氏はマックマナス氏に、ウエブMD・コーポレーションに近い筋から、NWH（ミソニックス社のマックマナスが取締役であり、チャップ・キャップが13Dポジションを保有している）の買収に、彼らは興味を示していないようだと耳に挟んだことを伝えた。そして、ミソニックスのCEOを交代させるためにウォール・ストリート・ジャーナル紙に求人情報を全面掲載しても良いかと、チャップマン氏がマックマナス氏に尋ねると、彼はしばらく沈黙したあとに、「あなたはサタンなのか」とつぶやいたのである。マックマナス氏の不信心な質問に驚いたチャップマン氏は、なぜそのような質問をするのかと尋ねた。するとマックマナス氏は、ヤフーファイナンスの掲示板で、チャップマン氏を「地獄の暴君」と称する書き込みを見つけたが、その投稿者は「マックマナスが、サタンの前に膝まづくべきだ」と記入していたからだと答えた。片膝をついて忠誠を誓ってほしいのかとマックマナス氏は続けた。この

ような冒涜に我慢がならなかったチャップマン氏は「私はオカルトの専門家ではないが、その疑問に答えるためにも、わが社にいらして私の髪を剃り上げて、頭に『666のアザ』があるかどうか確かめたいのなら、ぜひそうしてください」と答えたのである（**訳注**　666は悪魔の紋章）。マックマナスはチャップマンのオファーを断り会話はそこで終わった。

　2003年5月9日、チャップマン氏は本社でマックマナス氏から電話を受ける。再びヤフー掲示板でマックマナス氏が見つけた書き込みに対するくだらないコメントを黙って聞いていたチャップマン氏は、マックマナス氏がミソニックスの工場から電話を掛けているのか尋ねた（背後にアセンブリーラインの音が聞こえたからである）。「ミソニックスに工場はありません」とマックマナス氏が返答したので、チャップマン氏は、それが本当なら、なぜ私を「工場見学」に招いたのかと尋ねた。その質問を受けたマックマナス氏は、「ミソニックスの本社ビルに、工場が隣接している」ことを、突然、思い出したらしい。マックマナス氏が工場のプロレタリア労働者から隔離された役員室にこもってばかりいないで、実際に工場内に足を踏み入れた経験があるのかどうか、チャップマン氏は尋ねた。さらに、FDA（アメリカ食品医薬品局）と今後ももめないためにも、その幻の工場内で過ごす時間を増やすよう努力してもらいたいとも述べた。これに対してマックマナス氏は「ミソニックスはFDAと揉めたことはない」と答えたのである。話の食い違いに、またもや驚いたチャップマン氏は、2001年12月20日にFDAの地方責任者、トマス・A・アリソンからミソニックス宛に、「警告書」が送られており、ミソニックスの子会社のCEO兼社長、

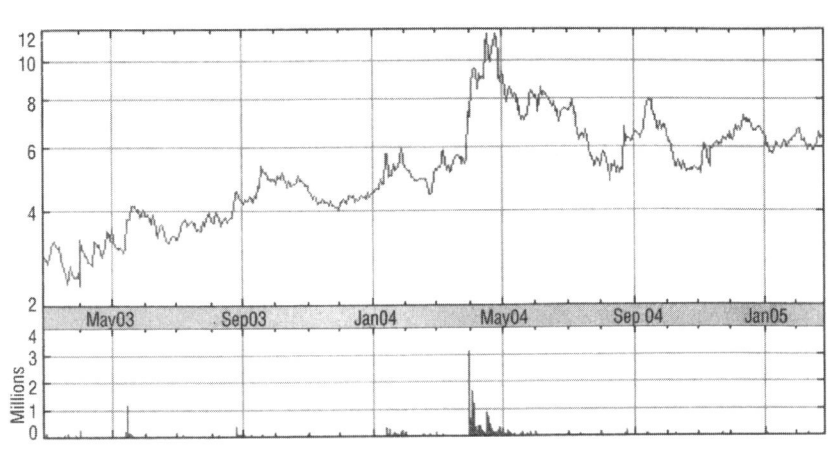

図2.2　ミソニックス（2005年2月25日まで）

出所＝ http://finance.yahoo.com/　Yahoo!Inc.

G・ウエイン・ムーアに写しが渡されているはずだと念を押した。すっかりあわてたマックマナス氏の反応は、チャップマン氏には支離滅裂にしか聞こえず、会話の結論はご想像のとおりである。

　ミソニックスのCEOは留任したが、コストカットを実施し、収益と利益も改善した。2004年4月に株価は一端、12.34ドルまで回復したのちに、現在の6ドルに落ち着いたのである（**図2.2**参照）。
　チャップマンは、サーフィンの事故から回復した2004年3月に、ファンドを閉鎖している。その後、世界一周の旅に出て、2005年半ばにファンドを再開したのである。

サード・ポイント社のダン・ローブも戦いにひるむことはない。2005年初頭、ローブは石油・ガス会社のスター・ガス（SGU）に対してアクティビストのポジションを取る。SECファイリングで確認できるように、ローブは会社に対する懸念と株主価値を解放する方法について、2005年2月14日にCEO宛に手紙を出している。以下が私のお気に入りの部分である。

　「残念ながら貴殿の無能ぶりは、貴社の債券およびユニット保有者とのコミュニケーション不足にとどまらないようである。貴殿に関する調査が浮き彫りにしたのは、長年にわたる株主価値の破壊と戦略ミスであり、われわれは貴殿をアメリカ国内で最も危険かつ無能な経営者と呼ばざるを得ない」（調査の過程で、コーネル大学に「アイリック・セビン奨学金」なるものが存在するのを発見して驚いた。貴殿の名前を学歴に載せなくてはならない学生たちに同情するかぎりである——訳注　マスターリミテッド・パートナーシップMLPは、リミテッド・パートナーシップLPの一形態であり、LPの持ち分を証券化して上場したもの。ユニットは市場における持ち分で株式会社の株に相当し、MLPはそのパススルー課税の性格から、潤沢なキャッシュフローを生み出す天然ガスや石油事業で特に活用されている共同投資事業体である）

　以下に手紙の全文を紹介するが、内容的に面白いからだけではなく、ローブが実施したデューデリジェンスの深さが分かるので参考になる。このような赤信号の企業には、ほとんどの投資家が、かかわりたくないと思うだろう。しかし、親の責任を子供、このケース

では石油とガスという正当な資産を有する企業にかぶせるのは明らかに間違っていると、ローブは考えたのである。SGU社がこの手紙を受け取った3週間後に、アイリック・セビンは辞任している。そして、その2カ月後にはCFO（最高財務責任者）も辞任している。その後の2005年5月の四半期決算では期待以上の業績を上げ、株価は急上昇したのである。以下がその手紙である。

アイリック・P・セビン氏
スター・ガス・パートナーズL.P.会長兼社長兼CEO
アトランティックストリート　2187
コネティカット州、スタムフォード、CT06902

アイリック様

　サード・ポイント有限責任会社（以下、サード・ポイント）は、スター・ガス・パートナーズ合資会社（以下、スターガス、SGU）の普通ユニット、194万5500ユニットを保有するユニット保有者を代表する投資顧問である。普通ユニットを6％保有するわれわれは、最大のユニット保有者でもある。24ドルでユニットをつかまされた気の毒な個人投資家（多くが貴殿本人と会社を相手取り集団訴訟を起こす構えである）と違い、われわれは7ドル付近で50万ユニット分の利益を出している。貴社の数々の買収ミスや経営ミスがユニット保有者に約5億7000万ドルの損害を与えていることを考えると、ユニット保有者に対するコミュニケーション努力が欠落した、腰の引けた貴殿の態度

は理解に苦しむ。われわれは、この苦境について話し合うために電話会議を開こうと提案してきた。われわれはまた、何度も貴殿と連絡を取ろうと努力をしてきたが、そのたびに聞かされたのは、スターガスとその経営幹部に対する山のような訴訟に対応しきれない状態なので、社債権者やユニット保有者とは話をしないように顧問弁護士から念を押されているという言い訳だった。しかし、貴社のCFO（最高財務責任者）であるアミー・トローバーからは連絡を受けており（興味深いことに彼の以前の勤務先はシラテック社——ナスダックでの銘柄コードはSYRA——であるが、現在の株価は6ペニーで債務再編を進めている企業である）、貴社に対する集団訴訟のほぼすべてにアミーが名を連ねていながら、経営委員会が敷いた緘口令に彼が従っていないのも妙な話である。過去数カ月の間、われわれからの無数の電話連絡を避け続けてきた貴殿とは不本意ながら公の場で会うしかないが、これは1934年証券取引法規則13Dに基づく処置である。

　また、貴殿の無能さは残念ながら、債券およびユニット保有者との連絡不十分にとどまらないようである。過去の記録からは、長年にわたる株主価値の破壊と戦略ミスが明白に見てとれ、われわれは貴殿をアメリカ国内で最も危険かつ無能な経営者と呼ばざるを得ない（調査の過程で、コーネル大学に「アイリック・セビン奨学金」なるものが存在するのを発見して驚いた。貴殿の名前を学歴に載せなくてはならない学生に同情するかぎりである）。2004年10月18日に、スターガスは普通ユニットの配当停止を発表した結果、ユニット価格は10月17日の21.60ドルから10月18日に4.32ドルへと80％下落し、5.5億ドルが失われ

た。

　スターガスは、株価がやや持ち直した矢先の2004年11月18日に、プロパン事業の売却を発表したため、普通ユニットは17日の6.68ドルから22日には5.55ドルに下落した。おそらく経営陣は株主価値を高めるのが狙いだったのだろうが、逆効果に終わってしまったようだ。スターガスは株主価値を高める受託者責任を果たそうとはせず、事業を売却する前に問い合わせがあった主要株主に対しても、折り返し連絡を取らなかったのである。連絡を怠っていなければ、この行動が価値を創造しないと株主が貴社に警告できたはずである。ショックはそれにとどまらず、ユニット保有者がユニット当たり15ドルの損をしているのにもかかわらず、ユニット当たり10.53ドルまでの売却益がユニット保有者に還元されないと貴社は発表したのである。

　ユニット保有者の損害に追い討ちをかけ、そしてまた貴殿を不良経営者として見事に決定づけたのは、プロパン事業の売却案件の精査を実施した貴社の特別委員会のメンバーであるスティーブン・ラッセルとウィリアム・P・ニコレッティに対する、それぞれ10万ドルの支払いである！　これは、貴社がリーマン・ブラザーズ（貴殿の前雇用主）にアドバイザリーフィーを支払い、特別委員会のアドバイザーとして、キー・バンク・キャピタルに対しても追加的にアドバイザリーフィーを支払っているうえに、売却取引に必要な膨大な弁護士費用を支払っていることを考え合わせると、本当に必要な処置だったといえるのだろうか？　受託者責任を放棄した貴殿の態度には驚愕するが、特別委員会のラッセルとニコレッティの両者には直ちに、受け取った手数料を返還するよう命じたい。

2004年12月17日にスターガスは、ＪＰモルガンと運転資金ローンの契約を結んだ。しかし、2004年12月31日の時点でスターガスは、すでにインタレストカバレッジ比率が1.1倍から1.0倍に低下していた。その結果、プロパン事業の売却によって生じた資金余剰分の１億4350万ドルのうちの4000万ドルを運転資金に回し、信用契約に違反しないために最低限必要な2500万ドルを確保しなければならなかった。ＪＰモルガンは12月17日に結んだばかりの契約が、まさか12月末にEBITDA（特別損益を除く）が０になるとは予測していなかっただろう。貴社の企業再生アドバイザーである、ピーター・Ｊ・ソロモンもそのような予測を元に、リファイナンスを推進したとは思えないのである。

2004年12月14日に提出されたフォーム10K（四半期末まで17日足らず）のなかで貴社は、灯油の販売量が11月30日まで２カ月連続して前年同月比7.2％下がったと述べている。ところが、12月31日末のフォーム10Kでは、販売量が四半期を通じて15％減だと指摘しているのである。その理由は、①2004年末期に販売量が50％下がった（考えにくい）、②経営陣が業績を正確に把握していない、③経営陣がユニット保有者に対して、１年で最も顧客にとって大切な冬のシーズンを目前に控えて重大な情報を伝える必要性を感じなかった——の３つのいずれかだろう。

前述したように、2004年の12月末期にはEBITDAが前年の2600万ドルから０に悪化している。灯油販売量が15％下落、ガロン当たりのグロスマージン（売上総利益）は0.05ドル以上下落、あるいは約10セントだった。しかし固定費（配達、支店、一般管理費）は８％上昇したのである。これは容認しがたい結

果であり、死のスパイラルを招く可能性もある。貴殿は、事業のコスト合理化をどのように図っているのだろうか。アミー・トローバーはガロン当たりのEBITDAマージンを、貴社が過去最高の0.12ドルのレベルに回復できると認識しているようだった（競合他社のなかには、その価格の約50％増で販売しているところもある）。われわれは貴社の最大の普通ユニット保有者として、貴社がどうやってその目標を達成するつもりなのか、行動計画の提示を要求する次第である。

　さらに、ピークパフォーマンス時でも貴社のマージンが、他社に比べて大幅に低い理由が知りたい。経営さえしっかりしていれば、石油販売事業が競合他社が達成している17セントは無理にしても、少なくとも貴社の過去のマージンレベルを達成できない理由はないはずである。われわれは、ユニット保有者による特別委員会を設けて、独立したコンサルティング企業による貴社の営業活動と経営パフォーマンスの評価を実施したい。その作業に必要な貴社の企業情報にアクセスするために、秘守義務合意書にサインする構えである。

　スターガスは、灯油事業の売却から1億5350万ドルの純収入を得ている。貴社は、このキャッシュを年内に活用すると述べている。しかし、貴社はMLPの受益証券に対して年間10.25％の利息を支払わなければならず、MLPの受益証券を直ちに買い戻さないかぎり、年間コストは1570万ドル（ユニット当たり約0.50ドル）に上る。われわれとしては、ユニット保有者の利益をこれ以上、破壊しないでほしいのである。キャッシュの有効な使い道がないのなら、藻くずとなって消えてしまう前に直ちにMLP受益証券の保有者に還元するべきである。しかし、

もし他社の事業部門を統合目的で買収するなど、別の有効な使い道があるのなら貴社が資金を投じる前に、その戦略について、われわれを納得させてほしいのである。

　スターガスの規模や資金力、そしてそのわずかな利益と比較して弁護士費用と銀行手数料は説明がつかないほど膨大である。われわれの試算によると、貴社は償還時の一括支払い、ブリッジ・ファイナンス、デット・ファイナンス、アドバイザリー費用、そして弁護士費用に対して、過去4カ月で約7500万ドル（スターガスの時価総額の約50％）を投入したことになる。

　さらに、もっとも最近のフォーム10Kに加えられている脚注に注意深く目を通すと、貴社のコーポレートガバナンスの脆弱さが、またもや浮き彫りになるのである。特筆されるのは、貴殿の経営者としての失態ぶりをかんがみても、スターガス程度の規模の企業の経営者に対する65万ドルのサラリーは弁明のしようがない額である。また、貴殿の途方もないサラリーに加えて、2004年にはコンサルタント料としての4万1153ドルと、会社名義の車を貴殿が個人的に利用するために、9328ドルをスターガスが支払わなければならない理由を伺いたい。私は、貴殿がどのような高級車に乗っているのか（運転手つきなのか？）素朴な疑問を抱き、この費用についてアミー・トローバーに説明を求めた。彼によると、貴殿は12年ものの車に乗っているという。それが事実なら、スターガスはなぜ個人利用の12年車にそれほどの支出を行っているのだろうか？

　さらに言えば、会社名義の車を個人が利用するのは、スターガスの行動倫理の規範である「すべての会社資産（電話やPC、など）は、ビジネス利用に限定するべきである」という、この

規範にも違反する。貴殿の行為は明らかに、貴社の行動と倫理の規範に違反するため、われわれは貴殿が会社名義の車を個人的に利用するのをやめるよう求めたい。またさらに、普通ユニット保有者に対する配当支払いが再開されるまで、貴殿に対するサラリーの支払いも停止してもらいたいのである。

　行動倫理の規範に記されている利害の項目には、「個人的な利益が、その個人の業務上の人間関係やスターガスの利害に反する、あるいは僅かながらでも反する可能性があるときに、そこに利害の衝突が生じる」と明記されている。スターガスにおける業務を、客観的かつ効率的に執行するうえで妨げになる行為を貴殿が取る、あるいはそこに利害関係が存在する場合は、「利益相反」が生じているのである。同じように、スターガスにおける地位を利用して、貴殿や貴殿の家族が個人的な報酬を受け取るのも「利益相反」である。このような衝突は匂わせてもいけない。例えば貴殿が、行動倫理の規範に記されている以下のような行為をとれば、それは「利益相反」である。

「①スターガスが貴殿の親戚や友人と取引関係を結ぶ……」

　これほど明白な方針があるにもかかわらず、貴殿の78歳のママを取締役会のメンバーに加え、正社員およびユニット保有者に対するのと同等のサービスをママに提供できるものだろうか？　経営者のママを企業の取締役会に据えるのは、企業統治の理屈にかなっているのだろうか？　仮に今回のように、経営者としての職務怠慢を指摘された場合に、貴殿をクビにする適任者にママがなり得るとは、われわれには思えないのである。

図2.3 カッター・アンド・バック（2005年8月5日まで）

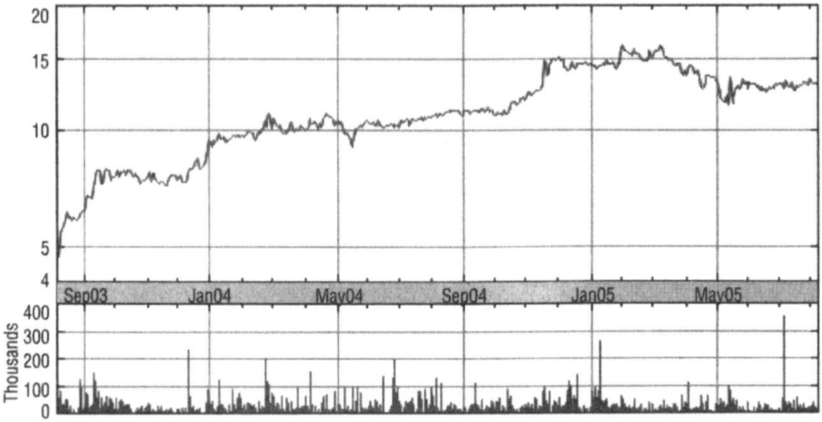

出所＝ http://finance.yahoo.com/　Yahoo!Inc.

　役員報酬の２万7000ドルと、ママの基本給19万9000ドルによって貴殿の家計を補完し、貴殿の私利私欲をユニット保有者の利益に優先させた点を、われわれは懸念するのである。貴殿のママがスターガスの取締役会から直ちに辞任するよう要求する。

　ここでアイリック氏に申し上げたいが、貴殿が保有する下位劣後ユニットが将来的な価値を生み出す可能性は低い。スターガスは、貴殿や貴殿の家族のサラリーや、お仲間の手数料を引き出すための打ち出の小槌にすぎず、貴殿がこれまで申し立ててきたウソや、反故にした約束の結果として貴殿が直面する無数の訴訟から貴殿を守るための道具でしかないようである。

　私は個人的にも貴殿を長年にわたり存じ上げているので、これから述べることは厳しいと感じられるかもしれないが、これ

は根拠に基づいた判断である。貴殿は、スターガスのCEOと取締役の地位から退き、ハンプトンズの邸宅で引退生活を送りながら、テニスをしたり社交界の仲間と交流するなど、貴殿が得意とするスタイルで余生を送るべきである。貴殿がこれまで生み出した混沌とした事態の立て直しは、プロの経営者と株主に任せてもらいたい（**訳注**　ハンプトンズはニューヨーク郊外の高級リゾート地）。

敬具

ダニエル・ローブ

　最近のアクティビストファンドで成功しているのは、パイレート・キャピタルである。2002年にゴールドマン・サックスの前役員、トム・ハッドソンが設立したファンドの資産は、3年足らずで200万ドルから8億ドルに増加し、途方もないリターンを上げている。2004年には、資産が30.2％上昇し、2005年7月までの期間では10.65％上昇している。彼らの13Dファイリングに相乗りしていれば数々の成功を収めることができただろう。例えば、パイレート・キャピタルは2004年7月に、ゴルフ着メーカーのカッター・アンド・バックに対する5％を超すポジションの取得を最初の13Dファイリングで報告している（**図2.3**参照）。

　パイレート・キャピタルは、1株9.40～10.60ドルで保有分を購入しているが、SECに13Dファイリングを行った時点の株価は10.50ドルだった。その1年後の株価は売り上げが停滞ぎみながらも25％上昇し、1株13.09ドルになったが、キャッシュフローが年間を通じてプラスでありながらガイダンス（**訳注**　次の四半期の売り上げや

利益の見通し）では相変わらず低めに報告されていた。それでも、パイレート・キャピタルのカッター・アンド・バック経営陣に対する度重なる売却提案は、この事態に相乗りしようとするほかのアクティビストにとり刺激になったに違いない。

　パイレートがアクティビスト的なポジションを取った企業の別例として、ジェンコープが挙げられる。このケースではパイレートそのものが、ウォーレン・リヒテンシュタインが運営するニューヨークを本拠地とした別のアクティビスト企業であるスティール・パートナーズが実施したリサーチ、および13Dファイリングに相乗りしているのだ。リヒテンシュタインは、日本を対象とする初のアクティビスト行動を起こすなど、過去に数々の成功を上げている。彼は、2003年12月に、ユシロ化学工業に対する企業買収を仕掛けている。ユシロ化学は日経平均銘柄のひとつだが、約1億ドルのキャッシュ、1億9300万ドルの時価総額、そしてその他の資産を保有し、清算価値が時価総額を大幅に上回っていた。結果的にはリヒテンシュタインの買収劇は成功しなかったが、ユシロ化学はキャッシュの大半を配当として還元し、リヒテンシュタインが投資を行っていた期間に株価は、50％も上昇したのである。

　また、スティール・パートナーズが介入した別の例として、ユナイテッド・インダストリアル・コープを挙げることができる。2002年9月にユナイテッド・インダストリアル・コープの経営陣は、リヒテンシュタインが推薦する取締役を拒否するよう、株主に送った手紙のなかでお願いしている。その内容は以下のとおりである。

　以下のどちらを選ぶべきかは明白である。

①現取締役会が推薦するディック・エーケンネフとページ・ホウパーはともに軍事業界のベテラン経営者であり、ディックのリーダーシップの下に当社の株主価値は大幅に向上しており、両者とも当社の売却に積極的に取り組んでいる。

②スティール・パートナーズが推薦する軍事業界にこれといった経験がないスティール・パートナーズの社員。

しかし、彼らはこの闘いに負けた。リヒテンシュタインが取締役会の現会長であり、株主にとって幸運なことに、株価は約50％上昇したのである。

2002年11月に、スティールはジェンコープの株を平均価格7.50ドルで買い始めた。2003年と2004年を通じて株を買い集め、2004年11月11日に1株17ドルで当該企業を買い取る提案を行っている。同じように株を買い集めていたパイレートも、スティールが行ったこれまでのファイリングを参考にしながら、ジェンコープに提案を出している。

●ジェンコープは、1万2700エーカーの土地を所有しているが、経営陣によると未造成地の価値がエーカー当たり5万ドルで、造成地の価値がエーカー当たり60万ドルから100万ドルである。パイレートの結論としては、不動産だけでも1株82ドルから154ドルの価値を有している。

●ジェンコープは、年内にファインケミカル事業を約1億2000万ドルで売却する予定である。ファインケミカル事業の企業価値は、EBITDA（支払利息・税金・減価償却・償却控除前利益）の7倍である。

図2.4 ジェンコープ（2005年8月5日まで）

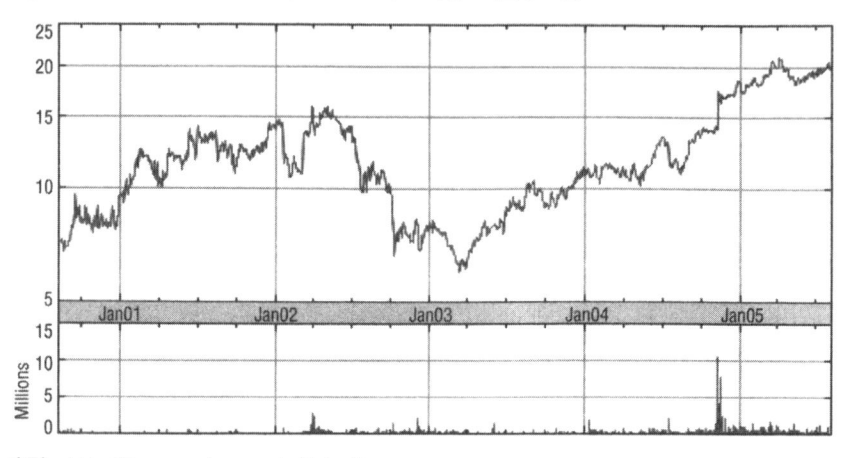

出所＝ http://finance.yahoo.com/　Yahoo!Inc.

● ジェンコープの、エアロジェット事業のEBITDAは、7500万〜8500万ドルだが、これは5億2000万ドル、あるいは1株11.45ドルの価値を意味する。
● ジェンコープは、第4四半期にキャッシュフローがブレイクイーブン（収支均衡）を達成する見通しであり、2005年にはプラスに転じる見込みである。

　ジェンコープは、この買収提案を断ったが、スティールとパイレート両社による度重なる13Dファイリングは、ほかの投資家の目をジェンコープの隠れた資産価値に向けるきっかけとなり、両ファンドとそれに相乗りしたすべての投資家に、大幅な投資成果をもたらしたのである（**図2.4**参照）。

「13Dファイリングを行う前日になると、私はその企業のCEOに電話を掛けて、貴殿の人生は明日から変わると伝える」。これは、一度閉鎖したアクティビストファンドのチャップマン・キャピタルを再び立ち上げて、支援者を募る行脚をスタートさせたボブ・チャップマンから筆者が聞いた言葉である。ここまで紹介した13Dファイリングから分かるように、「ターミネータ」の異名を持つチャップマンは、アクティビストファンドのなかでも恐らく最も積極的なアクティビストとして名を馳せている。再開させたファンドの資金調達キャンペーンを展開するさいに、チャップマンはアクティビスト型のヘッジファンドが持つリスクと落とし穴について概説しているが、それらを以下に再現した。

時間と投資

アクティビズムを成功させるには、膨大な時間と資金が必要になる。

●**スーツでイラク戦争** アクティビストは根回しや駆け引きなどポリティカル面(マスコミ操作——株主・判事＝議決権、支持者)だけでなく、戦略的(委任状争奪戦、買収提案)な攻勢を仕掛ける一方で、バランスの取れた分散ポートフォリオを調査し運用しなくてはならない。ターゲット企業に対するプラスとマイナス両面の法規制上の対応が必要になる

●ターゲット企業の経営陣がアクティビストの資金を浪費する　経営陣や取締役会は、企業そのものより自分たちの仕事や名誉を守るために、株主の資金を自己防衛キャンペーンにつぎこむことがある

コバンザメ効果

パッシブなヘッジファンドやミューチュアルファンド、個人投資家が出入り口に殺到する。

●ポジションの積み増しが厄介になる　知ったかぶりの市場バイヤーが市場にあふれることで、ナンピン買いのチャンスが損なわれてしまう

●ポジションの分散が損なわれる　アクティビストとともにリターンを得ようとして、単一行動に走るコバンザメたちが、「持株比率の引き下げ報告　13D／A」に相乗りすることで、大規模な売りを引き起こす

●エルニーニョ効果　「市場の温度」が急上昇し、投資家に対するNAV（純資産価値）報告に必要な値洗いの価格変動リスクが大きくなる

流動性のリスク

ファンドは投資と結婚するようなもの。デューデリジェンスは入念な調査を伴うべきである。

●結婚と恋愛の違い　離婚（13D、14A、TOなど公的な報告が必要）

は、破談（13Dの報告を必要としない静かな売り）に伴う穏やかなリスクに比べて、資金面でも評判のうえでも悪質なリスクを伴う
●**LTCM型のシナリオ**　それぞれのアクティブ投資が市場よりも大きくならないようにする
●**「ファストマネー」を避ける**　パフォーマンスと無関係な解約はアクティビスト行動を中断させかねない

自分を棚に上げて他者を批判することになりかねない

ターゲット企業から「悪魔のアクティビスト」という辛らつなレッテルを貼られることもあるだろう。

●**ターミネータ以外はお断り**　「同情も後悔も恐れも感じない……そして目的を達成するまでけっしてやめない。絶対に──カイル・リース」
●**匿名性を重視するリミテッドパートナーの氏名公開**　2004年1月、アメリカ地方裁判所が訴えを却下

プライベートエクイティ・ロングショートのヘッジファンド

1980年代スタイルへのコンバージェンス（融合・収斂）を確信する──"Highly Confident"（**訳注**　Highly Confident Letterとは、アンダーライターである投資銀行が、LBOの案件をとるためにファンドなどに提示するレターだが、形式上のものであって買収ファイナンスを「保証」するものではない。80年代にドレクセル・バーナムのマイケル・ミルケンが始めたM&Aツール。乗っ取り屋ファ

ンドがLBOを実行しやすくするように、レバレッジドファイナンスが整うめどが立っていないのに投資銀行が発行したレターでもある）。

●**ハンズオン投資の共通点**　自らが経営参画することで経営陣の意思決定にプラスとマイナスの両面で作用する可能性がある。一般株主との利益相反

●**敵対的買収オークションを仕掛ける**　ターゲット企業をレブロン・ユノカルモードに追い込みかねない（訳注　1985年に敵対的買収を仕掛けられたレブロンの経営陣が防衛策として、ホワイトナイトである投資銀行に有利な条件で友好的買収の契約を結ぼうとして裁判になって敗北。レブロン基準とは、企業が競売状態になったときの取締役会の義務は企業存続よりも、株主価値を高めるために売却価格の最大化を実現するべきだとしたもの。その一方で、1985年にグリーンメーラーのブーン・ピケンズに敵対的買収を仕掛けられたユノカル社が防衛策としてピケンズを排除した株主を対象に自社株のTOBを開始し裁判になって勝訴。ユノカル基準とは、防衛策が株主価値を保護する行為であり、合理性・誠実性を持つかぎり司法は介入しないという経営判断の原則を認めるもの）

●**ドレクセル・バーナム型の資金調達**　デット市場の成熟に伴い、乗っ取り屋の資金源が量、数ともに拡大している

●**LBOとMBOの相違点**　アクティビストは通常、現職CEOに対する資本参加はしない

出所＝チャップマン・キャピタルLLC.

アクティビスト型のヘッジファンドを運営するには、以上のすべてのリスクや落とし穴と向き合う必要がある。チャップマンが指摘するコバンザメの片棒を担ぎたくはないものの、アクティビストが毎週のように仕掛けているポジションに相乗りして学習する価値はある。アクティビストのまねをするには――。

●最近の13Dファイリングに目を通す（http://www.10kwizard.com/、http://www.sec.gov/）。
●アクティビストに関するその他の記事もチェックする。例えば、筆者が毎週月曜日に、http://www.Realmoney.com/ に掲載している記事「アクティビストトラック」や、毎週土曜日にバロンズ紙に掲載される13Dファイリングをチェックする。
●アクティビスト行動が取られる理由を探る。これらは恐らく13Dファイリングに詳しく掲載されているだろう。ヘッジファンドマネジャーの考え方が投資家に明確に提示される貴重な記録である。
●ポジションを作る一方で、アクティビストのフォームＦ４の登録届出書（ヘッジファンドマネジャーのポジションの拡大と縮小が記録されている）、経営陣から役員宛に送られた手紙を含んでいる可能性があるDEAN14ファイリングや、８Ｋファイリングをチェックする。

第3章
クレジットカード債権の買い取り
Buying Delinquent Credit Card Debt

　筆者はクレジットカードビジネスが、たまらなく好きだ。クレジットカードを介した紙幣のデジタル化が毎年進んでいるが、大学1年生のときに（1986年）、生まれて初めて取り組んだビジネスはデビットカードだった。ウエンディ・ビッグス（元モルガン・スタンレーの投資戦略家、バートン・ビッグスの娘）やリック・アロンズ（現ポケモン社勤務、彼がこのビジネスのアイデアマンだった）とともに、大学の地名にちなんでカレッジカード・イン・イサカ・ニューヨークを始めたのである。当時は、クレジットカードを所有する学生がまだ少数で、母校のコーネル大学が学生向けに提供していた「コーネルカード」に対抗して、われわれはチャージカード（一括払い）の口座を作ることにしたのである。父兄がわれわれ宛に現金を送付するのと引き換えに、学生にカレッジカードを発行する仕組みだった。
　イサカ地域の90近いレストランや商店と交渉して、このカードを採用してもらった。そして各店が、カード利用に対して10〜20セントの割引特典をつけてくれたのである。その代償として加盟店は、われわれのホームページに無料で広告を貼る権利を手に入れたのだ。

カレッジカード所有者は、カードが利用できないギリシャレストランよりは、利用可能なギリシャレストランを選ぶ確率が高くなる。年間会費は一律、21ドル。われわれが知るかぎり、カード会社がウエブサイトで広告を売る初めてのケースだったと思う。Q104ラジオやシティズンズ・セイビングス・バンクも広告を貼ってくれたおかげで、やがて約1000人の学生が利用者になったのである。

　筆者は日中の時間を加盟店の勧誘に割き、夜は夜で、ベリフォーン社のクレジットカード機にカレッジカードを認識させてから、寝室に置いてあるミニコンPDP-11（音は大きいし処理能力もブラックベリー端末の4分の1）に接続して、暗号化した学生口座の残金をチェックするようなプログラムを作るべく悪戦苦闘していた。また、その作業とは別に夜になると、ウエンディとリックと当番制で加盟店から宅配フードサービスを行っていたのである。このサービスは、同業のコズモ社やアーバン・フェッチに先駆けたビジネスだったが、両社はその後、潰れている。どういうわけか、筆者が学生からチップをもらうことはなかったが、筆者が熱を上げていたウエンディは、大儲けしていたようである。宅配サービスの利益率はマイナスだったが、チャージカードのほうはグロスマージン（粗利）が約90％だったと思う。ただ、固定費の約5万ドルをカバーするには至らなかった。余談だが、ある週末、ウエンディのパパ、バートンが尋ねてきたときのことを筆者は鮮明に覚えている。ウエンディとママが買い物に出かけている間、バートンは週末のほとんどの時間を、われわれのアパート（3人は共同生活を送っていた）の階段に腰を下ろして、膝に週刊誌やエコノミストのレポートやアナリストレポート、そしてSEC（証券取引委員会）ファイリングを抱え込み、ひたすらそれらの資料を読みふけっていた。その資料の量とい

えば、5フィートの高さ(筆者の身長よりも高いと誇張する誘惑にかられたが、実際には少しだけ低かった)はあったが、バートンは自分の娘のために、すべての資料に丁寧に目を通しては黄色いラインマーカーで重要な箇所に線を引いて、ウエンディにその書類の山を渡して帰っていったのであった。

というわけで、1学期目が終わるとウエンディはデューク大学のビジネススクールに転校し、リックはマスターカードに就職し、筆者は大学を辞めてカードビジネスを続けるかどうか迷った揚げ句、2年生に進級することにしたのである。

カードビジネスに携わった1学期で、われわれが気づいた点が幾つかある。債権の性格は一律ではないということだ。例えば学生の親は、毎月の利用明細書を見れば子供のお金の使い道が完全に把握できるため、子供たちのカード利用(クレジットもデビットも)を大歓迎する。1980年～1990年代になると、クレジットカード会社がこの点に気づき、過去の信用情報であるクレジットヒストリーを持たない学生に対しても、クレジットカードを発行し始めるのである。こうしてクレジッドカードの氾濫は、まったく新しい資産クラスを生み出したのだった。つまり、貸し倒れ償却されたクレジットカード債権である。

ヘッジファンドにとって銀行は神様からの贈り物だ。買収アービトラージや転換社債アービトラージなどの一般的なヘッジファンド戦略は横に置いておいて、メガバンクが手放した紙切れのなかにチャンスが幾らでも転がっているのである。シティーグループのようなカード発行体は、90日間遅延したカード債権の回収が困難だと判断すると、それらをまとめて証券化し、オークションにかける。90日程度の新鮮な遅延クレジットカード債権は、1ドル当たり20～25

セントで回収できるはずだが、銀行は8～10セントで売り払ってしまう。なぜだろう？　なぜ優良債権を、みすみす下水に流すようなまねをするのだろうか？

その答えは——なぜいけないのか？　銀行は単純にいえば、クレジットカード債権を回収するような仕組みになっていないのである。本書は一貫して、銀行が不得意とする分野について触れてきた。つまり——、

●銀行は、当座預金口座を持たない人には融資をしたがらない
●銀行は、そのローンが資産担保ローンで利率が15％だったとしても、1～2年の短期ローンは提供したがらない
●銀行は、仕手筋には融資をしたがらない
●銀行は、タクシー・メダリオンや映画の証券化など、定量化しづらい資産を担保にした融資をしたがらない

銀行がためらっているときこそ、ヘッジファンドマネジャーが銀行員のように、しゃっきとしたスーツを身にまとい、銀行がつかもうとしない利益を手に入れる格好のチャンスなのだ。そして銀行は、リスクを代わりに取ってくれるヘッジファンドに対する、レバレッジの提供（例、融資）は喜んで行うのである。しかし回収エージェントとなると、彼らはしたがらない。

だからこそチャンスなのだ。ヘッジファンドは実質的に、最後のクレジットカード発行体になりつつある。といっても直接的にではない。ヘッジファンド自身が、VISAカードを発行するわけではない。しかし、ヘッジファンドのおかげで、銀行は以前よりも大胆にリスクが取れるようになったのである。学生の支払いが鈍くても心

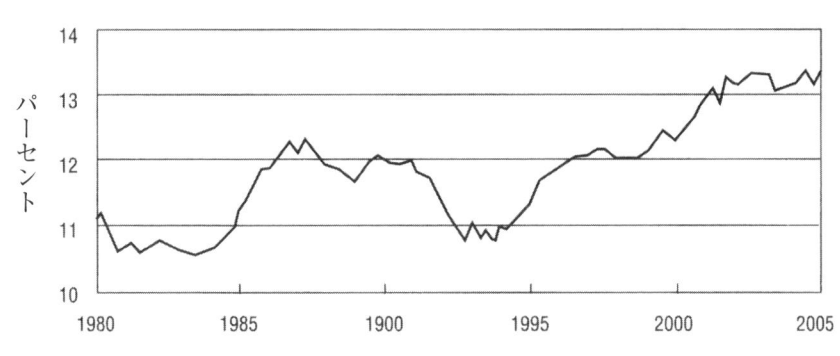

図 3.1　家計債務 (個人可処分所得に対する割合%)

出所＝ http://www.research.stlouisfed.org（2005年セントルイス連銀）

配無用。チャンスを生かすべく、あちこちに現れ始めたヘッジファンドに、証券化した債権を売ってしまえばよいのである。

図3.1を参照してほしい。これ以上が望めるだろうか。これは、VC（ベンチャーキャピタル）がビジネス機会を探るときに、手を叩いて喜ぶ理想的なスマイル・カーブのやや変形型である。VCに提出される事業計画はどれも共通している——初年度に0ドル、5年目に10億ドル（おおよそ）である。これこそ、予想どおりになる数少ないビジネスなのだ。しかし、クレジットカード債権をビジネスと呼べるかどうかだが……いや、すでにビジネスとして成り立っているといえるだろう。

このタイプの業界がなくなることは、まずない。学生向きローンの発行体であるネリー・メイによると、クレジットカードを所有する学生の数は、1998年の67％から2000年には78％に上昇している。

そして、同時期の学生平均クレジットカード債務は、1879ドルから2748ドルに上昇しているのである。同じように、アメリカの銀行系クレジットカードローンは、2000年の5680億ドルから2001年には6070億ドルへと上昇している。これらの数字はこれからも、長期にわたって増加し続けるだろう。タリスマンパートナーズとクレジットウエブによると、2001年末のVISAカードとマスターカードの発行数は、1億5800万枚である。

以下は、貸し倒れ償却された債権を購入して、それらをまとめて回収代行業者にアウトソースしているヘッジファンド、タリスマンパートナーズの統計である。

●6500を超す回収代行業社と1600以上の個人信用情報センターが2000年に扱った遅延消費者ローン債権は、1350億ドルと推定されるが、これは1999年の730億ドルの約倍である（出所＝ザ・カウルキン・レポート、2001年8月）。
●債権回収市場は、米国企業に約130億ドルの収益をもたらしている（出所同上）。
●債権回収市場の58％が成功報酬制に基づいている。成功報酬ベースの年間回収収益は75億ドルで、6つの業界で分配されている──医療業界、金融業界、政府融資・学生ローン業界、電気通信業界、電気ガス業界、流通業界、その他（出所同上）。
●カウルキン・ギンズバーグ社は、2004年までに回収市場全体が約14％拡大すると予測している。
●ACAインターナショナルの「回収市場調査2000年版」によると、自動車業界（販売とサービス）の回収率が65％と最も高く、育児サポート業界の回収率が2％と最も低かった。

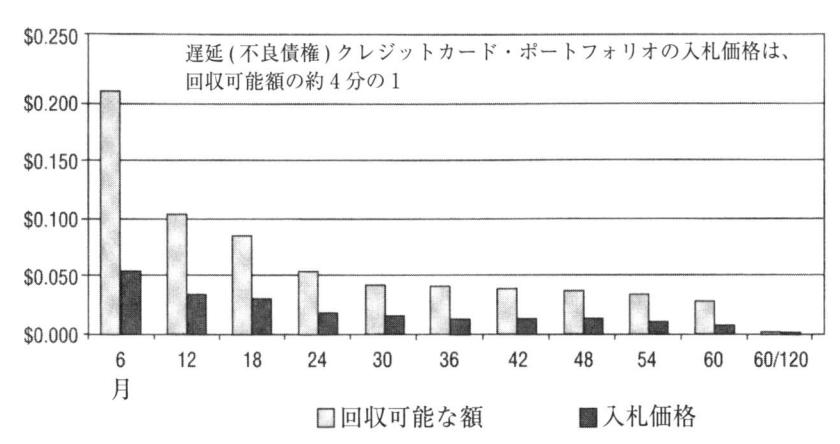

図3.2　ポートフォリオの購入額

```
$0.250
                遅延(不良債権)クレジットカード・ポートフォリオの入札価格は、
$0.200          回収可能額の約4分の1
$0.150
$0.100
$0.050
$0.000
         6    12   18   24   30   36   42   48   54   60  60/120
         月
              □ 回収可能な額        ■ 入札価格
```

出所＝エンビジョン・キャピタルマネジメント．

●30～60日遅延している債権の回収率が27.55％であるのに対して、181日以上遅延している場合は13.41％である（出所＝ACAインターナショナル、「回収市場調査2000年版」）。
●遅延債権を売却した企業は1992年には推定5社だったが、1998年には225社に増加し、2005年までに300社に達すると予測されている。1993年に売却された遅延債権の額面価格の合計は13億ドルだった。1997年には150億ドルに増加し、2000年には250億ドルに達した。

　タリスマン社によると、VISAやマスターカードは、回収可能な額の約4分の1の価格で遅延債権が売却できれば満足である。**図3.2**は、X軸が債権が売却される時点で遅延している期間を表している。

　マイケル・M・ドラックマンが運営するタリスマンは、回収業者に遅延債権をアウトソースしてから24～36カ月以内に投資額の2.5

～3倍のリターンを得るのを目標としている。タリスマンは、債権購入会社の上位30社に属しているために、回収できなかった債権を再販する回収業者を飛び越して直接、発行体から有利な価格で債権を購入することができるのだ。遅延債権の一次購入者は回収業者自身であるが、一般的に速やかに回収できない場合に彼らは再販するのである。タリスマンは、この段階をバイパスすることで、再販ルートを経由するよりも大きなリターンが得られるのである。

複雑な資産クラスのポートフォリオマネジャーなら当然のごとく、タリスマンも分散投資を行っている。地域、残高、消費者向けローンのタイプ（クレジットカード、学生ローン、流通系、電気ガス、通信系など）別に、広範なポートフォリオを組んでいるために、タリスマンのリターンは非常に安定している。2002年4月に投資を開始してから2005年5月までのリターンの前月比は、0.560～1.340％であり、安定した状態を保っているのが分かる。

ポートフォリオマネジャーのドラックマンはつい最近、ヘッジファンドネット http://www.hedgefund.net/（HFN）のインタビューに応じているが、両者の許可を得て、以下にその内容を再現する。

貴社のファンド戦略は、きっちりと定義された戦略の分類には、収まりきらないところがあるが、貴社のファンドの投資対象とポートフォリオの組み方について説明してもらえますか？

簡単にいうと、われわれは不良債権化した消費者ローンを購入して、回収業者にアウトソースすることで投資リターンを得ている。主にクレジットカード債権を対象としているが、その他のチャンスも見いだしている。不渡小切手、小売店のハウスカード、そして学生ローンはほかのプレーヤーが見落としているニッチ市場の開拓に

つながっている。われわれは、ディストレスド（破綻債権）の分類をベンチマークにしているが、このファンドは必ずしもその分類に収まるわけではない。

貴社のファンドに対する投資家の当初の反応と現在の反応について教えてほしい。
　当初から周囲の関心は非常に高かったが、ほかのオルタナティブ投資とは違うために、潜在投資家は懐疑的だった。われわれは株は扱わないので、一般のファンドとは異なる。しかし、私はこの戦略に満足している。今では、戦略の内容もメリットも投資家は理解している。われわれは有力な分散方法を創造し、ポートフォリオに新たなカテゴリーを加えたのである。

貴社と他社のファンドを差別化するものは？
　ヘッジファンドネットのサイトに掲載されているファンドのほとんどが株式投資を行っていると想像するが、われわれは株は扱わないので予測しやすいリターンを得ることができる。われわれの戦略は高いシャープレシオと、株価指数との低い相関性を示しているために、株式投資を行う投資家と同じボラティリティを持つことはない。われわれが購入する商品や手法そのものが性質的に非常に低いボラティリティを追求している。

貴社の絶対リターンの目標は？
　わが社のファンドが最終的には年間15％を超えるリターンを生み出せると信じている。昨年は11％を少し上回る程度だった。今年も横ばいか昨年をわずかに上回る程度だろう。その理由は、われわれ

のファンドの規模は1700万ドルだが、キャッシュが約500万ドルある。購入ミスや投資ミスのせいではなく、キャッシュがリターンを抑えてきた。しかし、より大きなポートフォリオを購入して行けばキャッシュバランスが減少し、リターンも増えるだろう。今年のリターンが12％なら大変満足である。来年は13、14、15％辺りを期待するが、その可能性は十分にあるだろう。タリスマンパートナーズは月々、約100万ドルのフリーキャッシュフローを生み出している。1700万ドル規模のファンドにしては悪くはないが、余剰キャッシュフローの問題を増幅させている。

戦略を推進するうえで貴社が直面するリスクとその対処法は？
　われわれは株式投資は行わないのでリスクの種類が違うが、ビジネスリスクがないわけではない。例えば、悪いポートフォリオを購入してしまう場合だ。われわれが現在、扱っているアカウント数は約160万である。これは、160万人がわれわれに借金をしているのと同じである。われわれは大数の法則を取り入れているが、さきほど述べた160万人のタリスマンに対する借金の合計額は約10億ドルになる。投資に見合ったリターンを実現するだけの返済は得られると確信している。現在われわれは、確か56種類の債権ポートフォリオを抱えていると思うが、その半数が全額完済を達成し大きなリターンを生み出している。

　アセットインベスターズのテッド・ダンボールドもクレジットカード回収とヘッジファンドビジネスに取り組んでいる。この企業は、タリスマンと同じように過小評価されている遅延債権を購入しているが、債権を回収する前に、州単位でポートフォリオを分割してい

る。それぞれの州には、その州に特化した方法で債権回収業を営む弁護士や、ニッチ型の回収エージェントが存在する。その弁護士たちは、自分の州における財産の差し押さえや、債権回収にまつわる法律に明るいために、全米に散らばる債権ポートフォリオの回収を目標とする回収業者よりも、高いリターンを実現することが可能になる。債権を1ドル当たり3～6セントで購入し分割して、その倍の価格で直ちに地元の専門家に再販するのが、ダンボールドの戦略である。以下のインタビューは、その戦略に関する質問である。

どうやってポートフォリオを発掘するのか？

われわれのポートフォリオマネジャーは、この分野において約10年間の経験があり、広範なネットワークを構築しているので、ほぼ独占的なディールフローを確保している。われわれはまた、定期的にナショナル・ローン・エックスチェーンジ、http://www.nelx.com/ のような公開入札にも参加しているが、そこでもほかのプレーヤーが見落としがちな価値を発掘するのに成功している。

金利上昇局面の影響は？

われわれのビジネスは、ポートフォリオを短期間だけ保有（卸で購入してから小売するまで3カ月以内）するものなので、保有期間中の金利への感応性を確認したことはない。金利も要因ではあるだろうが、一般的にはポートフォリオの価値に影響を与える最も大きな要因は、需要と供給のバランスである。

新しく施行される破産法の影響は？

本格的な影響はまだこれからだと思うが（2005年4月20日に調印

され10月17日に施行）一般的な見方は、債権者が破産申請を行うのが今まで以上に難しくなるので、貸し倒れ償却された債権の価値は膨らむだろう。不良債権ポートフォリオの価格は昨年から上昇しており、理由を特定するのは難しいが、新しい法律の影響を受けている可能性は高い。

アスタスやPRAAが貴社と競合しない理由は？（両社ともダンボールドの同業者）

貸し倒れ債権を魅力的な価格で購入するという点では、彼らも明らかに競争相手である。しかし、われわれと彼らのビジネスモデルには大きな違いがある。彼らは購入してホールドして回収するが、われわれは再販するために購入するのだ。彼らのインフラは膨大な数の回収者だが、われわれのインフラは多数の地元回収エージェントである。よって、お互いに相手が気づかない価値を発掘できるのである。

運用キャパシティーはどれくらいか？

この戦略はニッチ戦略だと認識している。当初の見通しは1億ドルだが、貸し倒れ債権市場が拡大するにつれて、われわれも一緒に成長できると期待している。

ポートフォリオを州単位で分割して再販するときに、最も安い州はどこか？　そしてその理由は？

債務者に寛容な州──例えば制限法が少なく、債務者に対する厳しい取り立てを禁じている州は債権取引価格が低くなり、取引価格が高い（良い）州の3分の1〜5分の1の価格のケースもある。低

い(悪い)州はテキサス、フロリダ、ジョージアなど南部の州であり、伝統的に高い(良い)州はオハイオ、ミシガン、イリノイなど北部の州だ。

第4章
PIPEs について、今まで聞けなかったことすべて
Everything You Wanted to Know about PIPEs But Were Afraid to Ask

　本書で取り上げているトピックのほとんどが、従来は大手投資銀行が独占していた分野に、個人投資家やヘッジファンド、そして中小の銀行や証券会社がいかに食い込んで来たかを探るのをテーマとしている。同じような変化として、公開企業による私募増資（第三者割当増資）であるパイプス（PIPEs）が新興企業の資金調達の方法として、着々とセカンダリーオファリング（公募増資）を置き換えているのである。PIPEs戦略は、ベア相場、ブル相場の両局面で安定したリターンを生み出すヘッジファンド戦略としても成功を収めている。

　良くも悪くも、非公開でいたほうが良かったと思われる企業が、1990年代後半から2000年初頭にかけて数千社も株を公開している。事業をたたんだペッツ・ドットコム（http://www.Pets.com/）は、公開どころか他社の資本も受け入れるべきではなかったのだろう（確かに現在では世界ベースで見ると、オンラインペット用品業界の今年のネット売り上げは30億ドルを超えるだろうし、筆者には有望な市場に育っているようにも思える）。かつて、これらの企業を果敢にも公開させて、熱狂的な投資家に株式を押しつけた投資銀行

の多くが、ドットコム市場が2000〜2002年に崩壊した結果、対象企業の分析調査から手を引くか倒産してしまったのである。ロビー・スティーブンズ社は、ドットコム企業の株式公開の主幹事として、1990年代に最も活躍した投資銀行だが、バブル後に事業をたたんでいる。ハムブレヒト・アンド・クイストは親会社のJPモルガンに吸収され、ラフキン・アンド・ジェンレット・インクも、クレジット・スイス・ファーストボストンにのみ込まれてしまった。そしてその結果として、6000社を超す企業が銀行から見捨てられ、金融支援を受けられないまま孤児と化したのである。

しかし、いかなる優良・不良企業もそうであるように（ゼネラル・エレクトリックやバークシャー・ハサウェイでさえ、定期的に債券を発行し資金調達を行っている）、この6000社の大半がいずれかの時点で資金調達を必要とするのである。例えば、バイオテック企業は、薬品のフェーズ1とフェーズ2とフェーズ3の臨床試験段階を通過して、FDA（連邦食品医薬品局）の申請を得るまでの、ややもすると収益が見込めない時期に資金調達が必要になるだろう。そしてその後も、薬品を製造するための製造設備を建設する資金も必要になる。あるいは、石油・ガス関連の企業は油田を掘るための資金が必要になり、レストランチェーンをロールアップ型の買収で統合するために、資金が必要になる業界もあるだろう。

1990年代後半は楽だった。資金が必要になればドットコム事業をスタートさせて、ゴールドマン・サックスかモルガン・スタンレーあたりを雇い、2億ドル規模のセカンダリーオファリングを実施すれば済んだのだ。名門投資銀行を皮肉っているわけではないが、彼らがバブル期の頂点で公開した企業の多くが期待はずれに終わったのを、彼らとて認めざるを得ないだろう。そのわずか5年後には、

ドットコム全盛期に自分たちがしつこく勧誘した企業と似ても似つかない企業なのに、近寄ろうともしないありさまである。

　ナスダックが暴落して5年、債務返済のための安定したキャッシュフローを生み出す力がなく、銀行の支援が受けられない企業に残された唯一の道は、PIPEsしかない。バイオテック企業のジェニトープもPIPEsの一例である。ジェニトープは、最初から主要銀行を徹底的に回避する方法を取っていた。2003年11月に、ブティック系投資銀行のWR・ハムブレヒトを通じて、ダッチオークション方式で9ドルのIPO（新規株式公開）を行っている。その後、FDAの臨床試験を完了して製造設備を建設するために、再び資金調達をする必要性が生じたジェニトープは、私募増資に踏み切ったのである。WR・ブレヒトの助けを借りてPIPEsを実施したのだ。

　2004年12月13日、PIPEsが完了する。当日の株価は15ドルだったが、ジェニトープは5％ディスカウントの、1株14.25ドルで6000万ドル分の株を私募で売却した。WR・ハムブレヒトは、5％の手数料を請求したため、PIPEsの総コストは10％になった。これはセカンダリーオファリングにかかるコストが、通常は銀行の引き受け手数料7％、公募価格のディスカウント率が5〜10％、そして発行体の経営陣が各地で実施する投資家説明会のロードショーを開催している3〜6カ月間の10〜20％の株価の下落を考えると、トントンか安いくらいである。企業がセカンダリーオファリングより、PIPEsを選ぶ理由は2つあると思われる。

1．スピード。投資家を勧誘するロードショーを実施する必要がなく、SEC（証券取引委員会）に対するファイリングも簡素である。総合すると、必要な資金を調達するルートとして速い。

2．コストの節約。これは常にそうとはいえない。発行体が極端なディスカウントをせざるを得ない場合のPIPEsは、割高なときもある。しかし、そう言いながらもPIPEsを実施するのは、通常、セカンダリーオファリングが選択肢として残されていない企業である。

　PIPEsに参加するファンドにとっても、さまざまなメリットがある。最も大切なのは当然のことながら、一般投資家が利用できない有利な条件を与えられる点だ。ジェニトープのケースでは、市場価格に対するお得なディスカウント率で株を購入することができた。本章ではほかの取引形態もおいおい見ていくが、取りあえず、さまざまな取引条件がリスクを大幅に軽減するのに役立っている。PIPEs投資家にとってのもうひとつのメリットは、公開市場で株を購入するよりも大量の株を入手できる点である。取引が完了した時点でのジェニトープの1日当たりの平均出来高は20万株、あるいは300万ドル相当だった。公開市場で6000万ドル分の株を購入しようとすれば、株価は15ドルを大幅に上回っただろう。ジェニトープの株価は、その後の数カ月間、17ドルの高値を付け、PIPEs投資家が望めば株を売却して多額の売却益を得て手仕舞うことが可能になったのである。

　これは、シンプルなPIPEsの例であり、資金調達側の企業はディスカウント価格で株価を売却するわけだ。PIPEsにはその他のタイプもあるが、ほとんどのケースで何らかの転換社債を組み込んでいる。これから多様なタイプのPIPEsを掘り下げていく前に、PIPEsには確かにネガティブなイメージもあると断っておくべきだろう。公募ではなくPIPEsを実施する企業は何らかの問題を抱えている、あるいはPIPEsに参加するファンドは株をノンストップで売却する

傾向があるので、俗にいう株価の下落と希薄化による「死のスパイラル」を招くのではないのかと、当然ながら多くの投資家が懸念するのだ。

　しかし、PIPEsをめぐる批判の多くは1990年代の影響だろう。1990年代にネット上でキャットフードを販売するペット関連企業は、ゴールドマン・サックスなどの大手投資銀行と契約してIPOを実施したり、スーパーボウルの放送時間にテレビコマーシャルを流したり、セカンダリーオファリングを実施したり買収されたりと、PIPEsを実施する必要性のあるドットコム企業はまれだった。さらに、ご多分にもれずPIPEsが悪用されたケースも多々あったのである（**訳注**　全米トップの視聴率を持つ国民的なイベントであるスーパーボウルの合間に流れるテレビコマーシャルは、破格の広告料を払ってもブランド確立に絶大な効果を発揮すると思われている）。

レギュレーションＳ

　外国企業に対しては、市場で自由に売買できるフロート株を発行できる（私募を通じた新株発行は通常、SECに規制されて自由にトレードできない）という、米国証券法の抜け穴ともいえる「レギュレーションＳ」がPIPEs悪用の発端である。「レギュレーションＳ」の本来の目的は、米国企業に対する海外からの投資を奨励することだった。どういう仕組みかというと、「レギュレーションＳ」を悪用して株を購入するために、まず海外に幽霊会社を設立した仲間の投資家に対して、マイクロキャップ企業（時価総額が5000万〜３億ドルで、しばしば店頭市場で取引される超小型銘柄）が極端なディスカウント価格で株を発行する。次に、何の疑いも持たない一般投

資家にこの新規発行株を押し付けるための電話による威圧的な販売活動を行い、その売却益を経営陣と仲間の投資家が山分けする仕組みである。しかし、「レギュレーションＳ」を悪用した業者の多くが現在は服役中であり、抜け穴はふさがれている。

死のスパイラル

　セカンダリーオファリングを引き受けるためなら大喜びで顧客接待を繰り広げる、数百行に上る銀行を活用する代わりに、1990年代後半から2000年初頭にかけてPIPEsを実施する必要性があったのは、何らかの問題を抱えていた企業だった。よって、この時期に実施されたPIPEsの多くは先述したジェニトープのような正当な取引ではなく、俗にいう死のスパイラルだったのである。

　死のスパイラルの格好の例として、個人的な体験を紹介しよう。1990年代の半ばに筆者は義兄とともに、フォーチュン500社向けにウエブサイトを作成するリセットという名前の会社を立ち上げた。われわれは特にエンターテインメント業界に注目し、ミラマックス、ソニー、BMG、HBO、ニューライン・シネマ、ユニバーサル、ワーナー・ブラザーズなどの企業サイトを作成していた。1995年に起業した当初は、ウエブサイトを作れる人間はニューヨーク市内に10数人しか存在しなかったために、タイムチャージもそれなりに高かったのである（**訳注**　タイムチャージは固定料金ではなく、１時間いくらの料金制度）。しかし1998年８月ごろになると、われわれは、高校１年生でもこの技術が使いこなせるようになったことに気づき、リセットより大きい企業がほかのITサービスを上乗せして、より良いサービスを既存顧客に提供するのを期待しながら、事業を売却

することにしたのである。売却相手の公開企業は、その後、われわれ以外にも全米に散らばる似たような12社の企業を買い取り、これは典型的なロールアップ型のM&Aだった。今なら、筆者の6歳の娘が2ドルもあればできてしまうウエブサイトの作成費用として、2000年の初頭の企業は相変わらず100万ドル以上も請求していたのだ。しかしこのビジネスは、いずれ破綻する運命にあり、USウエブ、レーザーフィッシュ、エージェンシー・ドットコムなどのロールアップや、われわれの事業を買い取った企業は破綻に突き進んでいた。

そこで、われわれのリセット社を買い取った企業（企業Xとする）はPIPEsを通じて、この難局を切り抜けようとしたのである。ベアスターンズがセカンダリーオファリングの引き受けを狙って随分と前から口説きにかかっていたようだが、筆者にもいまだに分からない理由から彼らは手を引いてしまったのである。2000年1月14日、企業Xは時価が43.75ドルのときに総額3000万ドル相当の転換社債を、今では俗に「死のスパイラル」と呼ばれる方法で売却した。

3000万ドル相当の転換社債が5年債として4％の年利で発行された。しかし、PIPEsに参加したファンド3社は利回りが気に入って参加したわけではない。それよりも彼らが注目したのは、いつ転換しても過去10連続取引日の安値の平均値、あるいは36ドルの安いほうの価格で転換できるという転換条件である。つまり、株価が40ドルから10ドルに下落し、直前の10連続取引日の安値の平均値が8ドルだとする。彼らは8ドルで転換し10ドルで売却することで25％の利益が得られるのだ。死のスパイラルに参加するファンドにとっては対象企業の株価にボラティリティがあり（一気に下落すると転換価格が不利になる）、取引量も多いこと（でなければ売却できない）のほうが重要なのである。死のスパイラルに参加するファンドは、

売り圧力が強まると株価はさらに下がり転換価格も下がるのだから、転換によって入手した株を利用しながら空売りを繰り返せば良いのである。

企業Xの株価は、その後の4カ月で43ドルから7ドルに下落した直後に、それ以上の資金調達が不可能となった時点で倒産した。死のスパイラルに陥った似たようなケースは多数あり、現在でもその汚名はぬぐえていない。しかし、それがやや不当だということを、これから検証したい。

取引のタイプ

PIPEsのさまざまな取引タイプについて議論を進める前に、これは一般的な個人投資家が参加できる取引ではない点は認識しておく必要があるだろう。PIPEsは発行会社と引き受け先であるエージェント(先述したジェニトープのケースでは、WR・ハムブレヒト)、そして機関投資家の間の直接交渉で実施される。とはいえ、PIPEsに関する知識と一般的な構造、そしてPIPEsをめぐる規制環境について理解を深めるのは、過去にPIPEsを実施したことがある企業に投資を行うさいの判断材料にはなるだろう。

それ以外にも本章を熟読してメリットが得られるのは？

●ヘッジファンド。値動きが荒く、トレンドがはっきりしない市場環境では、優良な成長企業でさえ1桁台のPER（株価収益率）を示す時期がある。ロングショート戦略を活用するファンドにとって、PIPEsの知識は新たなヘッジファンド戦略として貴重である。時価を下回るディスカウント価格で株を購入できるうえに、有利な条件

が付随した戦略はいかがだろうか？
●企業。コストも高く時間もかかり、かつてはトップアナリストが「お勧め銘柄」を声高に宣言していた調査レポートのメリットももはや望めなくなった大手投資銀行に、あえてセカンダリーオファリングを依頼する理由はあるのだろうか。今になってみると、アナリストレポートは大した価値がなかったことに気づくのである。崩壊しつつあるドットコム経済のなかで企業や株主、そして究極的には巨額の罰金や訴訟にさらされた銀行に、そのコストが重くのしかかったのである。PIPEsのメカニズムは、買収取引や技術開発などに必要な資金を素早く調達してくれる。
●銀行。銀行を批判する一方で、筆者は銀行もPIPEsの分野で役割を果たせると認識している。例えば、PIPEsに参加する一流の機関投資家に対象企業を紹介する。あるいは銀行やエージェントが全体のプロセスをリーズナブルなコストでサポートすることで、対象企業の資金調達をスムーズに進めることが可能になるのである。

普通株式

ほとんどのPIPEsが、ジェニトープのケースのように普通株の形式で行われている。例えば、市場価格が1株10ドルの企業は、1株9ドルのディスカウント価格で機関投資家に株を売却する。投資家が入手した株は通常、3～6カ月など一定期間は売却が禁止されている。また多くの場合に、ワラント債（新株引受権付社債）の形で「エクイティキッカー」が付与されている。

以下の4件は、普通株取引の例である。

取引タイプ　普通株式
企業名　ナップスター（Napster.Inc.,「NAPS」）
払込期日　2005年1月20日
調達資金　5200万ドル
概要　時価総額2億7000万ドル。株価は8ドル付近で推移し、1日当たりの出来高は100万株を超えていた。ナップスターは普通株710万株を市場価格より8.35％ディスカウントされた1株7.35ドルで売却して、総額5218万5000ドルを調達した。この取引に参加した投資家はショートやヘッジは行わない条件で合意

取引タイプ　普通株式
企業名　カデンツ・リソーシズ・コーポレーション（Cadence Resources Corporation　「CDNR」）
払込期日　2005年1月31日
調達資金　970万ドル
概要　時価総額7900万ドル。株価は1.55ドルで、1日当たりの出来高は2万株を超えていた。普通株781万株を市場価格よりも19.35％ディスカウントされた1株1.25ドルで売却
ワラント債　ワラント債発行数1405万枚。行使価格1.75ドル、行使期限48カ月。普通株の市場価格が20連続取引日、5ドルを超えたときに発行体はコール可能であり、SECに提出した登録届出書が認可され発効済み

取引タイプ　普通株式

企業名　TRW・オートモーティブ（TRW Automotive）
払込期日　2005年3月8日
調達資金　1億4200万ドル
概要　時価総額20億ドル。株価は20.71ドルで、1日当たりの出来高は15万4000株。普通株725.6万株を市場価格よりも5％ディスカウントされた1株18.65ドルで売却。ワラント債は発行されていない

取引タイプ　普通株式
企業名　プロティーン・ポリマー・テクノロジーズ（Protein Polymer Technologies「PPTI」）
概要　時価総額4100万ドル。株価は0.68ドル付近で推移し、1日当たりの出来高はは20万株を超えていた。普通株1995万0164株を市場価格より67％ディスカウントされた1株0.33ドルで売却
ワラント債　ワラント債発行数997万5082枚。行使価格0.50ドル、行使期限48カ月
希薄化防止条項　無し

転換社債型新株予約権付社債

　PIPEsで発行される転換社債には、さまざまなタイプがある。最も一般的なのは、市場価格に対して通常はディスカウントされた固定価格で転換できる転換社債である。さらに、転換社債は通常の債券同様に利息が付いているだけでなく、ワラント債の形で「エクイティキッカー」が付与されている場合が多い。以下の2例は転換価格が固定されているケースである。

取引タイプ　転換社債、固定タイプ
企業名　NASDAQ・ストック・マーケット（NASDAQ Stock Market Inc.）
払込期日　2005年4月22日
調達資金　2億0500万ドル
概要　時価総額2億ドル。ナスダック証券取引所は、ティッカーシンボル「NDAQ」の公開会社である。インスティネットの買収資金が必要になったナスダックは、資金調達にちょっと詳しいこともあり、転換価格が固定されるタイプのPIPEsを実施することにしたのである。払込日の株価は10.65ドル。年利は3.75％で、償還期間は84カ月、転換価格は1株14.50ドル（プレミアム40％）に設定された。1カ月後の株価は17ドルだった。また、行使価格が14.50ドルのワラント債も220万株分発行されたのである

　次の例は、ある一定の条件下で転換価格が一度だけ修正される修正条項が付いているケースである。

取引タイプ　転換価格・修正条項付転換社債
企業名　コンソリディテッド・エナジー（Consolidated Energy, Inc.「CEIW」）
概要　時価総額3635万ドル。株価は4.50ドル付近で推移し、1日当たりの出来高は6万株を超えていた。2005年2月22日に発行された700万ドル相当額の転換社債の償還期間は36カ月、年利6％。発行当初1.70ドルで固定されていた転換価格は、市場価格に対して55％ディスカウントされていた。①SECに提出した登録届出書が有効になるか、あるいは発行9カ月後のどちらか遅い日付の直近の30取引

日の終値の平均値、②発行１年後の株価が転換価格を下回る場合には、この直近の30取引日の終値の平均値に合わせて転換価格は修正されるが下限転換価額は１ドルである

ワラント債　205万8824株分のワラント債を行使価格1.70ドル、行使期間60カ月で発行

希薄化防止条項　当該企業が市場価格以下で株式か転換社債を発行、あるいは売り出す場合の行使価格は、希薄化を考慮して下方修正される

　転換価格を下方修正することは可能だが、俗にいう下限なしの「死のスパイラル」を防止するために、１ドルの下限転換価格が設定されている。
　PIPEsの別のタイプとして、やはり下限が設定されるフローティング型転換優先株がある。このタイプは先述した修正条項付転換社債と似ているが、修正が一度に限らずいつでも可能なものを指す。

取引タイプ　修正条項付きの転換優先株
企業名　レンテック（Rentek, Inc.「RTK」）
概要　時価総額１億4200万ドル。株価は1.54ドル付近で推移し、１日当たりの出来高は45万株以上。2005年４月14に発行された900万ドル相当額の転換優先株の償還期間は120カ月、年利はプライムレート＋２％。転換優先株は、転換日の直前の５連続取引日における普通株式の売買高加重平均価格（VWAP）の変動値の80％に相当する金額か、固定転換価格1.39ドルのどちらか低いほうで転換できる。変動転換価格の下限は0.80ドルである
ワラント債　行使価格1.70ドル、行使期間が未公開のワラント債も

107

592万1910株分、発行された

　修正条項付きの転換証券は、資金調達の方法がほかに残されていない企業にとって、投資家に対する値下がりリスクの保護策を確実に提供することができる。発行体がすべての行使請求に応じた場合には、投資家は問題なく上限価格で転換できる。しかし、発行体が行使請求に応じられない場合、ファイナンシングを実行しているファンドに対する値下がり保護を、修正条項が提供してくれるのである。RTK社の場合は、80セントの下限価格が設定されており、これは発行日の市場価格に対して約40％のディスカウントである。

　次の例は転換価格が固定型のPIPEsだが、毎月の元本返済分が現金ではなく株式でも可能（PIK証券、現物交付型とも呼ばれる）なPIPEsである。PIPEsを実施する企業の多くが現金不足（ゆえにPIPEsを実行する）なので、元本の返済を株式で行う可能性が高まるのである。例にもあるように、株価は支払い当日の市場価格にそって設定される。つまり、固定型ではあるが変動型の側面も含むタイプである。

取引タイプ　転換価格が固定している自動償還型の転換証券
企業名　ベリディコム・インターナショナル（Veridicom International「VRDI」）
概要　時価総額2660万ドル。株価は2.80ドル付近を推移し、1日当たりの出来高は約4000株。2005年2月25日に340万ドル相当額の転換証券を発行し、転換価格は0.89ドルで固定されていた。投資家は、転換日までの5連続取引日における普通株式の終値の平均値が1.27ドルを超すときにだけ転換できる。発行体は2005年5月25日以後毎

月、証券の33分の1分を額面価格＋支払い利息と同等の償還価格で償還しなくてはならない。発行体が、その金額を普通株式で償還する場合の株数は、月々の償還金額を転換価格で割ったものになる

ワラント債　投資家に対して、340万株分のワラントを行使価格3ドル、行使期間は60ヵ月で発行。それとは別に340万株分を行使価格5ドル、行使期間60ヵ月で発行している。発行体は、普通株の市場価格が10連続取引日に1株4.50ドル以上になったときに、最初のセットを償還日の終値から3ドル差し引いた価格でコールすることができる。また、普通株の市場価格が10連続取引日に1株7.50ドル以上になったときに、2番目のセットを償還日の終値から5ドル差し引いた償還金額でコールすることができる

希薄化防止条項　発行日から、SECに提出した登録届出書が有効になった日付の18ヵ月後までの期間、発行体が発行するすべての株式と転換証券に対して投資家は、先買権を留保している

限度額付き株式仕組みローン

3番目の例は、限度額付き株式仕組みローンである。基本的な考え方は、対象企業XYZ社に対してヘッジファンドは、「1000万ドルの資金を提供するが、100万ドルずつ、10本のトランシェに分け、毎月の貸し出し限度額は100万ドルである」と提案する。企業XYZは、その資金を引き出す5日前にファンドに通知しなければならず、その資金と交換する株の株価は、事前の5日間の市場価格に何らかの公式を適用して決める。ファンドは、与えられた5日間で融資をヘッジすることで、貸し出しが実施されたときのリスクを最小に抑えることができるのである。

取引タイプ　限度額付き株式仕組みローン

企業名　ハウス・レイジング（House Raising Inc.「HRAI」）

概要　時価総額5000万ドル。株価は1.45ドル付近を推移し、１日当たりの出来高は約５万株。この取引は1200万ドル相当の限度額付き株式仕組みローンであり、HRAI社はディスカウント率15％の株と引き換えに、事前通知を伴うが100万ドルの融資を受けられる。具体的な条件は――株式購入額は、HRAI社による引き出しの事前通知から５連続取引日の終値のうち、最安値の95％とする。ただし、引き出しの事前通知から５連続取引日の終値が一度でも引き出し日直前の10連続取引日の終値の平均値の75％より安い場合には、HRAI社は引き出しをキャンセルすることができる。HRAI社が引き出せる金額は、①（引き出し日直前の10連続取引日における、普通株式の平均取引高の200％）×（引き出し日直前の３連続取引日の終値の平均値）、②10万ドル――のいずれかを選択できる。行使期限は36カ月である

　引き出し額が株の取引高に、ある程度、制限される点に注目してもらいたい。このことで、ヘッジファンドは引き出し日までの５日間で融資額を確実にヘッジすることが可能になる。ファンドは、引き出しが実施されるまでに、引き出し予告から５連続取引日の終値のうちの最安値の95％よりも高値で売り抜けておけば良い。引き出される金額と等価の株を売却する必要があるのだ。

PIPEsの運用益

　ある企業がPIPEsを実施すると、参加したヘッジファンドが自分

のポジションをヘッジするために持ち株を売るので、株価が下がるという一元的な見方がある。しかし、認識しておくべき点が幾つかある。

1．現在の市場は、ヘッジ操作や空売りを許可しない取引が多い。法規制上の理由から、公示前にヘッジすることはできない。また、あらかじめ空売りをしておいて、制限付き株式で空売り分をカバーすることもできない。そして規制の高まり以前に、現在では、ほとんどの取引に投資家のヘッジや空売りを許可しない規制条項が明記されている。

2．ファンダメンタルズを重視し、取引高に制限されずに大きなポジションを取るためにPIPEsに参加する投資家を探すのが企業にとって理想である点では、PIPEsはセカンダリーオファリングと何ら変わらない。

取引環境は毎年のように変化しているので、PIPEsに関する有意義な5年分析を提供するのは難しい。しかし、2004年3月30日〜2005年5月30日までに実施されたすべてのPIPEs取引（http://www.placementtracker.com/）をチェックした結果、パフォーマンスは以下のとおりだった。

普通株取引
取引数　1179
　1カ月後の平均パフォーマンス　＋8.56％
　3カ月後の平均パフォーマンス　＋11％
　6カ月後の平均パフォーマンス　＋26％

限度額付き株式仕組みローン

取引数　118
1カ月後の平均パフォーマンス　＋24％
3カ月後の平均パフォーマンス　＋20％
6カ月後の平均パフォーマンス　＋8.94％

　株式仕組みローンの権利が行使されたからといって融資金が直ちに引き出されるわけではない。投資家は、融資が整いそうだと安心するので当該企業の株価が上昇し、融資金の引き出しが実施されれば、株価が下落する可能性はある。しかし、引き出しの事前通知を受けて、ヘッジファンドにはポジションをヘッジするチャンスが与えられているので、引き出し後の株式仕組みローンのパフォーマンスが融資を行うヘッジファンドのパフォーマンスに影響を与えることはないのだ。

転換価格固定型

取引数　410
1カ月後の平均パフォーマンス　＋10.5％
3カ月後の平均パフォーマンス　＋18％
6カ月後の平均パフォーマンス　＋20％

　転換型の取引は、通常のディスカウントに加えて利息が付いていて、希薄化防止条項も添えられているなど値下がりリスクに対する保護策を重視しているために、株価が下がってもファンドのリスクは少ない。普通株取引における6カ月後のパフォーマンスをやや下回るのも、これらの措置で説明される。

修正条項付きの転換型優先株

取引数　77
１カ月後の平均パフォーマンス　＋2.29％
３カ月後の平均パフォーマンス　－12％
６カ月後の平均パフォーマンス　－29％

　修正条項付きの転換型優先株（死のスパイラル）は、株価が投資家のリターンと何ら関係がない点からも資金調達の最適な方法ではない。それどころか、株価が下がり続けたほうが投資家のリターンが大きくなる場合もある。それでも、この方法でしか資金調達ができない企業はある。総合的に見ればパフォーマンスは良くないが、企業によっては修正条項付きの転換型優先株を通じて資金調達を確保し、素晴らしい実績を上げているところもある。
　その例を見てみよう。

企業名　アイソニックス・コーポレーション（Isonics Corporation）
払込期日　2004年10月4日
調達資金　330万ドル

　取引が完了した当日の株価は1.31ドルで、１日当たりの出来高は約25万株だった。これは、年利８％の転換社債型の取引で転換価格は、転換日直前の普通株の５連続取引日のうち、３回の日中安値の85％か、1.24ドルの低いほうだった。また、１ドルの下限転換価格が設定されていた。投資家に対してはさらに、行使価格が1.24ドルのワラント債が30万7000株分と、行使価格が1.35ドルのワラント債が同様に30万7000株分、発行された。

図4.1　2005年5月27日までのアイソニックCP

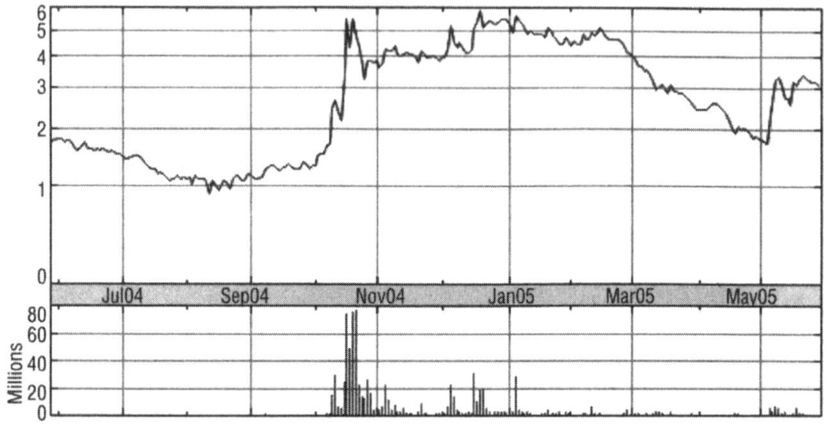

出所＝ http://finance.yahoo.com/　Yahoo!Inc.

　投資家は、1ドルの下限転換価格の設定によって、この取引を行っているヘッジファンドが株価を暴落させることはないだろうという安心感を得たのだろう。**図4.1**は、その間のアイソニックスの株価の推移である。当該企業が融資を確保したという安心感を反映して、ディールが完了した直後に株価が大きく上昇している。アイソニックスは2005年2月に第2回目の資金調達を行っているが、そちらの規模は2200万ドル相当だった。その後の株価の一時的な下落は、この影響を受けているのだと思われる。

　PIPEsは、一般的にマイクロキャップ企業（時価総額が5000万～3億ドルで、しばしば店頭市場で取引される超小型銘柄）に適用され、投資家の多くはブルーチップやダウ銘柄以外に投資するのをためらうものだ。しかし本書は、ウォーレン・バフェット、ピーター・リンチなどの世界の投資家のプロが、マイクロキャップ企業を相手

に投資を楽しみ、直接投資の形をさらに強めた非伝統的な投資戦略がときには非常に高いリターンを生み出すことを証明している。

PIPEsを実施したあとのパフォーマンスを比べると、ラージキャップ企業（時価総額が100億ドル以上の大型銘柄）のPIPEsよりもマイクロキャップ企業のPIPEsのほうが格段に良い結果を出しているのである。

時価総額が1000万ドルを下回る企業が実施した普通株PIPEs（2004/5〜2005/5）

取引数　217
　1カ月後の平均パフォーマンス　＋33％
　3カ月後の平均パフォーマンス　＋40％
　6カ月後の平均パフォーマンス　＋72％

時価総額が1000万〜1億ドルの企業の普通株PIPEs

取引数　717
　1カ月後の平均パフォーマンス　＋3.3％
　3カ月後の平均パフォーマンス　＋5.49％
　6カ月後の平均パフォーマンス　＋18.45％

時価総額が1億〜100億ドルの企業の普通株PIPEs

取引数　245
　1カ月後の平均パフォーマンス　＋2.74％
　3カ月後の平均パフォーマンス　＋5％
　6カ月後の平均パフォーマンス　＋8％

ラージキャップ企業のパフォーマンスも悪くはないが（プラス8％は明らかにマイナスよりは良く、これは2005年までのほとんどの指数を上回るリターンである）、小さい弟たちに比べて格段にパフォーンマンスが落ちるのは、もしかしたら、規模が十分にある大企業が伝統的なセカンダリーオファリングにせず、あえてPIPEsを選ぶことに対する投資家の不信感の表れなのかもしれない。

　興味深いことにセカンダリーオファリングは、私募の修正条項付きの転換型との比較はさておき、それ以外の取引タイプと比べた場合に、パフォーマンスが最低なのである。

　　1カ月後の平均パフォーマンス　－9.41％
　　3カ月後の平均パフォーマンス　－14％
　　6カ月後の平均パフォーマンス　－5.4％

　セカンダリーオファリングは、一般的に大型銀行が、自分たちと取引上の関係が深いファンドに多くの割当を与えて実施される。そしてこれらの大手ファンドがいったん株を手に入れると、即座に株を動かし圧力を掛けるために、売りパニックを起こす場合が多い。2005年5月には、公募前に空売りし、その後に入手した株でカバーしようとした数十億規模のファンド3社がSECに摘発されている。私見だが、セカンダリーゲームも大型銀行やその相棒たちが何十年も繰り広げてきた、お馴染みのゲームにすぎない。PIPEsは、ダッチオークションや特別目的会社（SPAC）、資産担保ローン、裏口上場と並んで、大型の仲介業者の独占を少し和らげ、小口投資家や中小企業のパワーを取り戻すのに役立っているのである。

第5章
新・新IPO
The New New IPO

　正直に認めよう。筆者は悔しい。1990年代にはやったヘッジファンド戦略に「カレンダーごっこ（プレーイング・ザ・カレンダー）」というのがあった。当時の自分に参加する才覚があればと悔やまれるが、残念ながらこの戦略は今では下火になっている。それを享受できたのは、今ごろ2000万ドルの邸宅でゆったりと暮らしているか、自家用ジェット機で全米を飛び回っている一部の幸運な投資家にすぎないのだ。この戦略は非常にシンプルで、カオス理論の博士号やインドの金利がブラジルのコーヒー価格とどう相関するかなどの複雑な公式は、一切、必要としなかったのである。

　「カレンダーごっこ」は具体的にいうと、IPO（新規株式公開）の日程を毎月チェックすることから始まる。「おや、ゴールドマン・サックスは、売り上げも利益もゼロに等しいインターネット関連の小型企業、アカマイを、今月中旬に公開する予定だな、よしよし」という具合だ。次にあなたは、ゴールドマン・サックスのブローカーに電話を入れる。そして、何も考えずに大量の売買注文を出すのだ。銘柄や儲けや手数料がどれだけ掛かるかなどの心配は無用（多少、損をしてもゴールドマン・サックスほどのマーケットメーカー

が、自分のスプレッドから儲けを取るのに悪い気はしない)。というのも、IPOに参加したければ、それまでゴールドマン・サックスと行った取引の量に応じた割当を、IPO直前に優先的に割り当てられるからだ。IPO関連の株価が20ドルから200ドルに上昇していた1990年代後半のヘッジファンドマネジャーたちは、文字どおり一夜にして1億ドルもの儲けを出していたのである。かつてないほどの富が、わずか1日で生み出されていたことになる。

　しかし、ニューヨーク州検事総長のエリオット・スピッツアーや司法長官は彼らを見逃しはしなかった。多くの銀行が罰金を科され、ブローカーがクビになり、銀行員も刑務所に送られた。ただし、以前より緩やかな形ではあるが、IPO戦略自体は今でも存在している。そして、IPOプロセスを牛耳るのは、相変わらず大手銀行なのである。IPOは一般的に初値以後も上昇し(以前のように200％以上ではないにしても、IPO後1日目、5日目、60日目と上昇するのが普通である)、IPOにだれが参加するかを決定するのは、依然として引き受け主幹事なのだ。あなたが、その銀行の得意先、それも非常に有力な得意先ならIPOに食い込むチャンスはあるが、そうでなければ参加できないのである。

　資本主義の素晴らしさは、腐敗や独占による非効率性が生じたときに、自由市場が介入してオルタナティブな手法を編み出す点である。そして過去5年間にオルタナティブな手法が3つ編み出されてきた。いずれも、市場の黎明期から存在したものばかりだが、提唱者が現れたのは、ごく最近になってからである。彼らの手によって洗練された形になり、そのおかげでヘッジファンドだけでなく個人投資家も、取引に参加できるようになったのである。

買収目的会社SPAC

　過去20年間、プライベートエクイティ企業が利用してきた非常に儲けの多い戦略は、次のとおりである。公開企業の設立に成功して（お好みの業界を想定してほしい）、今でも名声と人脈は完璧に生きているが、その企業からはすでに引退した経営者を探し出す。つまり、元経営者を仲間に引き入れて、彼に白紙委任を与えて業界内の同種の企業を10社取得して統合してもらい、統合コストを処理したところで、その統合した事業をプライベートエクイティ企業が公開するのである。プライベートエクイティ企業は、新たに設立された公開企業のほとんどの株式の保有と、IPOを通じて通常は返済される負債から儲けを得る。さまざまなセクターでこの戦略を展開して、成功を収めてきたプライベートエクイティ企業に、シカゴを本拠地とするGTCR社がある。彼らの最近の成功例としては、ロングアイランド湾の１軒のコインランドリーを、全米で最も大きい事業に成長させたコインマック・コープが挙げられる。

　幾つかの革新的な中小銀行が創造した新しいストラクチャーのおかげで、先述したようなロールアップ型の戦略に個人投資家も参加できるようになったのである。買収目的会社であるSPACは、IPOを通じて調達したブラインドプール型の資金であり、事業運営は一切しない（訳注　ブラインドプールとは、組成時点で投資対象資産は確定していないが条件に合った案件に応じて機動的に投資を行うもの）。SPACが備えているのは経営チームだけで、彼らは通常、医療やITサービスなど特定のセクターで際立った成功を収めてきた人材である。IPOで調達した資金の約85％はエスクローされている（訳注　エスクローとは第三者の金融機関などに預託されており、

必要に応じて放出される資金を指す)。エスクローされていない15％はIPO費用や、この新しい公開企業に合併する会社を経営チームが発掘するまでの彼らの給与に充てられる。経営チームが合併対象企業を見つけると、株主たちはその企業を評価し仮に株主に承認されると、エスクローアカウントから買収資金が放出され、公開企業と対象企業を合併させるのである。しかし、株主に承認されない場合は資金は株主に返金される。資金の85％が預託されている場合、IPOに投資した株主の最大リスクは15％になる。SPACが定められた期限内、通常は18カ月以内に買収を実施できなかった場合も、預託金が株主に返金される。

　また、SPACは公開時に株だけでなくワラント債を１～２枚、伴うのが一般的である。ワラント債がどうなるかは具体例を挙げて説明したい。アルダブラ（Aldabra、OTCBB銘柄、ティッカー「ALBAU」）は、2005年２月14日に公開され、IPOを通じて5500万ドルの資金調達を行った。アルダブラは公開されるほんの３カ月前に設立されたのだが、SEC（証券取引委員会）に提出したファイリングによると——。

　「アルダブラは、企業合併、株式交換、資産の取得、あるいはそれに類似する企業結合を実行するビークル（器）の役目を果たす目的で、2004年11月22日に設立された。IPOから得たキャッシュ、株式と債券、またはその組み合わせは企業の結合を実行するために活用する」

　会長のネイサン・レイツと、CEOのジェイソン・ワイスの両者は、プライベートエクイティ企業のテラピン・パートナーズ出身で

ある。IPOに参加、あるいは新規発行された株式を流通市場で購入する株主は、レイツとワイスが買収先を特定して株主の利益になる取引交渉を進め、買収した企業をSPACに統合するだけの経験とスキルを備えていると信じている。IPOで得た資金の90％は合併完了時に放出される、あるいは株主が合併を承認しない場合には株主に返金されるので、株主にとってのリスクは10％にとどまる。アルダブラのIPOを購入した投資家は、1人当たり1株とワラント2枚の組み合わせを取得しており、ワラント債の行使価格は5ドルである。株とワラント債の組み合わせを1ユニットとすると、1ユニットは6ドルで売り出された。もし、IPOの10％が費用に使われるのであれば、株価は理論上、10数％は下落するはずである。実際のところ株は5.20ドルでトレードされていた。一方、ワラント債は1枚当たり約60セントでトレードされたので、1ユニットの価値は約6.40ドルになり、市況の低迷にもかかわらずIPO価格をかなり上回ったのである。つまり、投資家はSPACのIPOを購入するかたわら、ワラント債を流通市場で売ることでポジションをヘッジできたのである。そして、アルダブラなどのSPACの経営チームに対して、IPO後に流通市場でワラント債を購入するよう要求することで、この状況は保障される。つまり、IPOを購入する投資家に対しては2つのセーフティーネットが張られているのである。

1．株価がSPACに預託されている資金を割り込むことはおそらくない。
2．一般的に経営チームは流通市場でワラント債を購入しなければならないので、IPO後にヘッジするチャンスが確保されている。

筆者は、アーリーバード・キャピタルやモルガン・ジョゼフ、ブロードバンド・キャピタル、サンライズ・セキュリティーズなどの銀行がIPOさせた最近のSPACの例を12件、チェックしてみた。SPACには、「グレート・ウォール・アクイジションズ・コープ」や「ランド・アクイジション・コープ」などの名前がつけられているが、ほとんどが2004年に公開された企業である。IPOから1週間後の平均週間リターンは4％だった。1カ月後が4.7％、4カ月後が6.6％、そして6カ月後は10％である。12社、すべての株価が現在もIPO価格を上回っている。

　12社のうち、2003年8月に公開されたミルストリーム・アクイジション・コープは、2004年に買収を完了し、現在ではネーションズ・ヘルスの新社名で上場している。株価はIPO価格とほぼ同レベル推移している。それよりあとに公開された企業は、まだ買収を完了していない。

　では、リスクはどこにあるのだろうか？　多くのSPACの法的プロセスに携わってきた、ガースタイン・サベッジ・カプロウイッツ法律事務所のジェイ・カプロウイッツ弁護士に尋ねてみた。「リスクは買収計画が発表された直後から生じるだろう。市場がそのニュースをマイナスに受け止めれば、株主の承認決議が実施される前に、株価が預託資金を割り込むだろうし、買収が実施されれば、SPACは市場の全面的なリスクにさらされることになる」と彼は言う。通常、公開後の最初の8〜12カ月は買収案件が発表されないので、市場は経営チームの実力や買収ストラクチャーの質を見極め、投資家にはヘッジするチャンスが与えられる。

　さらに筆者は、このタイプのIPOを扱っている銀行の幹部に、経営チームと買収案件のストラクチャーとでは、どちらが重要なのか

尋ねてみた。彼によると、最終的には経営チームのほうが重要で、こんなこともあったらしい。あるヘッジファンドマネジャーがIPO前の投資家向けロードショーで、SPACのCEOにつかつかと歩み寄ると、いきなりCEOの手首をつかんで脈を計り始めたらしい。そして、「正常だな、IPOの株を買おう」と言ったというのだ。需要の増加と共に案件のストラクチャーも変化するかもしれないが、当面の間、SPACは個人投資家のみならずヘッジファンドがプライベートエクイティのゲームに参加するチャンスだけでなく、リターンとリスク保証も同時に手に入れることが可能になる魅力的な手法なのである。

ダッチオークションの実験完了

　もはやその効果は疑いようがない。ダッチオークション方式のIPOは、資金調達をしたい企業、IPOに投資するファンドや個人、そして1999年にダッチオークション方式を考案して、その後も11件のオークションを成功させたWR・ハムブレヒト社や、このシステムを新たに導入し始めたモーニングスター銀行や、バンク・オブ・ザ・インターネットのような銀行など、企業、投資家、銀行の三者全員が利するウィン・ウィン・ウィン方式なのである。

　IPO株の割当は、過去何十年も大手の投資銀行が、その権利をしっかりと握っており、IPOに参加できるかどうかは完全に彼ら次第だった。IT企業のIPO株が公開後の1時間で2倍にも3倍にも上昇した1990年代には、IPOに何とか参加させてほしいと多くのファンドが、熱心に銀行に頼み込んだものである。そんなファンドが銀行の気を引くために行ったのは、銀行に多くの手数料をもたらすこ

とだった。そしてこの両社の癒着した関係は、やがては一線を越えIPO制度の乱用につながり、多くの銀行が何百万ドルもの罰金を徴収されるはめになったのである。つまり伝統的なIPOのシステムでは、みんなが損をしていたことになる。銀行のお得意先ファンド（銀行に多くの手数料をもたらしたファンド）がIPO直後に株を売却できるように、銀行が価格操作を行っていたために、企業が調達する資金量が減ってしまう。個人投資家も、ファンドがIPO株を売却する目前のピーク株価で取引に参加することになり損をする。そして、最終的にはファンドや銀行自身も罰金を科せられ信用を失い、案件数が減り、損をしたのである。

ダッチオークションは、銀行がIPO参加者をふるい分けるのを防ぐ方法である。投資家たちは一般的なオークションと同じように、公開される企業の新規発行株に対して希望価格を付けて入札する。するとコンピューターシステムが、クリアリングプライスを決定し、需要に応じた正しい株数を落札者に対して配分するのである（**訳注** 上位の金額を付けた落札者のなかの最安値がクリアリングプライスとして採用される）。

ビル・ハムブレヒトがダッチオークション方式を考案するきっかけになったのは、1996年にハムブレヒト＆クィスト（H&Q）のIPOに取り組んでいたときらしい。「従来のやり方に対する居心地の悪さが、自分のなかで徐々に膨らんでいたが、それがピークに達したのが、H&Q社が公開されたときだった。H&Q社にとって活力の元のはずだった個人投資家や中小の機関投資家が、普段から大手銀行に十分な手数料をもたらしていないという理由だけで参加できなかったんだ。IPO株の割当は、手数料の総額に比例していた。つまり、引き受け業者との利害関係がIPO株の割当プロセスを左右し

ていた。もはや株は、自分の企業が最もベストだと思う長期投資家に、割り当てられるようになっていなかった」

ビル・ハムブレヒトは、1999年にWR・ハムブレヒトを設立すると、ダッチオークション方式でレビンスウッド・ワイナリー（Ravenswood Winery, Inc.）のIPOに取り組む。

「まるで新年パーティーで、自分だけ酒を飲まずに運転手役を買って出なければならない、あの損な役回りに感じられたよ。みんなが儲かっているシステムをあえて変えようとするのが、周囲には理解できなかったらしい。ウォール街の大手投資銀行で幹部をやっていた古い友人に出くわしたときも、私の顔をまざまざと見ながら、『まったく理解できないよな。仲間だと思っていたのに』と言われてしまった」

ビル・ハンブレヒトが取り組んだダッチオークション方式のIPO第1号、「レビンスウッド」は1999年4月9日に実施され、1株10.50ドルで1150万ドルを調達している。この企業は1年後に、コンステレーションに1株30ドルで買収された。もし、従来の方法で3倍以上の株価が付いていたら、個人投資家は1セントも儲けられなかっただろう。

ダッチオークション方式は、ご存知のように2004年にグーグルが公開するときに取り入れて、メディアに大きく取り上げられている。グーグル株は、1株85ドルで売り出されたが、現在の株価は190ドル付近である。さすがグーグルだ。しかし、個人投資家や中小の機関投資家（ヘッジファンド、小規模なミューチュアルファンドなど）が知りたいのは、「グーグルほど、ビッグネームじゃない企業のダッチオークションIPOでも儲けられるのか？」ということだろう。

それは、結果が物語っている。1999年4月以降に実施されたすべ

てのダッチオークションIPOに投資していたら、2000～2002年のベア相場や、S&P500とナスダックがそれぞれ5％と20％下落した市場環境のなかでも、1 IPO当たり95％のリターンを上げていただろう。そして、この大きなリターンは、以下の2つのケースが完敗したにもかかわらずだ。

　まず敗者から見てみよう。ブリアッズは2001年5月2日に公開されたが、初値は1株8ドルで1600万ドル調達した。しかし2005年の半ばの株価は、1ペニーにも満たないのである。サロン・ドットコムも1999年6月22日に公開され、初値が10.50ドルで2700万ドルを調達したが、2005年の半ばの株価は約33セントである。

　しかし、勝者が圧倒しているのだ。レビンスウッドやグーグル（これまでのリターンは、それぞれ300％と150％）に加えて、ダッチオークション方式で公開された企業で恐らく最も有名なのは、オーバーストック・ドットコムだろう。2002年5月29日に1株13ドルで公開され、3900万ドルを調達している。12月に直近52週間の最高値である77ドルを付けて、2005年半ばの株価も1株40ドルである。そしてもう2社。ニューリバー・ファーマスーティカルズは2004年8月に1株8ドルで公開され、2005年半ばの株価は26.50ドルだ。また、モーニングスターは、2005年に1株18.50ドルで公開され、3カ月後には約32ドルである。

裏口上場の台頭

　筆者は1999年後半、大企業に無線ソフトを提供するボルタスという企業の起業を支援していた。当時としては珍しくなかったが、瞬時にしてCMGIやインベストコープ、ヘンリー・クラビスなどの投

資家から、3000万ドルの資金を調達することができたのである。そして2001年初頭にあらゆる選択肢を検討した結果、休眠状態の公開企業（シェル会社）を逆買収して裏口上場させるのが、最も成功率の高い方法に思えたのだ。裏口上場は、世間からはIPOの不良の弟のようにみなされている。まず、公開企業（通常は営業資産がない、空のシェル）が未上場企業を買収し、社名を未上場企業のものに変更する。そして、この未上場企業が公開企業の支配権を握ることで、実質的に新規公開されるのである。2001年5月ごろにわれわれは、キャッシュが1000万ドルあるが、営業資産がないシェル会社を見つけた。もともと、この公開企業はインターネットのポータル会社であり、数年前に裏口上場の結果できた企業だった。1999年にポータル会社の株価は、1ドルから30ドルまで上昇したがその後、現実に直面した結果、20～40セントの間で落ち着き、事業を段階的に縮小していたのである。

　われわれが、裏口上場のメリットについて議論していたときに、ボルタスの取締役会の役員が、「ところで裏口上場が成功した試しはあるのか？　今度こそは大丈夫だなんて思い込みで決断されても困る」と、疑問を投げかけてきた。結局、われわれは確実な答えが見いだせないまま、その機会は見送ったのだが、何のことはない買収するはずだったポータル会社は、別の会社と裏口上場を済ませた結果、株価は一気に1株5ドルを超え、出来高も増加して、現在でもその株価を保っているのである。

　では、従来のIPOではなくて裏口上場を選ぶ理由は？　①投資銀行が請求する法外な手数料を避けるため、②速いから投資家を勧誘するロードショーは不要だし、SECファイリングも簡素だから、③中小企業が公開を果たすに当たっては大手投資銀行に取り入るより

も裏口上場のほうが簡単なケースが多いから——の3つである。特に2001年は、2002年の底値に向かって市場が低迷し続けていただけでなく、ちょうど、投資銀行が従来のIPO慣習をめぐり、SECから厳しいチェックを受け始めていたころでもあり、裏口上場はうまい具合にそれらすべてを回避できたのである。

そもそも、なぜ上場させるのか？ 裏口上場のリスクは、もし事業計画が失敗して投資家の関心を得られない場合、その後、株を発行して資金を調達する道が永遠に閉ざされるだけでなく、SECファイリングを通じて自分たちの判断ミスや失策が世間に公開される恐れがある。メリットは、初期投資家がリターンを得る機会になり、公開企業は資金（株式）を元手に新たな買収を実施したり、公募やPIPEsを通じて増資する道が開けるのである。

そこで再び、ボルタス役員の鋭い質問。裏口上場は成功するのだろうか？ これは、戦後のロシアに鉛筆を販売して富を築いてから、1950年にオクシデンタル・ペトロリーアムを裏口上場で公開させたアーマンド・ハマーが生きていれば、彼に尋ねたい質問だ。あるいは、1970年にライス・ブロードキャスティングという公開されている業績不振のテレビ会社に自分のビルボード会社を合併させて、新しい公開企業を、「ターナー・ブロードキャスティング」と社名変更して支配権を握ったテッド・ターナーなら何と言うだろか。あるいは、1996年に、J・マイケルズ社という公開されている家具会社を乗っ取り、シーバート・ファイナンシャルに社名変更したミュリエル・シーバートなら？ この企業は現在、金融サービス会社に生まれ変わっている。その他にも、裏口上場で企業を公開させて、富や名声を手に入れた例は、ウエイスト・マネジメントや、バイアコムに買収される前のブロックバスター・ビデオが挙げられる。しか

し、だれが何と言おうと、最も有名な裏口上場はバークシャー・ハサウェイだろう。メイン州の保守的な繊維業社だった会社をウォーレン・バフェットが経営支配権を掌握して、そこに自らの保険帝国を合併させたのである。このときに彼がしなかったのは、社名変更だけである。

　しかし公平に見て、裏口上場させた企業の90％が失敗するだろう。それは、手法が悪いからではなくて、IPOをはじめとする投資の世界（強調――騙されやすい）には、それを悪用して、騙そうとする人間が必ず存在するからである。しかしその一方で、優良で収益性や成長率の高い企業が、いずれ輝きを放つのも投資の常である。裏口上場の本来の良さは、丹念に調べれば、投資業界が気づく前に原石を見つけだすことができる点である。最近の裏口上場の成功例は、2002年に逆買収を実施して、１株20セントだったのが３年後には７ドル付近を順調に推移しているRAEシステムズである。また、株価が１ドル以下の厳しい時期を数年間経験して、いわば休眠状態だったモーターサイクル・センターズ・オブ・アメリカと1999年に合併したインテルミックスは、今ではＥコマース企業として台頭し、2005年半ばの株価は5.70ドルである。グローバル・ソーセズは、資産ゼロのフェアチャイルド社を裏口上場させた結果、現在の時価総額は３億4100万ドル、キャッシュが6000万ドル、負債ゼロ、EBITDA1700万ドル、そして中国に焦点を当てた企業間取引（B2B）で活躍している。

　裏口上場に投資するさいのポイントは、上場させたが大手投資銀行がいまだ手をつけていないために、アナリストレポートにもカバーされていないし、メディアもほとんどカバーしていないような、つまり合法的で成長性もあり収益性もあるが、まだだれにも知られ

ていない企業を見つけだすことである。いずれは、銀行がM&Aの手数料や公募増資の匂いをかぎつけて寄ってくるだろう。しかし当面の間は、この手つかずの原石が台頭する余地が残されているのだ。

第6章
資産家の投資法に学ぶ
Trade Like a Billionaire

「お金が人生のすべての問題を解決してくれるわけじゃないが、少なくとも金銭的な問題は解決してくれる」
——サム・ビッティエッロ（筆者の義父）

　あなたがビリオネア（純資産額が10億ドルを超す資産家）なら、余暇を利用してやれることが山のようにあるだろう。世界中の空を飛んでいる747型機を自家用ジェット機で追い回したり、子供を37人育てても大学の学費の心配は無用だし、今までのキャリアをすべて捨てて、お笑い芸人になってもよいし、ビリオネアらしくもうひと稼ぎすることもできる。お金が人生のゴールだとは限らないが、成功を測る尺度であるのは間違いない。資産家であろうがあるまいが、個人投資家が株を購入してもそれは私的な行為であり、本来なら注目に値しない。しかし、実際に10億ドル以上の資産を有する者が投資をして、それなりのリターンを得ようとすれば、それは瀬戸物売り場に牛が乱入してきたような、はた迷惑な行為になりかねない。彼らが財産のほんの一部でも公開企業に投資すれば、SEC（証券取引委員会）ファイリングが要求される境界線を超えかねないために、その銘柄に対する保有ポジションが世間に公開されることになるのだ。その境界線とは、対象企業の株式を５％を超えて所有した時点であり、SECの規定にそって追加的な売買も10日以内に報告しなければならない。しかし、われわれにとって好都合なのは、そ

のおかげで、お気に入りの資産家の投資戦略を追跡できるようになるのである。

　ウォーレン・バフェット、ビル・ゲイツやピーター・リンチのような資産家の注目すべき点であり非常に興味深いのは、彼らが私的な投資活動を行うときにシスコやGE（ゼネラル・エレクトリック）のようなラージキャップ企業（時価総額が100億ドル以上の大型銘柄）よりも、スモールキャップ企業（時価総額が３億～20億ドルの小型銘柄）や、マイクロキャップ企業（時価総額が5000万～３億ドルで、しばしば店頭市場で取引される超小型銘柄）の株をかじるケースが多いことである。それは無論、そのほうが大きな儲けを得る可能性が高いからだし、ラージキャップ企業とスモールキャップ企業の指数を見比べれば明らかである。2005年半ばのラッセル2000・スモールキャップインデックスが史上最高値を更新しているのに対して、ナスダックやS&P500は、史上最高値から20～70％も下落しているのだ。

　それではこれから、マーク・キューバン、マイケル・デル、ビル・ゲイツ、ブルース・コフナー、カール・アイカーン、ジョージ・ソロス、ピーター・リンチ、ピーター・ケロッグなどのビリオネアの投資行動を追ってみたい。マクロ面（投資タイプ、対象企業のサイズ、興味のあるセクターの種類）と、マイクロ面（投資の具体的内容）の両面から見ていく。第２章で取り上げたアクティビストのケースと同じように、個人投資家がこれらの投資家に相乗りするのは、お得な場合が多く、彼らが大きな買いや売りに入るタイミングをつかむことができるので（売買の数日以内にSECに届け出る必要があるから）、同じポジションを素早く取ることも可能なのである。

　お目当てのビリオネアがいるのなら、http://www.sec.gov.com、

http://www.edgar-online.com/ などのウエブサイトを利用して、彼らのファイリングを追跡できる。特に以下のファイリングを調べると良いだろう。

●フォーム4は、持ち株数の大幅な変動を詳述している。対象企業の株式を5％超えて保有している企業がその保有株を売却するときには、10日以内にフォーム4を提出しなければならない。
●SC-13Dスケジュールは、対象企業の議決権付き株式を5％を超えて取得した場合、あるいは5％を超えた保有数から、5％を下回る保有数に変化した場合に提出が必要になる。対象企業の株式の保有率が5％を超えた時点から10日以内に提出しなければならない。
●13F-HRは、四半期の締め45日以内に、機関投資家の保有資産のリストを提出しなければならない。例えば、マイケル・デル個人は金融機関ではないが、彼はすべての個人資産を、MSDキャピタルというファミリーオフィスを通じて運用しているので、MSDキャピタルは13F-HRファイリングを提出する必要がある。

それでは、筆者が選んだ資産家を見てみよう。

マーク・キューバン

ドットコム業界のカウボーイだって分散投資はする。見落とされている投資オプションを発掘する必要性をだれよりも知っているのは、彼らなのかもしれない。キューバンは、ブロードキャスト・ドットコムを見事なタイミングでヤフーに売却したあとに、自分が保有するヤフー株をピーク値の30億ドルで売却したことで有名だが、

最近になってロング・ショート両方の株式投資のポジションを自分のブログで紹介している。http://www.blogmaverick.com。

　キューバンのロングポジション（買い持ち）は、ライオンズ・ゲート・エンターテインメント（キューバンのコメント──収益を引き出すために、ニューメディアを活用する唯一のインディーズ映画会社）や、レントラック（広告会社がVODやオンラインVODの広告ニーズを追跡できる唯一の独立系システム）、そして、ドメイン名を管理するレジストラ業者であるトゥカウズ（優秀な経営陣、低いPER、成長市場）。ショートポジション（空売り）は、Eコマースのサイトを作るために必要なソフトを製造するイマージェント（消費者が買う必要がない製品を販売する企業は嫌いである。じきに追いつかれる）、そして、石油ガス会社のインターオイル（キャッシュフロー問題を抱えているらしい）である。

ビル・ゲイツ

　億万長者だって、ポートフォリオを定期的に分散する必要があるが、ビル・ゲイツの400億ドルの膨大な個人資産は適例である。ビル・ゲイツは、個人的な投資会社であるカスケード・インベスツメントを通じて、ブリック＆モルタルの株を購入している（**訳注**　ブリック＆モルタルはネット販売ではなく、従来の商取引である実店舗を運営しているオールドエコノミー企業）。例えば、製造、プラスチック、電気、ヘルスケアなどを総合的に扱っているオッター・テールの株をゲイツは240万株保有している。ここ数年、株価はあまり上昇していないが、配当は4.5％と安定しており、10数％のPERはゲイツや子供たちにとって、人生のリスクに対する十分なクッショ

ンになるだろう。

　ゲイツが保有しているその他の株は、鉱山企業の公開企業としては大手のパンアメリカン・シルバーの510万株、フォーシーズンズ・ホテルの44万1000株、大手ゴミ処理業者のリパブリック・サービシズの1800万株などである。その他の持ち株については、カスケード・インベスツメントのSECファイリングを調べれば分かるだろう。

マイケル・デル

　マイケル・デルの株式ポートフォリオ（個人的な投資会社であるMSDキャピタルが運用）を見ると、どうやら彼はパソコンを組み立てているとき以外は大量のパンケーキとミルクシェイクを飲み食いしているようだ。マイケル・デルは、インターナショナル・ハウス・オブ・パンケーキの株を210万株と、ステーカン・シェイクの株を230万株保有している。彼はまた、ダーリング・インターナショナルの株を900万株保有しているが、いったいこれは何の会社だろう？ ヤフー・ファイナンスのホームページによると、「ダーリング・インターナショナルは、食肉加工所の廃物やフードサービス業者の使用済み料理油を回収してリサイクルする業者である」。ふむ。

　MSDキャピタルの13F-HRレポートを見ると、2004年12月31日付のマイケル・デルの持ち株は以下のとおりである。

企業名	株数
ダーリング・インターナショナル	920万
ドラー・スリフティー・オートモーティブ・グループ	230万
グリーンフィールド・オンライン	86.8万
IHOP	210万
ステーカン・シェイク	230万
タイラー・テクノロジーズ	320万
USIホールディングズ	440万

ブルース・コフナー

　ヘッジファンドのキャクストン・アソシエイツの創立者であるブルース・コフナーは、ジャック・シュワッガー著書『マーケットの魔術師』（パンローリング）のなかでも紹介されている。コフナーは、継続的に年間40％以上のリターンを生み出す手腕で知られており、報酬額がしばしば5億ドルを超す彼は、トップヘッジファンドマネジャーの年間リスト常連である。コフナーの銘柄選択や、その根拠を追跡する価値はある。

　例えば、2002年9月にコフナーは、経営コンサルタント兼エンジニアリング・サービス会社であるGPストラテジーズ（GPX）の5％保有者であることを、13Dファイリングで公表している（図6.1参照）。第1回目のSECファイリングでは、平均株価4.50ドルで株を買い集めたと公表しており、GPストラテジーズの収益不足と、株主に還元されるべき余剰資産に対する懸念を示している。

　「……GPストラテジーズが、収益性の回復に向けて取ってき

図6.1　GPX（2005年5月27日まで）

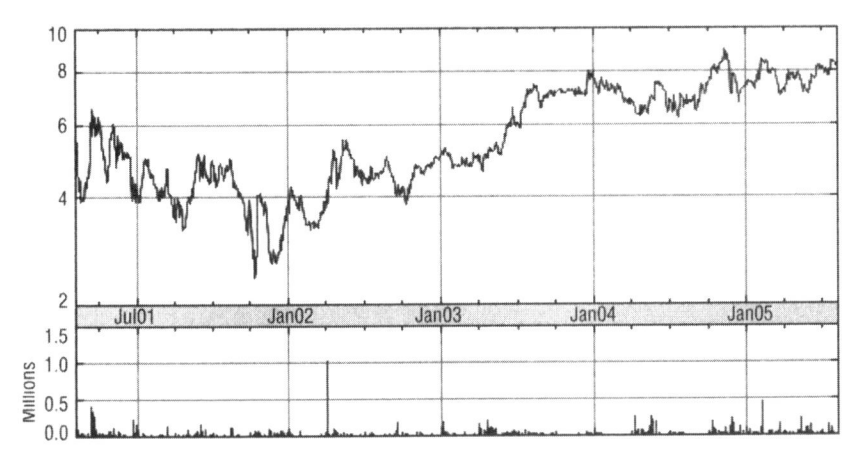

出所＝ http://finance.yahoo.com/　Yahoo!Inc.

た対応に疑問を感じる。①われわれは、当該企業の普通株が依然として割安だと認識している、②取締役会の質を向上させるために（会長の交代を含めて）、さらなるステップが取られるべきだと認識し、③経営陣の交代も必要であろう。当該企業は株主価値を向上させるために、さらなる努力が必要だと感じる。例えば、①当該企業全体の売却、②負債返済のために売却されているわけでもない当該企業が所有するすべての公開企業の株式の還元、③経営陣に提供している融資は完済されるべきであり、株式担保ローンの株式は債務完済と引き換えに没収されるべきである、④黄金株は一部の経営陣にしか与えられておらず、新たな投資家や当該企業の買収候補者を引き寄せるうえでマイナス効果にしかならないことを考えると、廃止するべきである」

図6.2　NPDC（2005年8月5日まで）

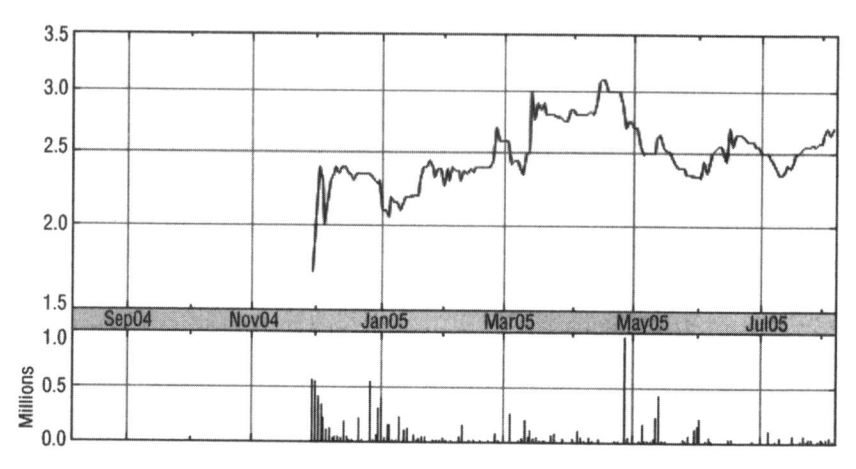

出所＝ http://finance.yahoo.com/　Yahoo!Inc.

　GPXがその後、2004年11月にナショナル・ペイテント・ディベロップメント（NPDC）をスピンオフした結果、GPXの株主は、GPX１株に対してNPDC１株を配当として受け取ることになったのである（図6.2参照）。

　結果として生じたリターン（2005年半ばのGPX株価8.25ドルと、NPDC株価2.70ドル）はコフナーが、2002年に１株４ドルで入手した株に対するリータンになる。キャクストン・アソシエイツのその他の大型保有株は、

●ウエブサイト開発のレイザーフィッシュとオンライン広告ネットワークのアベニュー・Aを統合して創設されたウエブサービス会社のアクワンティブ
●マイクロキャップサイズの鉄鉱採掘会社、オーフルベイ・ノート

ンとレガリート・コッパー
●チェッカーズ・ドライブイン・レストランツ

　キャクストン・アソシエイツは、四半期ごとのSECに対する13-HRファイリングを通じて保有資産を公表している。

ピーター・リンチ

　1977～1999年に、2700％を超すリターンを生み出したフィデリティ・マゼラン・ファンドのトップとして有名になったピーター・"10バッカー"・リンチも、マイクロキャップ株のポートフォリオを着々と築いてきた。2004年2月6日にリンチは、セグメンツの株式を150万株、あるいは8.9％保有しているとSECに報告している。
　ヤフーファイナンスのウエブサイトによると、

> 「セグメンツは、流通ニーズに合わせたジャストインタイムデリバリーを専門とする輸送と物流サービスのプロバイダーである。提供しているサービスは速配、翌日航空配達、国内運送、航空チャーター、専用デリバリー、物流管理サービスなどである」

　AMEX（アメリカン証券取引所）に上場しているセグメンツは、時価総額が3100万ドルであり、収益は年々増加し損失幅も何とか抑えていた。リンチがポジションを取り始めた途端に、**図6.3**のように市場は反応している。
　株価はその後の1週間で、ほぼ倍になったのだ。そして、2004年

図6.3　セグメンツ（2005年5月24日まで）

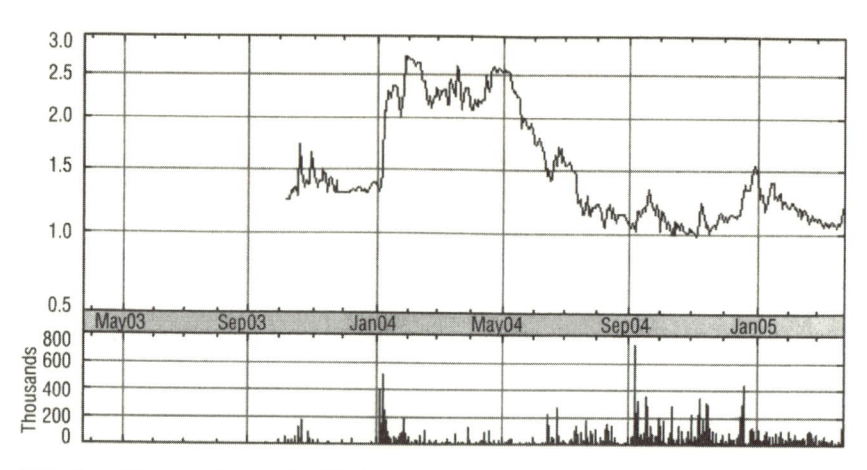

出所＝ http://finance.yahoo.com/　Yahoo!Inc.

　5月5日に1株2.51ドルのピーク値に近づいたところで、セグメンツは私募増資のPIPEsを実施した結果、年末に掛けて売り局面となっている。私募ファンドと投資家に対して、600万株を1株1.75ドルで売却し、ワラント債も1枚2.20ドルで発行した。ピーター・リンチ自身も個人ファンドのリンチ・ファウンデーションを通じてPIPEsに参加し、22万4000ドル投資している。

　本稿を執筆している時点の株価は、リンチが初めて購入した株価をわずかに下げた1.13ドルだが、リンチは焦っていないだろう。

　2005年3月15日にリンチは、仕手株のレインメーカー・システムズを365万株取得したと、SECに対するファイリングを行っている。レインメーカーは、CRMソフトとサービスを提供する時価総額2400万ドルの企業である。

　図6.4を参照すれば分かるように、リンチが購入する約1年前か

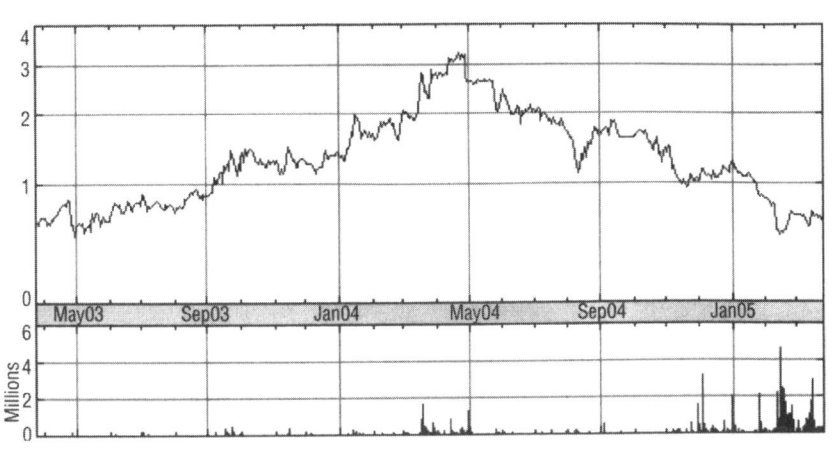

図6.4 レインメーカー・システムズ（2005年5月24日まで）

出所＝ http://finance.yahoo.com/　Yahoo!Inc.

ら株価は波乱な展開を見せている。2004年4月に、最高値の3.50ドルに達したあと、緩やかに、しかし継続的に下落しながらリンチが購入した1株50セントまで落ちていったのである。時価総額2400万ドル、キャッシュ1000万ドル、負債ゼロ、営業キャッシュフローが年間200万ドルのセグメンツに対する投資は、無難な賭けだとリンチは踏んだのだろう。それが正しいかどうかは、時が証明してくれる。

リンチの銘柄選びは、消費者がショッピングセンターで購入するものを観察しながら決めることで知られている。2003年7月24日のSECファイリングによると、リンチはオーストラリアでバーベキュー用の炉や道具を38店舗で販売しているバーベキューズ・ガロアの株を、23万8000株購入している。トレンドを予感したのかもしれない。

図6.5を参照すれば分かるように、リンチが株を購入してから、バーベキューズ・ガロアの株価は順調に上昇している。時価総額

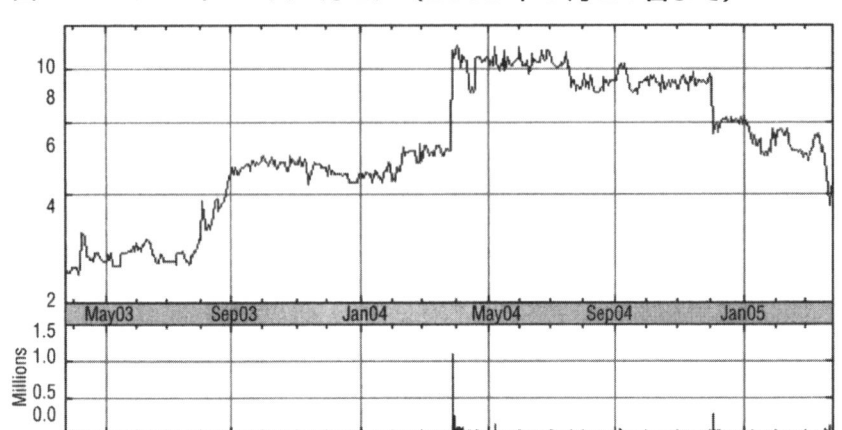

図6.5　バーベキューズ・ガロア（2005年5月24日まで）

出所＝ http://finance.yahoo.com/　Yahoo!Inc.

　1700万ドル、収益2億2900万ドル、純利益300万ドルのバーベキューズ・ガロアは、リスクに対するかなり安全なクッションであり、マージンの改善が利益と時価総額に反映されるとリンチは踏んだのだろう。また、本稿を執筆時点の配当が5.2％なので、それも享受できるわけだ。

ジョージ・ソロス

　ソロスは世界経済をマクロ的に観察してから、銘柄選びをしている。大物投資家たちはどうやら「銀」に収束しているようだ。ビル・ゲイツは鉱山業のパンアメリカン・シルバーを10％保有しているし、ソロスもエイペックス・シルバーの株を40万株保有している。また、彼の弟のポールも24万株保有している。

ソロスはまた、ジェット・ブルーを580万株、インテグラル・ライフ・サイエンシスを、65万2000株保有している。

ピーター・ケロッグ

　ピーター・ケロッグは、ゴールドマン・サックスに買収されたスピア・リーズ・ケロッグの創設者である。スピア・リーズ・ケロッグはスモールキャップ企業やマイクロキャップ企業を専門とするマーケットメーカーでもあるので、SECファイリングから彼の銘柄選びを追跡してみたい。

　エルックシーは、ニューイングランド州全域で、レストランチェーンを所有しているピンクシート銘柄である。時価総額1500万ドル、収益9700万ドル（2005年5月現在）、EBITDAが300万ドルである。ケロッグはエルックシーの株を20％を超えて保有している。

　インテグラメッドは、全米で不妊治療センターを展開している。不妊治療に必要なローンサービスや医療面のサポートや商品など、不妊市場の広範なサービスを提供する企業である。時価総額3300万ドル、収益1億700万ドル、営業キャッシュフロー1億1000万ドル、銀行預金600万ドルの当該企業の株を、ケロッグは50万株、つまり15％保有している。

カール・アイカーン

　コーポレート・レイダー、アクティビスト投資家、企業の乗っ取り屋、そしてプロキシーファイト（委任状争奪戦）のプロとして知られるカール・アイカーンは、常に何らかの揉めごとに巻き込まれ

ているようだ。最新のビジネスニュースを見渡しても、過去1年間のアイカーン関連のヘッドラインは、ブロックバスター（つい最近、取締役会を乗っ取った）、ハリウッド・エンターテインメント（マージャーアービトラージ手法でかなりのリターンを得ている）そしてエネルギー業界のカー・マックギーなどの企業の取締役会や経営陣との争いである。

　アイカーンが選ぶ銘柄のうち、彼がまだアクティビストのポジションを取っていない企業を調べてみると面白い。当然ながら、これらの企業の経営陣は、アイカーンが投資に対するコメントをまだ出していなかったとしても、彼の動きを警戒しているに違いない。将来の乗っ取りの種をまいていないだろうか？　プロキシーファイトを展開して取締役会を乗っ取るつもりだろうか？　ひとつひとつの企業をアイカーンの目線に立って分析する価値はある。

　筆者のお気に入りの企業である、タイム・ワーナー（TWX）の株をアイカーンは、500万株保有しており、その価値は約8800万ドルである。経営陣の全面的な刷新（AOLからタイムワーナに社名変更したり）や、ケーブルとミュージックラインの改革で成功を収めたにもかかわらず、1株16.96ドルという株価は、2002年7月の底値とほぼ同じである。AOLとの関連など、ドットコム・バブルの崩壊は明らかに株価に影響しており、**図6.6**はTWXとニューズ・コープ（NWS）、バイアコム（VIA.B）、ディズニー（DIS）などの同業者と比較した場合の過去5年間の株価の推移を示している（本稿を執筆後、アイカーンはタイムワーナーに対するアクティビストのポジションを取り始め、ケーブル事業のAOLやその他の部門を売却することで、株主価値を解放するよう迫っている）。

　タイムワーナーのキャッシュフローは着実に増加し債務も返済さ

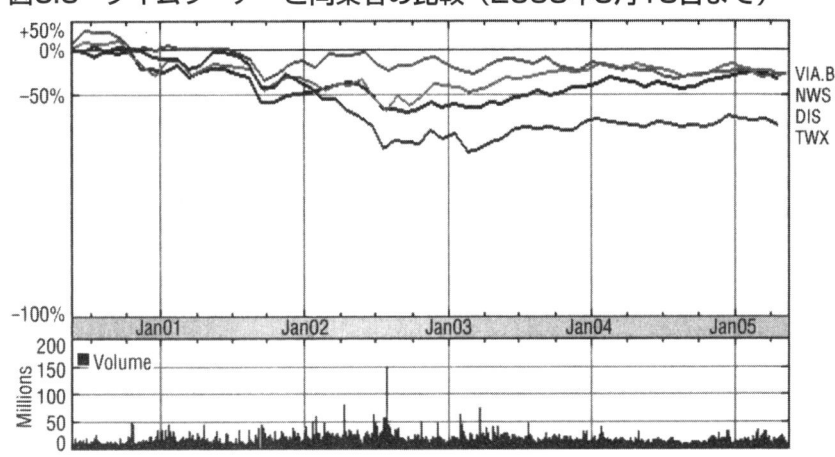

図6.6　タイムワーナーと同業者の比較（2005年5月13日まで）

出所＝ http://finance.yahoo.com/　Yahoo!Inc.

れているが、投資家たちはまだ信用できないようだ。

　アイカーンがシーベル・システムズ（SEBL）の株を450万株（約4100万ドルの価値）保有しているのには驚いた。彼がIT投資の専門家だとは思っていなかったからだ。しかし、過去１年間で４人のCEOが交代しているシーベルは、潤沢な22億ドルのキャッシュ、２億8000万ドルのキャッシュフロー、負債ゼロ、時価総額50億ドルという軍資金を抱えながら、明らかに潜在的な価値の解放に失敗している企業である。ソフトウエア業界で急速に進んでいる業界統合やプライベートエクイティファンドの参入もかんがみて、アイカーンはシーベルが間もなくどこかに統合されると踏んでいるのだろう。そして、その時期が来るのを待っている間も、20億ドルという潤沢なキャッシュがリスクをカバーしているのである。

　アイカーンが賭けているIT銘柄の２つ目はHWP、ヒューレット・

パッカードである。アイカーンはまた、石油・天然ガスのカー・マックギーのみならず、ポーゴー・プロデューシング、ノーブル・エネルギー、そしてパイオニア・ナチュラル・リソーセズなどのエネルギー業界にも投資している。

　アイカーンの銘柄選びを見渡してみると、過去１年間に株式ニュースをにぎわせた企業のオンパレードで実に面白い。投資家によっては、トレンドの主流からはずれた、隠れた価値の源泉である株を見つけだすのを好むが（一般的にバフェットはこのカテゴリーに属する）、アイカーンはヘッドラインに体当たりして行くタイプのようだ。

　　「おや、ヒューレット・パッカード株が急落しているな。利益も下がっているし、CEOはクビになった。連日、１面トップか。買いだ！」
　　「タイムワーナーは世界一のメディア企業だが、負債に苦しめられているし、ドットコム業界の問題もあるし、あ〜、そういえばCEOがクビになったな。買いだ！」
　　「シーベルには頑固な会長がいるが、今年は奴がCEOを何人もクビにしたな。買いだ！」

　まるで魔法である。CEOのクビ切りや就任ニュースで多くの企業が注目されるなか、アイカーンは真の利益の源泉がどこにあるのかを、じっくりと見極めているのである。

　アイカーンの銘柄選びについて、さらに詳しく知りたい人は、http://www.sec.gov/Archives/edgar/data/1317365/000092847505000136/icahnmanagementlp13f.txt. のサイトがお勧めだ。

もちろん、ここで紹介した資産家も投資で失敗するときはあるだろう。しかし、辣腕といわれる投資家や経営者が、かなりの数のスモールキャップ企業やマイクロキャップ企業を投資対象に選んでいることを知っておく価値はある。

第7章
クローズドエンド型アービトラージ
Closed-End Fund Arbitrage

　クローズドエンド型ファンド（CEF）は、投資先企業の株式を売買するために設立された会社型投資信託である点では、ミューチュアルファンドと同じである。しかし、CEFのファンドマネジャーは、ファンドを証券取引所に上場して、そこで調達した資金を投資に当てる。これは、投資家がファンドの株式を直接、ミューチュアルファンドから購入するのとは違う。

　ミューチュアルファンドの価値は、常にNAV（純資産価格）に基づいている。NAVはファンドの総資産から総負債を除いたものであり、例えば、1億ドルの株式を保有するXYZファンドの負債がゼロのときのXYZファンドのNAVは、1億ドルになる。ミューチュアルファンドの投資家が自分の持ち分を解約したいときには、その時点のNAVでファンドに買い戻してもらえる。一方、クローズドエンド型ファンドの場合は、持ち分を流通市場で売却しなくてはならないため、NAV割れになることもある。

　クローズドエンド型ファンドの投資対象は、債券や流動性の低い銘柄やプライベートエクイティなどと幅広い。本稿を執筆している時点で、コールバーグ・クラビス・ロバーツやアポロなどが、クロ

ーズドエンド型ファンドを新規に立ち上げている。

　クローズドエンド型のアービトラージは、あらゆる裁定戦略がインデックス裁定であるなかで、今後も成長し続ける数少ない裁定戦略だろう。その最も大きな理由として、低流動性が挙げられる。クローズドエンド型ファンドは流動性の低い銘柄を組み込んでいるので、大手ミューチュアルファンドや機関投資家がこの手の裁定戦略のプレーヤーになるのはまれである。ヘッジファンドも、大手はこのアプローチに消極的な傾向を見せている。そしてまた、クローズドエンド型の戦略にはアクティビスト的なアプローチが求められることが多い。ディスカウント幅が大きいかもしれないが、価値を解放する明白なカタリスト（きっかけ・要因）が存在するわけでもないからだ。

　個人的には、クローズドエンド型の裁定戦略を専門とするマネジャーたちにだけ投資する、単一戦略のファンド・オブ・ファンズを始めるのは、非常に魅力的なビジネスになると思っている。

ディスカウントのメカニズム

　通常はNAVにプレミアム付きで売買が始まり、徐々にディスカウントされ、最終的にはNAVを下回るようになる。ディスカウントされる理由は複数ある。

●クローズドエンド型のファンドは人気が低く、その存在すら知らない投資家も多い。IPO（新規公開）後の軟調によって、市場から無視されるほど株価が下がる可能性があるから。
●クローズドエンド型ファンドが指標を下回るようになれば、ファ

ンドマネジャーに対する投資家の信頼は揺らぎ、ディスカウント価格にもかかわらず売却してしまうから。
●NAVは、まだ課税されていないキャピタルゲイン（値上がり益）を含んでいることがあるから。ディスカウント価格は、課税部分をきちんと反映しているともいえる。
●ポートフォリオには流動性が低かったり、正確な価値が見極めにくい銘柄が含まれていることもある。プライベートエクイティ会社がポートフォリオの総額を正確に評価し難くなるため、投資家はNAVに対して保守的な評価を下しやすくなるから。

　しかし、上場されているクローズドエンド型のファンドに投資するメリットは、多くのファンドが純資産価値に対するディスカウント価格で取引されるために、高い配当を得られる点だ。クローズドエンド型のファンドは不動産投資のリート（REIT）と同じように、利益のほとんどを配当にまわすのが一般的である。
　また、NAVに対する大幅なディスカウント価格で取引されているクローズドエンド型ファンドに投資する理由は、2つある。

１．ディスカウント幅が縮小する可能性がある。例えば、大量の株式を保有していたアクティビストが解約すれば、ディスカウント幅は途端に縮小する。
２．ディスカウントの代わりに高い配当が得られる。

　2005年の半ば現在、地方債の投資に特化したCEF（ミューニス）は、通常に比べて大幅なディスカウントで取引されているが、理由は2つあるだろう。

１．配当減税が実施された結果、非課税である地方債のメリットがあまり感じられなくなった。
２．金利の上昇に伴い、レバレッジを効かせているファンドにとって、借り入れコストとミューニスの利息のスプレッドの魅力が薄まった。

　ただし、極端にディスカウントされている場合は、市場が必要以上にディスカウントしている可能性がある。
　クローズドエンド型ファンドがディスカウント価格で取引されるのは一般的だが、ディスカウント幅は通常は一定であり、変動はまれである。マードック大学のドミニック・ガスバッロとＪ・ケントン・ズムワルト、およびコロラド州立大学のリチャード・ジョンソンの共著『エビデンス・オン・ザ・ミーン・リバーティング・テンデンシー・オブ・クローズド・エンド・ファンド・ディスカウント（Evidence on the Mean-Reverting Tendencies of Closed-End Fund Discounts)』のなかでは、ディスカウントが続いても平均回帰する傾向があると記載されている。つまり、ディスカウント幅が急激に拡大した場合には、過去の平均値に素早く戻る傾向があるというのだ。
　しかし、クローズドエンド型ファンドのディスカウントは必ずしも常に縮小されるわけではない（前述した例のように極端に拡大した場合は除いて）。2004年に、バッサー大学のショーン・マサキ・フリンが発表した『アービトラージ・イン・クローズド・エンド・ファンド（Arbitrage in Closed-End Funds : New Evidence)』のなかで、ただやみくもにディスカウント価格のファンドをロングし、

プレミアム付きで売買されているファンドをショートするポートフォリオは、リターンがマイナスになるケースが多いと述べている。ポイントになるのは、極端にディスカウント幅が大きい、あるいは極端なプレミアムが付いているファンドを見つけだすことだろう。

さらに一歩進めると、大幅なディスカウント価格で取引されているファンドを見つける（前述した研究レポートが指摘しているように）だけでなく、ディスカウント幅を縮小させるファンダメンタルなカタリストが存在するファンドを見つけだすのが重要であろう。

そこで問われるのは、ほとんどのCEFがディスカウント価格で取引され、過去の平均値やほかのCEFに比べて、ディスカウント幅が極端に大きい場合に平均回帰する傾向があるとして、このディスカウントを利用してどのような戦略を立てればよいのかということである。

自分でやってみる（Do It Yourself）クローズドエンド型ファンド

ステップ①　http://www.etfconnect.com./ のサイトを開いてみる。このサイトには、NAV、運用資産、IPOの日付、経営陣の経歴、ファンド運用者の情報、過去１年間のNAV実績、過去１年間の株価、組み入れている銘柄の上位10社など、クローズドエンド型ファンドに必要なデータがすべてそろっている。

ステップ②　同サイトは、ディスカウント率、プレミアム率、日付、リターンなどの項目で順位付けしたリストを各自が作成することもできる。例えば筆者は、2005年４月10日に**表7.1**のように、ディスカウントの大きい順でリストを作成してみた。Ｚセブン社が、17％

表7.1　クローズドエンド型EFT

ファンド名	ティッカー	ディスカウント率	日付
エックウスII	EQS	−23.62%	4/7/2005
カネディアン・ワールドファンド・リミテッド	T.CWF	−23.57%	4/7/2005
カネディアン・ゼネラルインベストメントツ・リミテッド	T.CGI	−23.21%	4/7/2005
ゼット・セブンファンド	ZSEV	−16.97%	4/7/2005
トウックシス・コーポレーション	TUX	−16.76%	3/31/2005
NAICグロウスファンド・インク	GRF	−15.81%	3/31/2005
トライ・コンティネンタル・コーポレーション	TY	−15.65%	4/7/2005
セントラル・セキュリティーズ・コーポレーション	CET	−15.35%	4/1/2005
バン・カンペン・インベストメント・グレード・ミュニ	VIG	−15.16%	4/7/2005
ハーツフェルド・カリビアンベースンファンド	CUBA	−15.02%	4/7/2005
ニューバーガー・バーマン・リアルティー・インカムファンド	NRI	−14.91%	4/7/2005
AIMセレクト・リアルエステート・インカムファンド	RRE	−14.88%	4/7/2005
インベストメント・グレード・ミュニシバル・インカムファンド	PPM	−14.87%	4/1/2005
ファースト・トラスト・バリューライン・ディビデンドファンド	FVD	−14.79%	4/7/2005
ニューバーガー・バーマン・ディビデンド・アドバンテージ	NDD	−14.68%	4/7/2005
RMRホスピタリティー＆リアルエステートファンド	RHR	−14.58%	4/7/2005
カースル・コンバーチブルファンド	CVF	−14.49%	4/1/2005
セリグマン・クオリティー・ミュニシバルファンド	SQF	−14.46%	4/7/2005
バンクロフト・コンバーチブルファンド	BCV	−14.44%	4/7/2005
スイス・ヘルベティアファンド	SWZ	−14.43%	4/7/2005
サロモン・ブラザーズファンド	SBF	−14.34%	4/7/2005
ガベリ・グローバル・マルチメディアトラスト	GGT	−14.33%	4/7/2005
インシュアド・ミュニシバル・インカムファンド	PIF	−14.30%	4/1/2005
バン・カンペン・トラスト・フォー・インベストメント・フロリダ・ミュニ	VTF	−14.30%	4/7/2005
ファースト・トラスト・バリューライン＆アイボットソン・エクイティーインカム＆グロースファンド	FVI	−14.29%	4/7/2005

出所＝ http://www.etfconnect.com

のディスカウントで取引されているのが分かる。銘柄コード（ティッカー）をクリックすると、表7.2のように、そのファンドの詳細が分かる。また図7.1のように、ファンドが組成されて以来のNAVに対する株価のプレミアム・ディスカウントの動向を、グラフ化することも可能である。

表7.2　Zセブンファンド

価格情報の提供日	4/7/2005
NAV(1株当たり純資産)	$5.48
終値	$4.55
プレミアム／ディスカウント率	－16.97%
市場利回り	－

補足的なファンド情報
- SEC ファイリング
- 日中の株価とニュース
- ファンドスポンサーの日次価格
- ファンドスポンサーのサイト

カテゴリー	グローバル・エクイティー
ファンドスポンサー	トップ・ファンドマネジメント
ポートフォリオマネジャー	バリー・ジスキン
NASD／ティッカーシンボル	ZSEV
NASDAQ／ティッカーシンボル	－
CUSIP 番号	988789103
組成日	12／30／1983*
組成時の NAV	$4.60
組成時の株価	$5.00

投資目標

Zセブンファンドは、クローズドエンド型の管理投資会社である。当ファンドが主眼とするのはキャピタルゲインであり、当ファンドの主な投資対象は普通株式である。外国株式への投資、貸株サービス、カバード・コールオプション、制限株への投資、借株など、さまざまな投資戦略を活用している。当ファンドは、1つの構成銘柄に対する投資額の上限を25%とする。

* 当ファンドの実際の組成日は1983年12月29日。組成日以前のデータは、近日更新される予定

出所＝ http://www.etfconnect.com

図7.1 Zセブンプレミアム／ディスカウントチャート

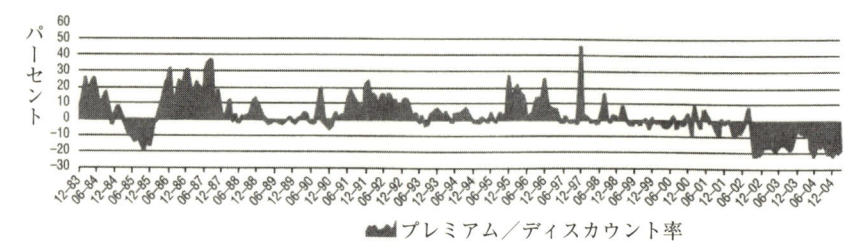

■プレミアム／ディスカウント率

出所＝ http://www.etfconnect.com

　組成されて以来の非常に低いディスカウント率で取引されているのを見ると（逆にプレミアム取引もかなりあったのが分かる）、これは良い買い物かもしれない。ひとつの方法は、この銘柄を買い切ってみる。別の方法は買ってから、四半期ごとに発表されている組み入れ銘柄のトップ10社をショートする。Zセブン社の2004年12月31日付の組み入れ銘柄は以下のとおりである。

企業名	ポートフォリオの組み入れ比率
ラスボーン・ブラザーズ	9%
ファクトセット・リサーチ	7.8%
バラット・ディベロプメンツ	7.5%
テックニー	6.8%
VTホールディングス A／S	6.11%
バルケム	5.9%
TIS	5.3%
ロックスボロ・グループ	4.6%

　これらの株価が下落すればショートで儲けることができるし、

CEFがすでにNAVに対して17％のディスカウント価格で取引されているので、組み入れ銘柄より速いスピードでCEFの株価が下落はしないだろう。そしてもし組み入れ銘柄の株価が上昇すれば、CEFはそれ以上のスピードで急激に上昇するはずである。何らかの理由でCEFを大幅にディスカウントしていた市場が、組み入れ銘柄の上昇でその根拠を失うからである。

　もうひとつ参考になるサイトは、http://www.cefa.com/。ここでは例えば、課税債券のクローズドエンド型ファンドを、NAVに対するディスカウント率順に検索可能である。

　クローズドエンド型ファンドから、継続的にプラスのリターンを得ているファンドの例として挙げられるのは、フィラデルフィア州を本拠地として、トマス・ロザートが運営しているキャメロット・キャピタル・マネジメントである。キャメロットは1995年に組成されているが、ロザートは15年以上にわたって、クローズドエンド型ファンドの運用を専門としている。組成以来の年間リーンは、常にプラスで、2003年には過去最高の22.525％を達成している。

　アンドリュー・ワイスが運営するブルックデール・グローバル・オポチューニティー・ファンドも成功しているファンドである。ワイスは、ボストン大学の終身の教授職を休職して、このファンドを組成している。2000年半ばに組成して以来の成績は、年末の決算期には常にプラスだが、キャメロットほどは安定していない。月によってマイナスのときもあるが、それでも2004年末は30.883％を達成している。

　また、第2章のアクティビズムに類似したアプローチもできる。それは、クローズドエンド型ファンドの裁定戦略を専門とするアクティビスト投資家に、相乗りする方法である。バーバード・マネジ

メントに勤務していたジェフリー・ラーソンが、ハーバードからシードマネーの7億ドルを得て設立したソーウッド・キャピタル・マネジメントも興味深いことに、クローズドエンド型ファンドの裁定戦略を専門としている。

2005年3月にハーバード・ソーウッドは、SEC（証券取引委員会）に提出した13Dファイリングのなかで、彼らが29％を保有しているコリアンエクイティファンド（KEF）をオープンエンド型にすれば、NAVに対するディスカウントが直ちに解消され、ファンドを清算することもできると主張している。固定費を償却し、費用効果的にファンドを運用するには、KEFの規模が小さすぎると指摘しているのだ。ニーレンベルグ・ファミリー・オブ・ファンズのマネジャーである、デビッド・ニーレンベルグも、ハーバードの動きを支持する13Dファイリングを提出している。

ハーバードは過去にも、この手法を別のファンドに適用している。ハーバードは、買い始め当初にNAVに対して25％のディスカウント価格で取引されていたアジア・タイガーズ・ファンドを、2000〜2002年にかけて23％、買い集めた。そしてディスカウント率を縮小するために定期的に買い戻すよう、ファンドに迫ったのである。2003年11月にハーバードが保有分を売却した時点のディスカウント率は7％まで低下しており、株価は買い始めたときより45％も上昇していたのである。

図7.2を参照すれば分かるように、KEFのNAVに対するディスカウント率は、ハーバードが13Dファイリングを行った直後に約マイナス9％からマイナス3％に上昇している。これは1999年以来の低いディスカウント率である。

クローズドエンド型ファンドは、ヘッジファンドや個人投資家に

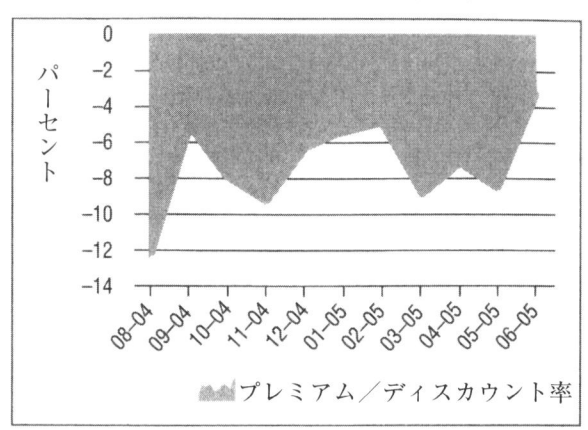

図7.2 KEFプレミアム／ディスカウントチャート

出所＝ http://www.etfconnect.com

とって最も信頼できる戦略のひとつである。アプローチの仕方もさまざまで、前述した http://www.etfconnect.com や、http://www.cefa.com/ は、クローズドエンド型ファンドが過去のデータに比べて、あるいは同種のファンドに比べて、極端なディスカウント率で取引されているかどうかを見極めるうえで貴重なデータを提供してくれる。また、13Dファイリングを調べれば、ディスカウント問題を提起しようとしているアクティビストに、買い占められているファンドを特定することができるのである。クローズドエンド型ファンドをヘッジする方法はいろいろある。例えば前述したKEFのバトルでは、韓国の総合株価指数（KOSPI）に連動する上場投信のアイシェアーズ・MSCI・サウスコリア・インデックスファンドをショートしてヘッジできる。そしてまた、ほとんどのクローズドエンド型ファンドは、ディスカウント率が狭まるのを待っている間も、高い配当が得られるというメリットがある。クローズドエンド型の

戦略を取り入れているヘッジファンドが継続的なリターンを得ているのは、マネジャーのスキルのみならず、この戦略そのものの信頼性に負うところが大きいのである。

第8章
空売り
Short-Selling

　空売りは金儲けの手段としては最悪といえるが、多くのファンド・オブ・ヘッジファンズが空売りを資産クラスとして、あるいは少なくともほかの戦略のロングバイアスに対するヘッジだと認識しているのは残念である。空売りの原理はひどいものだ。最高のリターンが得られるのは株価が100％下落する場合だが、それは第3章でも述べているように企業の倒産時でも、まず起こり得ない状況である。一方、ロング（買い持ち）の場合はベア相場であっても、株価が100％を大幅に超えて上昇する可能性があり、これから取り上げたいのは、まさに下げ相場のときにこそ、数100％の株価上昇が起きやすい点である。

　本章では落とし穴の例とともに、筆者自身が過去に取り入れて成功した手法を幾つか紹介したい。過去60年間で最悪と言われた2000～2002年のベア相場のときでも、ショート戦略で儲けを出すのは困難だった。われわれが犯しやすい最大のミスは、下げ基調だからショートすれば儲かると単純に思い込むことだが、現実はけっしてそうではないのである。CSFB・トレモント社のヘッジファンド指標のなかのショートバイアス・インデックスがこの点を如実に示して

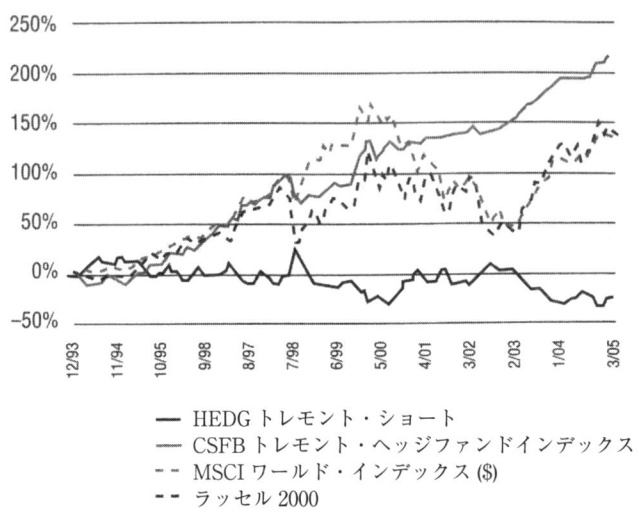

図8.1　CSFB トレモント・ショートバイアス・インデックス

- HEDG トレモント・ショート
- CSFB トレモント・ヘッジファンドインデックス
- - MSCI ワールド・インデックス ($)
- - ラッセル 2000

出所= http://www.iasg.com/

いる（図8.1参照）。

　ショートバイアス指標の組成時からの年間平均リターンは、−2.36％である。投資に適しているとは、言い難い数字である。確かに、ヘッジファンドのショートバイアス手法は、株式市場の暴落や大規模な企業不正に対する正当なリスク回避策だと反論するかもしれない。しかし、例えばだが、2001年のアメリカの株式市場はS&P500で見ると、−12％だった。9.11事件が株式市場に衝撃を与えただけでなく、エンロンの崩壊が翌年の2002年にかけて市場に影響を与えた年である。普通に考えれば、そういう年にはショートする対象銘柄を昼夜を問わず探しているファンドマネジャーたちのおかげで、ショートインデックスはプラスか、少なくとも最低限に必要なヘッジを提供しているはずだと思うだろう。

ところが実際には、華麗なる空売り筋のインデックスは、2001年が-3.58％であり、12カ月のうち7カ月がマイナスを示している。そして、これには幾つか理由がある。

1．2001年1月の予期せぬ利下げによって、空売り筋がポジションの清算を迫られた可能性がある。ロングポジションなら、しばらく波に乗ってみることもできるが、空売りでは3桁台の損失リスクは取れないので、ファンドの多くは損切りを行い株価が再び下げ局面を迎えたときには、フル投資していなかったのかもしれないのだ。
2．急激な下落は急激な上昇に転じる傾向があるが、2001年の後半はその典型的な例である。9.11の結果、市場は息をのむようなスピードで大幅に下落した。2001年9月10日の終値から、事件から5取引日後の9月21日の安値にかけて、市場は18％下落したが、これは1987年10月の暴落に迫る勢いである。この状況下でさらに空売りポジションの増し玉をするのは、(「トレンドはフレンド」に惑わされて) 最悪の判断であり、21日の安値から年末にかけて、S&P500は22％反発し、ナスダック100指数は43％上昇したのである。もし、ショートしていたらけっして面白くない結果である。

上場投信であるQQQQ（ナスダック100指数連動証券）や、ナスダック100指数先物で、ナスダック100をショートするのはベア、ブル相場にかかわらず、危険なゲームなのが分かるだろう。ボラティリティがS&P500の2～3倍もあるために、市場の噂や観測に影響されて、上げ相場と下げ相場の両局面で数秒以内に何％もの損失を出しかねないのである。

しかし、ボラティリティの魅力は、非常に短期間に限定すれば、

ショートからそれなりのリターンが得られる数少ない資産クラスでもあるということだ。ナスダック100指数（QQQQ）、とナスダック100指数先物（シンボルはNQ）の流動性が高いために、短期の売り買いは比較的に小さなスリッページにとどめられ、先物の取引コストも往復で約0.05％で済むのだ。ショートするならQQQQかNQにする利点はほかにもあるが、最大のメリットは、ETF（株価指数連動型上場投資信託）や先物をショートするときには、アプティック規制（**訳注** 米国版の空売り規制。最終約定価格より安い価格の売り注文を出してはいけない）が適用されない点である。

空売りの落とし穴

CSFB・トレモント社のショートバイアス・インデックスの例からも分かるように、注意すべき落とし穴が幾つかある。

落とし穴その1

市場アナリストの多くがPER（株価収益率）の重要性を指摘する。株式市場の平均PERは通常、S&P500の全企業の平均株価を、全企業の1株当たり利益（EPS）の平均値で割って算出する。PERが10倍よりも低いと、一般的にその株価は割安だとみなされ、20倍より高いと割高なので市場アナリストの多くは売りを推奨する。そして彼らの判断もある程度は正しいといえる。市場の平均PERが10倍より低いときには絶好の買い場にあり、例えば1975年7月にPERが10倍より低いときに買い、20倍になった1987年7月まで買い持ちしていれば、636％の利益を得られただろう。また、それ以前にPER

が10倍を割り込んだのは1947年10月だが、そのときに買ってPERが20倍を超えるまで持ち続けていれば、第2次世界大戦後の上昇相場に完全に乗れたことになる。1961年4月に売った人は724％の利益を得ただろう。しかし、もしこの逆をやっていたら――PERに割高感があるとショートして、15倍（あるいは10倍）に下がったときに買い戻していたら、前世紀の5回の相場で完敗していただろう。空売り筋は各相場に吹き飛ばされたに違いない。

落とし穴その2

1月相場が、年内相場の指標になるというのは本当だろうか？1月相場がプラスなら、その年は幸先が良く、1月相場がマイナスなら市場の評論家たちの警告によれば、その年は期待ができないという説である。しかし、1950年以降、1月相場は20回マイナスを示しているが、そのうちの10回は年末にかけて相場が上昇しており、10回は相場が下落している。つまり、20回の各年に2月1日から12月31日の間にショートしたとしても、全体的に見れば損失を出したことになる――空売りファンタジーが当たったとはいえない。**表8.1は、第2次世界大戦後にS&P500の1月としては最悪だった年と、その年の年末にかけての動きを示している。**

落とし穴その3

相場が急上昇しているときの空売りも注意するべきである。例えばだが、日中で4％上昇しているような変動が大きい日のナスダック100指数（QQQQ）をショートして、大引けで買い戻すのは多く

表8.1　1月効果

1月 前月比	仕掛け （日付）	仕掛け （価格）	手仕舞い （日付）	手仕舞い （価格）	変化の割合 （年内）
-3.65	02/1956	$ 43.82	12/31/1956	$ 46.67	6.5
-4.18	02/1957	44.72	12/31/1957	39.99	-10.58
-7.15	02/1960	55.61	12/31/1960	58.11	4.5
-3.79	02/1962	68.84	12/31/1962	63.1	-8.34
-4.38	02/1968	92.24	12/31/1968	103.86	12.6
-7.65	02/1970	85.02	12/31/1970	92.15	8.39
-5.05	02/1977	102.03	12/31/1977	95.1	-6.79
-6.15	02/1978	89.25	12/31/1978	96.11	7.69
-4.57	02/1981	129.55	12/31/1981	122.55	-5.4
-6.88	02/1990	329.08	12/31/1990	330.22	0.35
-5.09	02/2000	1,394.46	12/31/2000	1,320.28	-5.32
-2.74	02/2003	855.7	12/31/2003	1,111.92	29.94
-3.63	02/2005	1,167.87	Open	Open	0

出所＝ http://www.etfconnect.com

の投資家が挑戦する方法だが、生き残れるのはわずかだ。表8.2が、この空売り戦略の結果である——さほど良くないのが分かる。市場が前日の終値よりも4％高い時点でショートしても成功率39％、平均リターンが0.52％と、ギャンブルよりもひどい確率である。むしろ筆者は逆の方法を勧める。QQQQがザラ場で4％上昇しているときには、ショートしようとするつわものたちに対してロングすることで空売り方を踏ませてしまうのがベストだ。

　ナスダック100のポイントは、極端なプレーヤーは放っておくに限る。投資家が加熱しているとき、あるいは角を矯めて牛を殺すような動きに出ているときには、脇によけるのが得策である（さもなければ、むしろロングする）。ただし、市場が低迷していて、急落のパニックというより沈んでいる場合には、参入して市場がさらに下落するチャンスに賭けるのが妥当だろう。

表8.2　ショートトレード── QQQQの4％上昇システム
　　　　（1999/3/13 〜 2005/1/2）

全トレード	125
平均利益／平均損失(%)	−0.52%
平均保有期間	1
勝ちトレード数	49 (39.20%)
平均利益(%)	1.53%
最大連続勝ちトレード	4
負けトレード数	76 (60.80%)
平均損失(%)	−1.84%
最大連続負けトレード	9

　例えば午前中は、投資家の多くが前日との大きなギャップに対して逆張りしようとする。つまり、QQQQの寄り付きが前日の終値よりも1％以上高ければ、ナスダック100指数先物をショートして、目標の価格まで下がらなければ買い戻す。しかし、前日とのギャップが大きければ大きいほど加熱する投資家は増えるので、そのギャップはますます広がっていく。**表8.3**が示すように、この手法を正当化するほどの勝率や平均リターンは得られていない。

　空売り筋が犯しやすい最悪の過ちは、次のような思い込みである。「そんなバカな！　市場は割高感がありすぎる。これ以上、上がる『はず』はない」。あるいは、「市場は5日連続で続伸しているのだから、下げない『はず』がない」。まさに、この心理状態が市場をさらに上昇させてしまうのである。なぜなら、正しいと思い込んでいる売り方が先ほどの4％の例で見たように、最終的には地獄になる前に買い戻さなければならないからである。同じように、4日連続で続伸したあとにショートする戦略も、ベア相場のときでさえ悲惨な結果になるのは、**表8.4**が示すとおりである。

表8.3　ショートオンリー──QQQQの大きなギャップで逆張りするシステム(2000/2～2005/5)

全トレード	185
平均利益/平均損失(%)	0.18%
平均保有期間	1
勝ちトレード数	96
勝率	52%
平均利益(%)	2.19%
平均保有期間	1
最大連続勝ちトレード	8
負けトレード数	89
敗率	48%
平均損失(%)	−2.02%
最大連続負けトレード	5

表8.4　ショートオンリー──QQQQの4日連続続伸システム(1999/3/10～2005/1/2)

全トレード	65
平均利益/平均損失(%)	−0.09%
平均保有期間	1
勝ちトレード数	32
勝率	49.23%
平均利益(%)	1.55%
最大連続勝ちトレード	3
負けトレード数	33
敗率	50.77%
平均損失(%)	−1.67%
最大連続負けトレード	6

市場が上昇している間は利食いを入れようとはしないので、素人がどんどん参入してくる。陶酔感にとりつかれた市場の末期は、暴走機関車の前に飛び込むのと同じくらいに危険である。このたぐいの例はインターネット中に散らばっている投資家の口コミ掲示板を見れば分かる。Yahoo!ファイナンスの掲示板に対する一般的な評価は別として、ここはインターネットが世の中に登場して以来、われわれが経験してきたあらゆるブル相場とベア相場の教訓の宝庫なのである。

　1999年に、FMKT社（フリーマーケット）が、ブル相場以来の大型IPOを行い、公開当日の48ドルは280ドルの終値で引けた。6日後の株価は、265ドルとわずかながらに下落していたのだが、ちょうどそのころに以下のメッセージが、Yahoo!ファイナンス掲示板に書き込まれたのである。

　株では何度も失敗したが、
　今回は違う！
　幸運にもIPO株を50株、手に入れることができたが、
　今回は買い持ちするつもりだ。
　今まで何度も早く売りすぎて、何度も後悔してきた。
　ICGE（インターネット・キャピタル・グループ）を83ドルで手放したのもそうだった。

　FMKTの現在の株価は7ドル台だが、2002年には1株4ドルまで下落している。インターネットは、市場で起きた一連の狂乱のアーカイブともいえる。しかし、狂乱をショート（そして売り持ち）するのは極めて不健全であり、それはFMKTのケースにも当ては

まる。1999年12月16日に265ドルでショートした投資家は、翌日に株価が20％上昇して317ドルに、そして２週間後の2003年１月３日には40％上昇して370ドルに到達したのを見て汗だくになったに違いない。

空売りが成功するとき

とはいえ、空売りが成功する予測可能なシステムがないこともない。「週の初めに素人が参入し、週の終わりに玄人筋のスマートマネーが参入する」とはよく言われることだが、それを裏づけるかのように、金曜日のギャップアップに逆張りする方法は、ほかのどの曜日よりも良い結果を出しているのだ。

「金曜日のギャップに逆張り」システムとは、ナスダック100（QQQQ）の金曜日の始値が前日の終値に対して０～１％のギャップアップ（大きなギャップをショートする方法は、それほどリターンが高くないことはすでに確認済みなので、ギャップアップは数％台で良い）しているときに、始値でショートするのである。そして終値で買い戻す。**表8.5**がその結果である。

もうひとつの方法は、QQQQが月曜から木曜の間に２％以上、上昇したら金曜日のギャップに逆張りする。この方法は前例と同様にうまくいくが、金曜日は上昇してきた週の最終日である。始値でショートして終値で買い戻す。**表8.6**で結果を確認してもらいたい。

図8.2の例を見てほしい。３年連続の下げ相場のあと、市場は大きく上昇した2003年の最終四半期に向けて好調に推移していた。10月、11月、12月の３カ月はすべて上昇月で、週ベースで見てもほとんどが上げていた。2003年10月31日と11月７日の前の週はQQQQ

表8.5 ショートトレード—— QQQQ の金曜日のギャップに逆張りする
システム (2000/2 〜 2005/5)

全トレード	93
平均利益 / 平均損失 (%)	0.71%
平均保有期間	1
勝ちトレード数	63 (67%)
平均利益 (%)	1.55%
最大連続勝ちトレード	11
負けトレード数	30 (33%)
平均損失 (%)	−0.91%
最大連続負けトレード	6

表8.6 ショート・トレード―金曜日までの4連続取引日に QQQQ が
2%を超えて上げたときにギャップに逆張りするシステム

全トレード	18
平均利益 / 平均損失 (%)	1.29%
勝ちトレード数	13 (72%)
平均利益 (%)	2.0%
最大連続勝ちトレード	5
負けトレード数	5 (28%)
平均損失 (%)	−0.5%
最大連続負けトレード	3

で2%以上の上げ幅を見せた。そして2週とも金曜日がギャップアップで始まったので、始値でショートして大引けで買い戻していれば、それぞれ0.73%と1.25%の利益を得たことになる。

空売りの手法で、もうひとつ取り上げたいのは毎月、第3金曜日のオプション満期日についてである。一般的に、オプション満期日

図8.2　2003年10月31日と11月7日にギャップアップで売る

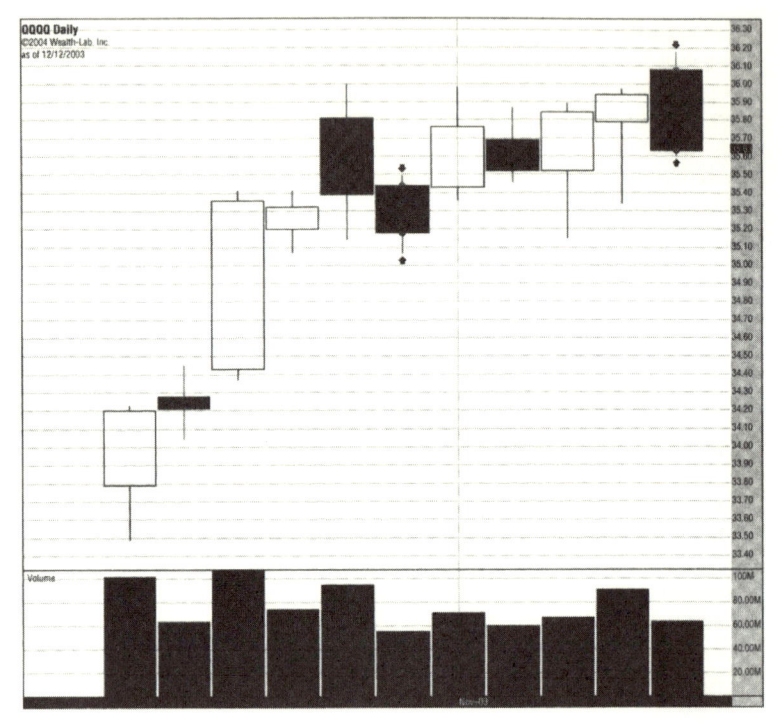

出所＝フィデリティ・インベストメンツ

表8.7　オプション満期日のギャップアップで売る (2000/2～2005/5)

全トレード	30
平均利益／平均損失 (%)	0.47%
勝ちトレード数	29 (97%)
平均利益 (%)	0.5%
負けトレード数	1 (3%)
平均損失 (%)	−0.55%

のギャップアップをショートするのは成功する方法である。QQQQ で満期日の朝にギャップアップをショートして、0.5％の利益が出たところで買い戻すか、そのターゲットが得られないときには大引けで買い戻す。**表8.7**で結果を確認してもらいたい。

　空売りは資産クラスではない。ファンド・オブ・ファンズのマネジャーのほとんどが、債券や株式と同じように空売りをポートフォリオに加えたいだろう。しかし、長期的に見れば空売りは、プラスのリターンを生み出す確実な方法ではなく、株式市場が全体的におかしくなった2001年の12％の下げ相場が、空売り筋にとっても利益が落ちた年だったのを考えると、ロング専門のマネジャーにとっても効果的なヘッジにはならないのが分かるはずである。

　空売りで、してはいけない点を幾つか挙げてみる。

●４日連続で上げた翌日にはショートしない。
●先物が前日の終値よりも４％以上高いときには、日中にはショートしない。「ありえない！」と思い込んでショートするトレーダーが多すぎるのだ。市場にやられて、大引けにかけて買い戻しのパニックに走る典型的なタイプである。
●「売り持ち」してはいけない。筆者に言わせれば、投資目的でショートするなどあり得ないのである。「売り持ち」は、潜在的な値上がり益が数100％になり得る「買い持ち」の反対ではない。本章で取り上げた手法は、0.5％の利益が出るまでは売り持ちするが、大引けを超えて持ち続けるものはない。ジョン・メイナード・ケインズがいみじくもいったように、「マーケットは、あなたの支払い能力を超えて不合理であり続けることができる」。市場が狂い始めたら、さっと脇によけるに限る。

以上を前提としたうえで、市場の非効率性を利用した空売りのチャンスを探ることは可能である。

そして最後に付け加えたいのは、空売り筋は、ときとしてユーモアのセンスにあふれている点である。2005年の半ばに、筆者はフィナンシャル・タイムズ紙に空売りの記事を載せているが、たまたまそれが空売り筋の会合の時期に重なっていたので、次のように述べたのである。

　　キニコス・ヘッジファンドの創設者にして、空売り筋の大御所であるジム・ケイノスが開催する招待制の年次会合、「潜伏中のベアたち」が先週、開催された。
　　ケイノスは、ヘッジファンドマネジャーやアナリストと空売りのアイデアを交換したり、恐らく、われわれのような楽観主義者やブルたちが想像もできないような、悲観的な儀式を行っているのではないだろうか。2001年の会合では、エンロンに関する悲観的な論文を発表し、その影響力は周知のとおり見事であった。

この記事が掲載されると、ケイノスは次のようなEメールを送ってきたのである。

　　前略

　　われわれが、「悲観的な儀式」を行っているのではないかと貴殿は心配されているようだが、それは見当違いです。われわれは、処女を生贄にするのをやめました。それはもちろん、開

催地がマイアミのせいなのですが。

　謹んで
　ジェームス・ケイノス

　空売り筋が、キャンプファイアーを囲んで愉快そうにアイデアを交換している姿が目に浮かび、筆者はいささかほっとしたのである。

第9章
人生を豊かにするもの
The Finer Things in Life

　ピカソの「パイプを持つ少年」が2004年5月に英国サザビーズ社のオークションで、1億0400万ドルの価格で落札されたとき、バイヤーがだれなのかは明らかにされなかった。サザビーズによると、バイヤー側が匿名を希望したらしい。しかし、ほどなく落札者を巡りさまざまな憶測が飛び交い、美術品の収集に莫大な資産をつぎこんできたヘッジファンドマネジャーたち——SAC・キャピタル・アドバイザーズのスティーブ・コーエン、チューダー・インベストメントのポール・チューダー・ジョーンズ、コールバーグ・クラビス・ロバーツのヘンリー・クラビス、その他の面々に目が向けられたのだった。それにしても本当に、この絵画に1億ドル以上の価値があるのだろうか？　バイヤーにとっては、そうだったのだろう。そして絵画を手放した人物も、投資リターンに大満足しているに違いない。どの資産クラスでも同じだが、価値の定義によっては価格が実際の価値を上回ったり、下回ったりするときがある。
　投資家が特定の資産クラスに飽きてくると、流失したドルは新たな投資先を見つけて、やがてそこに落ち着く。2000年に投資家が株式投資に飽きたときも不動産や債券という新たな受け皿に、あっと

いう間に資金が流入したのである。そして、不動産や債券に対する慎重論が以前より強まってくると今度は金や石油、その他の商品へとドル札は移動を始めた。ものごとは、ぐるぐると循環する。しかし時代を超えて変わらないのは、お金が人生を豊かにするもの——アート、音楽、収集品など、人々がいつの時代も大切に思うものへと、最終的には戻ってくるということだ。これらを、明確な投資カテゴリーとして位置づけられるかは別として、アートも代替的な資産クラスと言えるだろう。そして今この瞬間も、ヘッジファンドや投資会社が急速に膨らみ続けているこの市場に多くのコレクターや芸術家とともに参入しているのだ。

ひとつのレアコインにだけ投資しないこと

　良い人生とは、必ずしも勝ち組になって高級レストランで食事をしたり、ビーチリゾートに寝そべったり、外国のカジノで持ち金をはたくことではない。もっとダイナミックにゆったりと人生を楽しみながら、人生を豊かにするものを追求することと、多くの人にとっては、もともと人生の喜びである財産作りの両立は可能なはずである。レアコインは、考古学の発掘現場から出土した聖書時代のコインから、アメリカの最初の通貨である１ドル銀貨に至るまで、有名資産家の投資対象になることが多い。

　ほんのわずかな蓄えから始めたレアコインの売買を通じて、膨大な財産を築いたコレクターも多い。ジョン・ジェイ・ピットマンもそのひとりである。1947年〜1970年にコダックのエンジニアだったピットマンは、年間１万〜１万5000ドルのサラリーを得ていたが、毎年その半分をレアコイン金貨や銀貨に投資していた。20年間の投

資総額は約10万ドルに上っただろう。そして、最終的にピットマンのコレクションは3億ドルを超す価格で売却されたのである。

コインには2通りの収集方法がある。ひとつは、自分でコインを収集して、その歴史や価値やグレード評価（格付け）のメカニズムを身に着ける方法。そしてもうひとつは、それらをマスターした専門家に相乗りする方法である。

弱冠21歳のときに、コイン売買を通じて100万ドルの資産作りに成功したシルバーノ・ディジェノワを訪ねてみた。シルバーノは、コイン売買からスタートしたあとに、グレード評価のシステム作りに尽力したが、最近では75年前にカリフォルニアに設立されたコイン・ギャラリー兼オークション会場のスーピーリア・ギャラリーズという公開企業の運営に携わっている。シルバーノが売買するのは、3セント硬貨から1804年発行の1ドル銀貨や、サンゴーダンが彫刻した1906年以降のシリーズまでと幅広い。コインの素晴らしさについて語るときの彼の情熱は、並大抵のものではない。最も取引頻度が高い12枚組みコインの指標といえる、「12ピース・ゴールドコイン・タイプ・セット」に、1970年に1000ドルを投じて現在まで持ち続けていたとしたら、初期投資の1000ドルが現在では6万1000ドルに膨らんでいるはずである。図9.1を参照すれば分かるように、同時期にダウジョーンズ工業株平均に投資したとしても、1万2430ドルにしかならないのだ。そしてこれは1989年〜1990年のブル相場にもかかわらずである（12ピース・ゴールドコイン・タイプ・セットについては、本章の最後に付録で説明する）。

「その国のコインを見れば、通貨や国の歴史が分かる」とディジェノワは言う。「コインは歴史を手のひらに乗せているのと同じである。その時代の一流のアーティストや彫刻家が、コイン作りに

図9.1 1970年に投資した1000ドル―― 12ピース金貨とダウジョーンズ

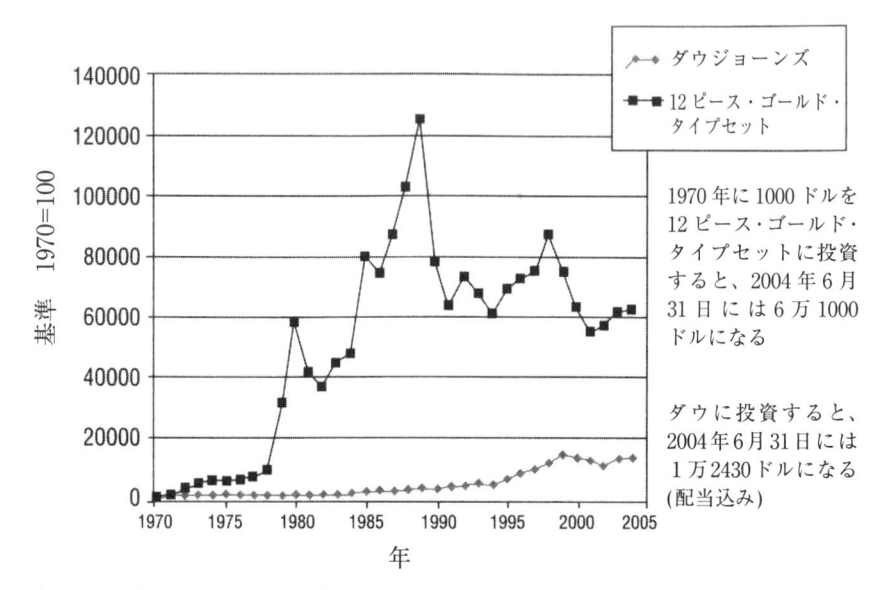

1970年に1000ドルを12ピース・ゴールド・タイプセットに投資すると、2004年6月31日には6万1000ドルになる

ダウに投資すると、2004年6月31日には1万2430ドルになる(配当込み)

出所＝スーピーリア・ギャラリーズ

携わっているからだ。例えば、サンゴーダンは当時のアメリカが誇る最高の彫刻家だが、アメリカ硬貨をデザインし直すために、テディー・ルーズベルト大統領から直々に任命されている。われわれは1999年に、サンゴーダン作の1907年発行の20ドル金貨を購入して1200万ドルで転売することで、かなり大きなリターンを得ている。レアコインは芸術であると同時に歴史であり、コレクターは何百万人もいるのだ」

　レアコインの価値を評価する作業は、企業評価と共通する面がある。比較分析して、安全性がきちんと確保されているかを確認する。コインの価値は、それが発行された場所や年代、そして現在の状態

などを加味した希少性に負うところが大きい。そして、これらの要素を基準にしながらコインの希少性に等級をつけるのである。等級は1～70まであって、60～70が「希少」とみなされる。等級が69のコインは、68のコインよりも格段と値段が高い。

　レアコインにバリュー投資するコツは、実際の価値よりも低い等級がつけられていると感じられるものや、ほかの同額のコインよりも希少性が高いと感じられるものを購入することである。例えば、1905年発行の5セント硬貨で等級が65のコインは、流通しているコインが残り157枚しかなくても、現在の価格は500ドルかもしれない。これは、同じ500ドルの価格でも、流通している枚数が3000～7000枚もあるモルガン1ドル銀貨より安全性マージンが高くなる。つまり、長い目で見ると企業のキャッシュフローが株価の予測指標として最適なのと同じように、「希少性」が将来価格を的確に表す指標になるのだ。

　仮に自分でレアコインのポートフォリオを組んで、運用するだけの暇と能力がなくても、この投資スタイルの潜在的な利益機会をとらえる方法は幾つかある。レアコインの世界には、「コイン・インデックス」の役目を果たしている公開企業が3社存在している。

　まず、1社目は先述したディジェノワが運営するスーピーリア・ギャラリーズだが、おそらくここがコインだけを専門に取り扱う唯一の企業だろう。スーピーリア・ギャラリーズは、コインのオークション、小売業（アマゾンやオンライン・ディスカウントショップのオーバーストックを通じたオンラインショップも展開中）、そしてコイン在庫の売買（自己売買）からも収益を上げている。さらに、高金利だがコインのコレクションを担保にした資産担保ローンも提供している。前年比で見た2004年の収益の伸びは、50％を超えている。

スーピーリア・ギャラリーズがコイン売買に携わる一方で、コレクターズ・ユニバースは、コインのグレード評価機関としては最大手である。評価手数料は1コインにつき、6〜200ドルだが、この会社はスタンプやサイン、その他のコレクタブルの格付けも行っている。前年比で見た2004年の収益の伸びは40％で、利益は20％の伸びだった。

最後にグレッグ・マニング・オークションズだが、ここはコインに加えて野球カードや切手、美術品、その他の希少アイテムを扱っている。前年比で見た2004年の収益の伸びは22％で、利益の伸びは96％だった。

コインが無くなることはないし、将来価値が高騰するほかの投資対象と同様に、芸術性や希少性と相まって今後も価値は上昇し続けるだろう。とはいえ、図9.1で分かるように、同じペースで上昇するわけではなく、何年間も低成長、あるいはゼロ成長なのは珍しくない。

それにしても、1億ドルもする絵画を購入できるものだろうか？

筆者の知り合いで、1億ドルを超す規模のヘッジファンド2社が2004年の後半に解散して、すべての資金を投資家に返金した。しかしこれは、投資成果が悪かったからではなく、解散時も市場指数を上回るリターンを得ていたのである。そのうちの1社は3億ドル規模の買収ファンドで前年比が約＋5％だったが、この分野でリターンを追及するのは難しすぎると判断したらしい。ヘッジファンド市場に流入する資金が1兆ドルを超すなかで、その大部分が伝統的

なオルタナティブ投資戦略であるマージャーアービトラージ、転換アービトラージ、そして債券アービトラージに投入されているために、各戦略のスプレッドが微々たるものになっているのである。例えば、ある２つの企業が50億ドル規模の企業合併を発表したとする。オルタナティブな資産運用市場の100億ドル以上がマージャーアービトラージ戦略に投じられていたとしたら、この案件のスプレッドは、あっというまにゼロに縮小されるだろう。次に起こり得るのは、俗にいう満員の劇場で「火事だ！」とだれかが叫んだ途端に、いちもくさんに逃げ切らないかぎり、合併案件は2004年夏の複数のケースで見られたように悲惨な結果になるのである。

　筆者は、市場と相関性のない資産クラスを求めて、アートエコノミーを専門とする投資会社のファーンウッド・インベストメンツを最近、設立したブルーズ・トーブとマイケル・プラマーの元を訪れた。ウォール街の投資銀行は、昔から顧客に対してアートコレクションのアドバイザリーサービスを提供してきたが、最近の傾向としては、ほかの資産クラスと同等、あるいはそれ以上のリターンを得られるうえにグローバル市場とそれほど相関性がないオルタナティブな資産クラスとして、アートを位置づけるようになってきている。トーブいわく、「昨年、１億0400万ドルで落札されたピカソの『パイプを持つ少年』を見れば分かるだろう。あの絵は1950年に３万ドルで落札されたが、年率16％のリターンというのは、かなり高い株式リターンに匹敵する」。すべてのアートが16％のリターンを生み出すとは限らないが、トーブによれば英国航空の年金基金は、1990年代に売り始めたアートコレクションのバイ・アンド・ホールドを通じて、過去14年間で年率11.3％のリターンを上げ続けているらしい。また、ニューヨーク大学のヤンピング・メイとマイケル・モー

表9.1 新メイ・モーゼス美術品インデックスと他の金融資産の比較
（複利投資収益率）

	全アート	1950年より前のアメリカン	印象派とモダン	世界の巨匠	S&P500トータルリターン	米国10年債トータルリターン	米国財務省証券トータルリターン
過去50年	10.5%	10.0%	10.7%	10.0%	10.9%	6.6%	5.4%
過去5年	7.3%	9.4%	6.3%	3.2%	−2.4%	7.5%	2.6%
過去1年	13.0%	25.2%	14.3%	1.8%	10.9%	5.1%	1.3%

出所＝ http://www.beautifuladvisors.com/

　ゼスの両教授が考案したメイ・モーゼス美術品インデックスによると、アート関連は1953～2003年に10.5％のリターンを獲得しており、これは同時期の株式市場よりも若干、高めである（表9.1と図9.2参照）。

　ファーンウッド・インベストメンツはリターンをさらに高めるために、さまざまな付加価値を提供している。現在、提供しているファンドは2つあるが、ひとつはアートの8つの分野である古典、ヨーロピアン、印象派、アメリカン、近代、現代、ポストモダン、そしてイマージングに分散投資するセクターファンドだ。それぞれのカテゴリーが思ったほど相関していない点がポイントである。実は株式市場と同じように、ひとつのカテゴリーがはやり廃りで低迷したときが買い時なのだ。

　ファーンウッドの美術研究スタッフやキュレーターは、割安の資産を探し出すだけでなく、プライベートエクイティやLBOファンドと同じように、アクティブ運用を通じてそれらの価値を高めようとしている。トーブいわく、「われわれは、コレクションを組成す

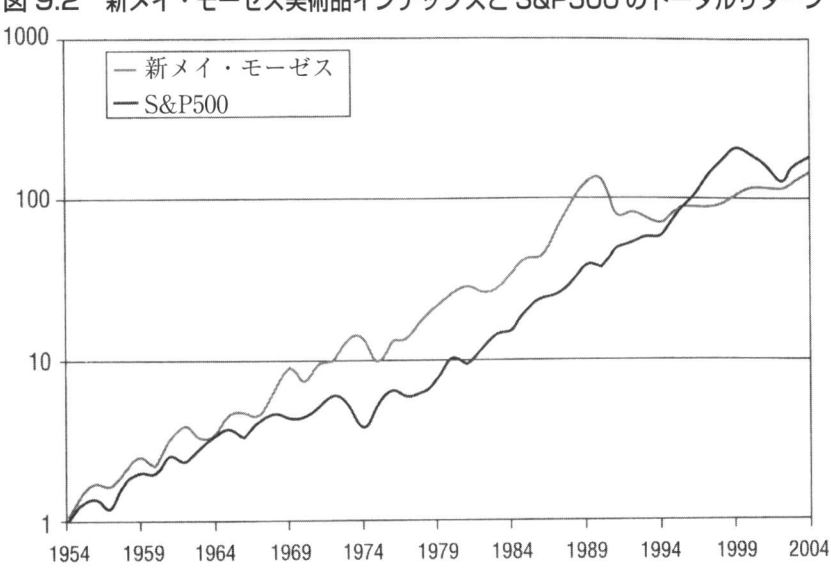

図 9.2　新メイ・モーゼス美術品インデックスと S&P500 のトータルリターン

出所＝ http://www.beautifuladvisors.com/

るだけでなく、美術館に作品を貸し出すことで、その価値を高めたり、購入したが、過小評価されているカテゴリーのリサーチや批判分析に力を入れている」。

2つ目のファンドは、裁定機会を生かすファンドだが、「株式市場と同じように、価格の歪みを利用するアービトラージのチャンスがアートの分野にも存在する。あるオークション会場で売られている作品がほかのオークション会場のバイヤーに同じように評価されるとは限らない。あるいは、特定の価格で入手した作品を別のバイヤーが、それよりも高値ですぐにでも入手したがるケースもある。これらは、ディーラー間で日常的に起こり得る事態だが、このようなアービトラージの機会を生かすには、各ディーラーの資金力が不足している場合が多い。しかし、彼らがわれわれのようなファンド

と連携することで、その機会を生かせるというわけだ。また、美術品の貸し出しなどの金融取引のチャンスもアートエコノミー戦略として、ファンドに取り込んで行く予定だ」。

　トーブによれば、アートエコノミーと投資の世界はいずれ融合するので、アートを資産クラスとして位置づけるファンドにとって、リサーチや分析作業、アービトラージ、そして投資活動が重要性を増すという。「有史以来、アートは富の受け皿だった」。伝統的な資産クラスに対するクリエイティブでオルタナティブな投資機会が求められている現在だからこそ、アートへの関心の高まりと、マーケットデータが豊富にそろったことなどが相まって、アートエコノミーと投資世界の垣根が取り払われて、多くの投資家がファインアートに投資するチャンスを手に入れることができるようになるはずだと、トーブは指摘する。

ボウイボンドのその後

　つい最近、筆者はiPodを購入したので、デヴィッド・ボウイの「フェーム」「ヒーローズ」「レベル・レベル」や、ジェームズ・ブラウンの「アイフィール・ソー・グッド」、アッシュフォード・アンド・シンプソンの「エイント・ノー・マウンテン・ハイ・イナフ」、そして、アイズリー・ブラザーズの「イッツ・ユア・シング」を早速、ダウンロードした。これらの曲を選んだ理由？　それは、これらすべてが、デビッド・プルマンが組成したプルマン・ボンドのコンテンツ資産だからである。

　プルマンが最初に手がけた、いわゆるボウイボンドは、1997年に発行された総額5500万ドル相当の債券であり、デヴィッド・ボウイ

のゴールドアルバム、25枚に収められている楽曲から得られるロイヤルティーを証券化して組成された。ボウイボンドは、資産が生み出す収益を返済に当てるために負債が自己清算的である。ムーディーズはボウイボンドに、BBB＋の格付けを行っている。そして、最悪ケースでディフォルトした場合には、債券保有者が楽曲を所有するのだ。つまり、MP3やナプスター、共有ファイルシステム、P2P（ピア・ツー・ピア）などの普及にも屈せず、元本と7.9％の利子は前の年を上回るロイヤルティー収益を生み出す資産によって、担保されているのである。だれかが携帯の着メロや映画館のBGMに、「フェーム」を利用するたびに（ラップアーティスト、ドクター・ドレのカバー版でも良い）、この資産が債務完済に一歩近づいているのだ。

　筆者がこの債券で気に入っているのは、株式のみならず景気循環にまったく相関しない点である。デパートで「ヒーローズ」がBGMに流れているとき、あなたはその音楽を無料で聴いているかもしれないが、だれかがロイヤルティーを受け取っていることになる。プルマンはボウイボンドのあとにも、ジェームズ・ブラウン、アイズリー・ブラザーズ、アッシュフォード・アンド・シンプソンなどのアーティストたちや、作家のジョン・スタインベックの著作権など彼の遺産、そしてアニメ・キャラクター「お化けのキャスパー」のクリエーターたちと、ファンドを組んでいる（まさに、多角化だ）。

　さらに詳しい話を聞くために、筆者はプルマンに連絡を取った。

どうやってこのビジネスに入ったのか。次のステップは。投資家がこのタイプの債券にアクセスするには？

　デヴィッド・ボウイが楽曲の売却を検討していたときにちょうど、私は彼のマネジャーと一緒に仕事をしていたのだが、キャッシュフ

ローを証券化するのが、ボウイにとってベストだという結論に達したのだ。おかげで、ボウイは依然として楽曲を保有しているし、ロイヤルティー収入は増える一方で、投資家もこの債券の元本分の返済が自己清算型であるうえに、毎年7.9％の利息を得られるのである。

必要なデューデリジェンスは？

筆者は、このタイプの案件を1000件以上、精査してきた。住宅ローンのデューデリジェンスの場合は、オーナーが不動産権利証書を保有しているのを確認する必要があるが、コンテンツ資産の場合は、作曲家・作詞家の権利、割当の問題、その他の権利の所有者の有無、音楽出版社などを含めた、キャッシュフローに対する何らかの権利を主張すると思われる関係者、すべてを精査する必要がある。さらに、キャッシュフローがどれだけ安定しているのかも分析し、それに影響を与えかねないすべての要因をできるかぎりチェックする。MP3とナプスターはその格好の例だが、これがまたとないチャンスになり、著作権侵害訴訟を通じて賠償金を獲得できたのである。

それでは、P2P（ピア・ツー・ピア）共有ファイルについては？

ジェームズ・ブラウンの「アイフィール・ソー・グッド」は、MP3やナプスターなどの共有ファイルの存在にも負けず、1965年に１位になったとき以上の利益を実質ベースで上げている。現在の放送ネットワークの数は、もはや３局ではなく1000局に迫る勢いだが、選曲の幅も山というほどある。それでもジェームズ・ブラウンの曲は、テレビや映画でも使われているし、「アイフィール・ソー・グッド」をアメリカ最大のケーブルネットワーク、HBOで耳にするたびに、ジェームズ・ブラウンはロイヤルティー収入を得ること

ができるうえに債券所有者も満足しているのだ。音楽の配信ルートは多様化しているが、今後もそれは変わらないだろう。アップルは昨年だけでiPodを400万台、販売しているが、これは音楽をオンラインで購入するユーザーが、一大市場を築きつつあることを意味する。トップチャート級の息の長いアーティストのキャッシュフローは、今までになく増加しており、まさにコンテンツ投資の対象としては理想的である。2004年3月にムーディーズが、EMIをジャンク債に格下げしたときも、われわれがデヴィッド・ボウイのために組成したプルマン・ボンドに関しては、投資適格レベルであるBBB＋までしか格下げしなかった。つまり、ボウイのキャッシュフローは、レコードレーベルのキャッシュフローよりも格上だとみなされたのである。

　現在、われわれは、どちらかというとプリンシパル（自己勘定投資）、あるいはバリュー投資家として、このタイプのコンテンツ投資に取り組んでいる。エンターテインメント業界全体から質の高い資産を探し出して、それらをプールした多様なコンテンツから価値を引き出すのだ。そして、プールしたコンテンツが生み出すキャッシュフローを証券化して、株や債券やその他の資産クラスに対するオルタナティブを求めている証券会社や資産家、あるいは銀行などの投資家に販売している。ヘッジファンドを展開したいか？　実はそうでもない。経営面や諸経費、その他の面倒な問題にわずらわされたくないからだ。ただし、共同出資者として、どこかの金融機関とジョイントベンチャーを組んで、彼らもハードルレートを達成できるようなディールなら考えられなくもない。先のことは何ともいえないが。

マイケル・ジャクソンも、音楽関連のコンテンツの証券化に積極的にかかわってきたアーティストである。1985年に、ジャクソンはビートルズの楽曲を250曲、購入している。マイケルは、このプールから得られるキャッシュフローを担保にして、ソニーから2億ドルのローンを調達している。噂によれば、最近、マイケルが裁判ざたに巻き込まれたときも、ニューヨークを本拠地とするヘッジファンドのフォートレスが、この債権をソニーから約2億7000ドルで買い取ったらしい。

付録──レアコイン12枚で組成する合衆国金貨のタイプセット

以下は、ワシントン州レークウッドを本拠地とするレアコインの専門業者、ピナクル・レーリティーズのトッド・イムホフとキャサリーン・ダンカンの解説である。

レアコイン12枚で組成する合衆国金貨のタイプセットは、1970～1980年代のコインコレクターの間で、大変人気のある収集方法だった。数え切れないほどの12枚組のコインセットが投資家に販売されたが、多くの収集家にとってはこの12枚組が、さらに専門的なコレクションの出発点になったのである。そして、1980～1990年代になると収集方法もより専門化し、それにつれて12枚組のセットは一時期、下火になった。ところが、年代別の収集方法が困難になるにつれて、レアコイン収集家に勧める方法としてタイプセットが再び人気を集めるようになったのである。

レアコイン12枚で組成する合衆国金貨の標準的なタイプセットは、

以下のとおりである。

1. タイプ1　ゴールド・ドラー　（1ドル金貨、1849〜1854年）
2. タイプ2　ゴールド・ドラー　（1ドル金貨、1854〜1856年）
3. タイプ3　ゴールド・ドラー　（1ドル金貨、1856〜1889年）
4. リバティー・ヘッド・クォーター・イーグル　（2.5ドル金貨、1840〜1907年）
5. インディアン・ヘッド・クォーター・イーグル　（2.5ドル金貨、1908〜1929年）
6. スリー・ドラー・ゴールド・ピース　（3ドル金貨、1854〜1889年）
7. リバティー・ヘッド・ハーフ・イーグル　（5ドル金貨、1840〜1908年）
8. インディアン・ヘッド・ハーフ・イーグル　（5ドル金貨、1908〜1929年）
9. リバティー・ヘッド・イーグル　（10ドル金貨、1840〜1907年）
10. インディアン・ヘッド・イーグル　（10ドル金貨、1907〜1933年）
11. リバティー・ヘッド・ダブル・イーグル　（20ドル金貨、1850〜1907年）
12. サンゴーダン・ダブル・イーグル　（20ドル金貨、1908〜1933年）

　一般的に12枚組のタイプセットは、ミント（未使用に近い状態）でグレード評価が「60」以上のものが多い。最も普及しているのは、ミント「63〜65」のコインで、希少なのはミント「60〜63」である。12枚で組成するタイプセットなので、ほとんどのコレクターは、各デザインのうち最も入手しやすい発行年のコインを選んでいる。われわれ自身も長年、タイプセットを組成してきた経験がある

ので、幾つかのアドバイスを提供したいと思う。

タイプ1　ゴールド・ドラー（１ドル金貨）

これは、流通された痕跡がない「未使用品」～「ミント65」の間のグレードで簡単に見つけられるタイプであるが、最低でもミント64（MS-64）を購入するのを勧める。MS-64は現在、1500～1600ドルの価格帯だが、MS-65になると4000～4250ドルになる。コレクションとしてお勧めの年代は、フィラデルフィアで造られた1849年と1851～1854年のコインだろう。鋳造状態が良く、表面がきれいでオリジナル色が保たれているものを探すべきである。点々や黒い筋あるいは、灰色っぽい表面のものは避けたほうがよい（**図9.3**参照）。

タイプ２　ゴールド・ドラー（１ドル金貨）

これは、12枚組のタイプセットのなかで最も発行年が少ないコインである。コレクターが入手できるのは、実質的に1854年と1855年発行のコインのみであるため、両方とも希少だが、価格はほぼ同じである。タイプ２の１ドル金貨は、未使用品のグレードの下位に分類されるものはやや希少という程度なのだが、このタイプは人気が非常に高いために価格は高めである。予算が限られているコレクターでも、最低、MS-61～MS-62のグレードを探すべきであり、価格帯は3500～5500ドルだろう。グレードの高い、タイプ２の１ドル金貨は高価ではあるが、ほとんどのオークションやコインショーでお目にかかることができる。MS-64は一般的に1600～1800ドルだが、MS-65になると3000～3500ドル＋である。タイプ２の１ドル金貨を

図9.3　タイプ1　ゴールド・ドラー（1ドル金貨）1851年

出所＝ピナクル・レーリティーズ

購入するときには、見かけが非常に重要になる。オリジナルの色が美しく発色しており、中央の模様が鮮明に浮き上がっているものを選ぶべきである。そして白っぽい光沢があるほうが、くすんで灰色がかっているコインよりもよい（**図9.4**参照）。

タイプ3　ゴールド・ドラー（1ドル金貨）

　これは、簡単に入手できて発行年も多様なコインである。ミント64は現在、1000ドル程度で、MS-65も約1950ドルで入手できる。先述したタイプ1やタイプ2と違い、このグループのコインには極めて高いグレードのものも含まれている。1880年代のうち入手しやすい年代だと、MS-66で2000〜2500ドル、そしてMS-67が3500〜4250ドルで出回っている。タイプ3の1ドル金貨でお勧めなのは、1880年代のミントのコインで発行枚数が少ないものである。このタイプ

図9.4　タイプ２　ゴールド・ドラー（１ドル金貨）1855年

出所＝ピナクル・レーリティーズ

は鋳造状態が良く、素晴らしい色彩と白っぽい光沢のものが多い。個人的には鏡を磨き上げたようなコインよりも、やや白っぽく霜が降りたように光沢があるほうが好きである（図9.5参照）。

リバティー・ヘッド・クォーター・イーグル（2.5ドル金貨）

　60年以上の長期にわたって発行されたこのタイプは、数多くの発行年と価格帯が提供されている。リバティー・ヘッド・クォーター・イーグルは、未使用品の下位に分類されるMS-64が現在、約1000ドルである。MS-65ならば、2000ドル程度のコインが簡単に見つかり、入手しやすい年のMS-66は2500〜2750ドルで購入できる。12枚組のタイプセットで収集するコレクターの人気を集めているのは、現存するリバティー・ヘッド・クォーター・イーグルのなかで最も高いグレードを占める、1900〜1907年に発行されたコインである。この

図9.5　タイプ3　ゴールド・ドラー（１ドル金貨）1864年

出所＝ピナクル・レーリティーズ

年代のものは極めて鋳造状態が良く、模様が鮮明に浮き上がり、白っぽい光沢も素晴らしい。点々が多いコインや、不自然に磨きが掛かったものは避けるべきである（**図9.6**参照）。

インディアン・ヘッド・クォーター・イーグル（2.5ドル金貨）

　アメリカの金貨のなかで、デザインが浮き上がるのではなくて、部分的に彫り込まれているコインは２種類しかない。インディアン・ヘッド・クォーター・イーグルは、そのうちのひとつであるために人気が高く、魅力的なコインである。入手しやすい年は幾つかあるが、コレクターは1925年、1925-D、1926年、1928年を求めることが多い。MS-64は現在、約1750ドルだが、MS-65は6500ドル＋である。このタイプは、MS-65より上のグレードを見つけるのが非常に難しい。コレクターは、やや白っぽい霜が降りたような光沢の

図9.6　リバティー・ヘッド・クォーター・イーグル（2.5ドル金貨）1857年

出所＝ピナクル・レーリティーズ

ものを探すべきであり、目立った傷や磨耗は避けたほうが良い（図9.7参照）。

スリー・ドラー・ゴールド・ピース（3ドル金貨）

スリー・ドラー・ゴールド・ピースは、どの12枚組セットのなかでも最も人気の高いコインである。これは2番目に希少なコインであり、言うまでもなく非常に個性的である。このシリーズで入手しやすい年は3年しかない——1854年、1874年、そして1878年である。それ以外の発行年は、必ずしもプレミアムが高くなくても、上位グレードを探すのは難しい。コレクターにとってはMS-62か、MS-63が適当だろう。それぞれ、5000〜6000ドルと8000〜9000ドルの価格帯である。MS-65以上を見つけるのは難しいが不可能ではない。MS-65は現在、18000ドル＋である。コレクターは、美しい白っぽ

図9.7　インディアン・ヘッド・クォーター・イーグル(2.5ドル金貨)1927年

出所＝ピナクル・レーリティーズ

い光沢で、目立った点々がない自然な色合いのものを探すべきである（図9.8参照）。

リバティー・ヘッド・ハーフ・イーグル（5ドル金貨）

　発行年が多いこのタイプは、多様なオプションを提供している。1866年より前に鋳造されたものは標語が刻まれていない「ノー・モットー・タイプ」だが、上位グレードを探すのは難しい。標語が刻まれているタイプで、特に1880年以降に鋳造されたものがコレクターの間で人気がある。入手しやすい年で、MS-63のコインは700〜750ドル程度だが、MS-64は1450〜1600ドルである。MS-65以上も割と簡単に見つけられる。MS-65は、3250〜3750ドルで、MS-66は5000〜6000ドルの価格帯である。パーフェクトなMS-70とは、表面の状態が極上で、平均以上の光沢とバランスの良い鋳造のコインで

図9.8　スリー・ドラー・ゴールド・ピース（3ドル金貨）1855年

出所＝ピナクル・レーリティーズ

ある（**図9.9**参照）。

インディアン・ヘッド・ハーフ・イーグル（5ドル金貨）

　この個性的なデザインのコインの上位グレードを探すのは、12枚組タイプセットのなかで、タイプ2のゴールド・ドラーと、スリー・ドラー・ゴールド・ピースに継いで3番目に難しいだろう。このタイプは、1908〜1929年の間にフィラデルフィア、デンバー、サンフランシスコの3つの貨幣鋳造所で鋳造されている。コレクターに人気があるのは、1908年、1909-D、1910年、1911年、1912年である。MS-63は簡単に見つけられ、2000ドル程度で販売されている。MS-64を探すのはやや難しいが、3850〜4250ドルの価格帯だ。MS-65になると、かなり難しく、価格は1万7500〜1万9000ドルである。インディアン・ヘッド・ハーフ・イーグルは見た目の美しさ

図9.9　リバティー・ヘッド・ハーフ・イーグル（5ドル金貨）1860年

出所＝ピナクル・レーリティーズ

が特に重要で、風格のあるものを探すべきである。オリジナリティーを大切にし、インディアンの頬が極端に磨耗しているもの、あるいは不自然に磨きがかかったものや、全体の印象をそこなう傷は避けるべきである（**図9.10参照**）。

リバティー・ヘッド・イーグル（10ドル金貨）

　同じデザインの5ドル金貨（リバティー・ヘッド・ハーフ・イーグル）と同じように、このタイプには標語が刻まれていない「ノー・モットー・タイプ」（1839～1866年）と、刻まれているもの（1866～1907年）がある。標語がないコインは、未使用のグレードで探すのが難しく、MS-63以上になると極めて希少である。12枚組のタイプセットとしては、1879年よりもあとに鋳造された標語付きのものを選ぶのが良いだろう。予算が限られているコレクターは、MS-64

図9.10　インディアン・ヘッド・ハーフ・イーグル（5ドル金貨）1911年

出所＝ピナクル・レーリティーズ

がお手ごろである。発行年も複数あり、1800〜2000ドルの価格帯で販売されている。MS-65は、約4500ドルで入手できる。上位グレードで最も入手しやすいのは1901-Sだが、この発行年は、多くの12枚組タイプセットに含まれている。また、セットにダイナミックな味つけをするために、少しだけ予算を上乗せして1900年より前のコインを検討するのも良いかもしれない。女神の頬など、目につきやすいところに目立った点々や傷があるものは避けるべきである（図9.11参照）。

インディアン・ヘッド・イーグル（10ドル金貨）

オーガスタス・サンゴーダンがデザインしたこのコインは、アメリカが発行した最も美しい金貨として多くのコレクターに認められている。1907〜1908年発行の標語が刻まれていないコインと、1908

図9.11　リバティー・ヘッド・イーグル（10ドル金貨）1901年

出所＝ピナクル・レーリティーズ

〜1933年発行の標語が刻まれているコインが貴重である。お手ごろ価格を探しているコレクターは、MS-63やMS-64のコインを複数の発行年で見つけることができるだろう。1910年、1910-D、1911年、1912年、1913年、1915年などがそうである。しかし、ほとんどのコレクターは、それよりはるかに入手しやすい1926年か1932年を購入するだろう。この2つの年でMS-64のコインは、約2000ドルだが、MS-65は約4500ドルである。ほとんどのインディアン・ヘッド・イーグルの表面に傷があるが、なるべく目立たない場所についているコインを選ぶべきである（図9.12参照）。

リバティー・ヘッド・ダブル・イーグル（20ドル金貨）

リバティー・ヘッド・ダブル・イーグルは、1850〜1907年に鋳造された。そのなかで注目されるタイプは3種類あるが、1877〜1907

図9.12　インディアン・ヘッド・イーグル(10ドル金貨)1914年

出所=ピナクル・レーリティーズ

年に鋳造されたコインで、最も入手しやすい「タイプ3」にコレクターの人気が集中しやすい。そしてそのなかでも、上位グレードで入手しやすいのが1904年であり、これが外されることはまずないだろう。MS-64は、1350〜1450ドルの価格帯だが、MS-65は4250〜4750ドルで売買されている。予算が限られているコレクターにとっては1900年よりも前に発行されたやや希少なMS-63(MS-64で一般的1904年の代わりに)が良い選択肢かもしれない。リバティー・ヘッド・ダブル・イーグルの多くが磨耗しているが、できるだけきれいなコインを選ぶべきである。また、標準以上の光沢と美しい色合いが大切である(図9.13参照)。

図9.13　リバティー・ヘッド・ダブル・イーグル(20ドル金貨)1904年

出所＝ピナクル・レーリティーズ

サンゴーダン・ダブル・イーグル（20ドル金貨）

　コレクターに「聖人」と呼ばれている、サンゴーダン・ダブル・イーグルはアメリカの金貨のなかで最も人気のあるコインである。このタイプも、標語が刻まれていないもの（1907～1908年）と、標語が刻まれているもの（1908～1933年）に分けることができる。ほとんどのコレクターが標語が刻まれていて入手しやすい1924年、1925年、1926年、1927年、1928年を購入するだろう。MS-64は非常に入手しやすく、価格も約800ドルである。MS-65は約1350ドルである。MS-66も簡単に見つけられるが、価格は約2400ドルだろう。サンゴーダン・ダブル・イーグルは枚数が豊富なので、コレクターはえり好みできる。しかし色合いが美しく、表面に目立った傷がないものを選ぶべきである（**図9.14**参照）。

　12枚組のタイプセットは、コレクターがアメリカの金貨を

図9.14　サンゴーダン・ダブル・イーグル(20ドル金貨)1913年

出所=ピナクル・レーリティーズ

収集し始めるときの、理想的な出発点になるだろう。タイプセットを組成するうえで、より詳細な情報が必要な場合は、expectmore@pinnacle-rarities.com まで連絡してほしい。前述した価格は、すべて第三者機関の格付け業者であるPCGS、あるいはNGCに認定されたコイン価格である。この2社、いずれかの認定済みコインの購入をお勧めする。

第10章
トレンドとカウンタートレンド
Trend versus Countertrend

「トレンドは敵か味方か？」——インターネットに散らばる投資家やトレーダー向けの掲示板で、このバトルが繰り広げられている。試しにYahoo!で、「トレンドは味方」で検索をかけてみると、440件ヒットする。

トレンドフォロワーの代表格としては、メジャーリーグのボストン・レッドソックスのオーナーであるジョン・ヘンリーが統計モデルを駆使して市場のトレンドを分析しながら、20年近く投資成果を上げ続けている。ヘンリーのファンドは1982年に組成されて以来、年率8.94％のリターンを得ているのだ。**表10.1**は、彼のオリジナルファンドが生み出した月間リターンである。

ヘッジファンドの運用成績を提供するインスチテューショナル・アドバイザリー・グループ（IASG　http://www.iasg.com/）に掲載されているヘンリーの解説によると、「オリジナルファンドは、世界中の金融および非金融先物市場の長期トレンドをとらえている。この多角的なファンドは、市場に対してロングとショートのポジションを常に組み合わせている（ロングショート運用）」（**訳注**　このファンドの新規募集はすでにクローズされており、HPから削除さ

表10.1 ジョン・ヘンリー・オリジナルファンドの月間パフォーマンス (1982-2005)

	1月	2月	3月	4月	5月	6月	7月	8月	9月	10月	11月	12月	年
2005	(19.00)	0.59	3.88	(25.11)E	(7.85)	(15.05)	(1.29)	(0.10)	10.22	22.25	5.25	(16.09)	(36.61)
2004	8.01	14.11	(2.94)	(9.24)	0.83	(14.08)	4.36	5.63	(14.56)	(15.69)	8.60	4.71	(0.26)
2003	22.39	8.21	(9.27)	0.53	5.11	14.73	10.74	6.30	11.08	(7.82)	(8.10)	(1.59)	(5.50)
2002	(0.04)	0.02	(9.20)	1.81	0.69	(9.23)	(3.31)	3.69	6.35	2.49	(12.36)	2.10	21.50
2001	(3.18)	(4.41)	17.44	(14.34)	(5.13)	(2.73)	(3.31)	5.37	(10.15)	1.57	17.29	7.74	(16.79)
2000	5.96	1.44	(4.90)	(6.68)	(2.84)	2.14	(2.27)	0.59	(3.78)	(11.36)	4.63	(2.06)	3.43
1999	(3.88)	5.11	(2.22)	5.98	4.41	1.68	(3.97)	3.96	2.65	5.21	(12.82)	15.37	(10.73)
1998	(1.30)	2.22	(4.10)	(0.52)	1.10	(4.43)	2.05	(0.80)	(5.99)	3.59	0.00	4.86	10.81
1997	3.42	0.21	1.63	0.50	(6.48)	7.99	(4.36)	(2.33)	8.24	10.37	5.19	1.11	5.73
1996	5.28	(7.35)	1.02	3.84	(4.43)	1.65	(0.03)	(3.89)	(3.93)	3.25	1.15	6.84	22.65
1995	2.16	17.87	16.58	9.09	5.53	6.64	(7.15)	(4.73)	(2.83)	(14.11)	10.21	(0.04)	53.23
1994	(2.95)	1.53	4.36	0.21	0.12	(4.05)	14.92	(3.65)	0.63	(1.53)	3.45	11.40	(5.68)
1993	(0.75)	9.54	(3.50)	10.36	(4.46)	8.27	9.09	9.12	(2.75)	2.24	3.61	2.19	40.64
1992	(6.12)	(8.79)	0.72	(0.84)	4.40	(0.73)	(7.38)	(3.60)	(3.93)	(3.91)	(1.26)	17.71	10.86
1991	(0.48)	0.30	(2.07)	(5.76)	(10.93)	7.17	10.94	19.11	10.74	(1.90)	0.98	(2.32)	5.43
1990	7.12	(2.04)	18.42	12.37	28.97	(3.86)	8.08	(13.66)	(2.12)	(11.97)	7.35	9.82	66.82
1989	0.80	(19.91)	11.70	(5.09)	3.60	13.90	(19.80)	(4.30)	(13.25)	(2.45)	1.64	(12.53)	(10.85)
1988	(6.90)	4.65	(16.05)	(5.10)	0.75	(3.54)	8.84	(3.13)	6.35	35.80	16.48	11.93	(35.16)
1987	8.99	3.65	2.66	21.91	(2.78)	(2.13)	11.51	7.19	(10.40)	(10.25)	(1.94)	(2.98)	129.81
1986	(4.39)	22.22	15.44	(5.83)	11.00	4.37	16.80	1.74	(2.86)	9.57	7.36	18.62	19.83
1985	2.43	0.88	(8.81)	(17.11)	16.55	(10.30)	28.69	(9.03)	(15.51)	(5.24)	(2.18)	12.54	26.77
1984	5.53	(4.81)	(7.54)	(2.09)	8.27	(9.61)	10.91	13.41	15.98	(3.28)	(6.40)	(2.54)	34.66
1983	14.36	(28.56)	1.63	4.86					(7.31)	7.11	(16.85)	2.71	(12.35)
1982													(8.52)

E ＝予想

出所＝ http://www.iasg.com/

第10章 トレンドとカウンタートレンド

表10.2 エイブラハム・トレーディングの月間パフォーマンス（1988-2004）

	1月	2月	3月	4月	5月	6月	7月	8月	9月	10月	11月	12月	年
2004	0.47	8.38	0.88	(6.22)	2.53	1.37	6.74	(12.25)	7.84	4.32	2.79	(0.51)	15.38
2003	24.18	13.18	(4.73)	2.02	5.59	(7.06)	(4.86)	(3.54)	7.02	22.09	(0.03)	8.69	74.66
2002	(1.73)	1.33	(6.62)	4.99	1.51	7.75	(3.97)	9.86	3.29	(10.19)	(1.80)	18.41	21.51
2001	2.28	2.99	15.17	(10.20)	5.13	4.47	(2.85)	4.89	9.28	4.13	(13.68)	(0.50)	19.16
2000	8.02	(9.05)	(4.16)	5.48	(2.58)	(2.19)	(5.26)	11.76	(4.53)	9.51	8.58	(0.18)	13.54
1999	(11.56)	13.35	(9.43)	7.52	(6.09)	(0.68)	(0.83)	3.12	0.99	(9.57)	13.64	8.41	4.76
1998	(0.90)	4.09	(4.45)	(4.45)	2.61	(2.34)	(0.83)	23.24	(3.33)	(11.39)	0.94	4.67	4.39
1997	5.28	9.15	(1.50)	(5.16)	(1.32)	0.38	4.11	(8.08)	4.95	(5.37)	2.10	7.46	10.88
1996	(6.85)	(13.78)	9.66	14.27	(9.41)	1.52	(6.30)	(3.34)E	6.03	16.84	2.45	(6.41)	(0.42)
1995	(7.91)	1.24	6.63	4.73	8.22	0.11	(8.75)	(5.34)	(1.84)	(6.67)	(0.19)	19.11	6.12
1994	(1.45)	(4.16)	2.87	(8.39)	15.01	1.47	0.98	(7.38)	5.05	5.43	14.24	1.06	24.22
1993	(4.21)	6.10	4.57	9.24	4.88	(1.22)	6.60	(5.28)	1.16	(6.59)	3.71	12.83	34.29
1992	(12.60)	(6.00)	(5.47)	0.31	(5.71)	6.58	16.52	1.92	(0.34)	(3.31)	4.65	(4.54)	(10.50)
1991	(15.94)	1.30	2.43	(13.70)	2.94	2.11	(1.52)	(6.33)	11.61	16.61	(2.09)	33.75	24.39
1990	3.65	1.81	9.45	12.90	(7.90)	2.49	20.08	18.54	8.57	(0.36)	0.31	(0.09)	89.95
1989	(8.05)	(12.64)	13.91	(20.08)	38.65	(4.40)	16.08	(13.84)	(7.75)	(14.40)	10.30	39.52	17.81
1988	4.17	(2.59)	(8.78)	(12.35)	32.34	71.99	(2.82)	3.45	(1.98)	8.01	17.83	4.51	142.04

出所＝ http://www.iasg.com/

れている)。

　セーラム・エイブラハムが設立したエイブラハム・トレーディング（ATC）も、トレンドフォロワーである。エイブラハムいわく、「エイブラハム・トレーディングの手法は、リスクとリターンが見合わないトレンドをふるいに掛けて避ける長期トレンドフォローシステムである」。

　「ATCのポートフォリオは、51の市場の穀物、畜産、ソフト、エネルギー、貴金属、通貨、そして金利セクターをカバーしている。全体の比率が商品ベースが60％、金融ベースが40％になるように各市場を調整している」

　同ファンドが組成されて以来の成果は、**表10.2**のとおりである。また、S&P500と比較したパフォーマンスは、**図10.1**を参照してもらいたい。S&P500は、グラフ下部の太くて平らな折れ線グラフである。

　世界中の株式、商品、通貨、そして債券の市場のどこかでトレンドが生じているというのが、トレンドフォローの基本的な考え方である。トレンドが存在しない荒い市場のときは早々に退散するが、トレンドが見られる市場ならダブルダウン（全額プッシュ）を繰り返す。トレンドフォロワーは、さまざまな統計モデルを駆使しながら市場にトレンドが生じているかどうかを見極めて、ポジションの大きさを決めるのだ。そして、トレンドを特定する典型的な手法は移動平均線の活用である。

　移動平均とは、単純に過去のＸ日・週・月（調べたい期間）の平均価格である。例えば、XYZ銘柄の10日移動平均は単にXYZ銘柄の過去10日間の終値の平均価格である。トレンドフォローを活用したシステムで考えられるのは、（先述したヘンリーやエイブラハム

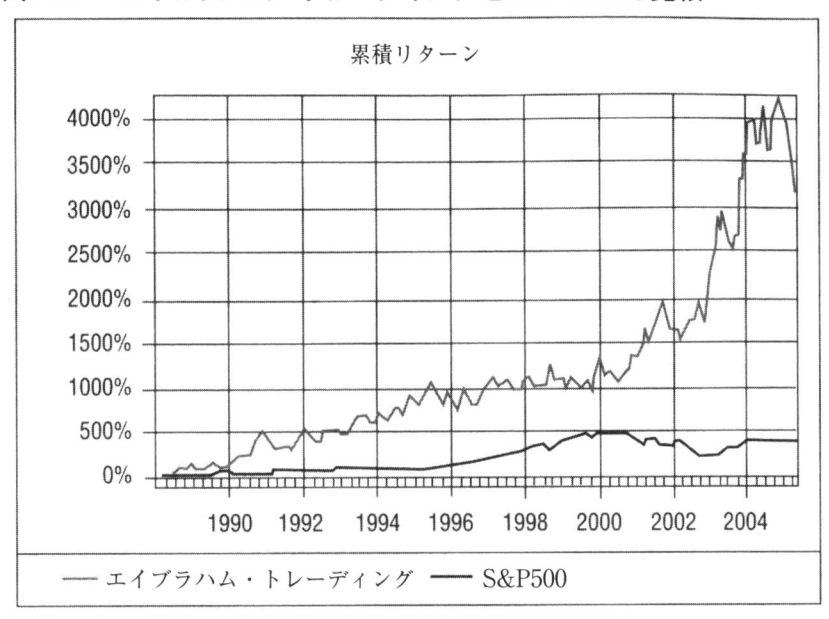

図10.1　エイブラハム・トレーディングとS&P500の比較

累積リターン

凡例：エイブラハム・トレーディング、S&P500

出所＝ http://www.iasg.com/

の手法とは別に)、10日移動平均線が50日移動平均線を上抜けたらポジションを仕掛ける（あるいは追加する）方法。これは市場が速いペースで上昇しているのを意味する。あるいは、過去50日高値を更新したときに買う、そして100日高値を更新したときに増し玉する方法である。

　筆者が、トレンドフォローの大ファンではない理由は2つある。

●ドローダウン（失敗トレードによる資産の下落または下落率）が非常に大きくなる恐れがある。金儲けにリスクが付きものなのは確かだが、30～50％のドローダウンはほとんどの投資家にとって許容

するには大きすぎる値である。
●市場が反転するときには投資家が手仕舞いに殺到する。2000～2002年のベア相場以来（トレンドフォロワーはこの間も、かなりうまく生き残った）、膨大な資金がこの手のファンドに流入した。トレンドフォロワーが運営するファンド・オブ・ファンズが雨後の竹の子ようにあちこちに誕生し、機関投資家の資金が大量に流入したのである。この種類のファンドはトレンドが良い方向に変化すると、レバレッジを利かせて増し玉をするので、2004年半ばから2005年に、石油やドルなどの主要市場が反転してトレンドフォロワーが手仕舞いに殺到したときには、1カ月で2桁台の損失を出したのも不思議ではない。

　筆者は、トレンドフォロワーのファンドが10年以内にほとんど消失すると予測している。
　システムトレーディングに関していえば、カウンタートレンド（逆張り）のほうがはるかに好きだ。市場が一気に下落したあとには反転して、一気に上昇するというのが前提である。以下の各セクションでは、筆者のお気に入りのカウンタートレンドのシステムを紹介しよう。

QQQQクラッシュシステム再訪

　筆者がこのシステムについて、http://www.thestreet.com/ に、初めて記事を書いたのは2003年6月だが、その時点では40トレード中40勝だった。しかしQQQQが（**訳注**　2004年12月にQQQから4文字のQQQQに変更）35.24ドルで寄り付いた2005年4月15日には、

55トレード中55勝に上昇している。そして、4月21日にはさらに数％上昇し、前日比1.08セント高い35.62ドルで引けているのだ。

このシステムのコツは、ボラティリティの高いナスダック100-ETFのQQQQ、（ナスダック100指数に連動する上場投信で、トレーダーの間ではキューズ［Qs］と呼ばれている）が急落したときには、それは理屈に合わない動きの可能性が高いので、少なくとも上昇するまでは買い続ける価値はある。このシステムはベア相場でもうまく機能している。というよりも、これから説明するが、むしろブル相場よりベア相場のほうがうまく機能しているのである。

このシステムでは、終値が安値の10日移動平均線から1.5標準偏差下回ったとき（クラッシュ）に買う。算出方法は、10日移動平均線と1.5標準偏差、そして各取引日の安値を元に下限のボリンジャーバンド（ロワーバンド）を求めればよい。仕掛け値より高い終値が付くか、利益が出ずに20日経過したあとに手仕舞う。

表10.3は、2004～2005年の最近のポジションである。しかし、各ポジションの変化率が、それほど良くない点に注目してほしい。2004年8月9日と、2005年4月15日だけが、1％を超えている。それどころか、2004年9月28日などは手数料も出ないだろう。

このシステムには改良すべき点が幾つかある。例えば、急落し始めたらすぐにポジションを仕掛けるのではなく、さらに2％下落するまで待ってみる。

さらに良いのは、QQQQクラッシュシステムをQQQQの各銘柄に適用する方法である。つまり、ナスダック100銘柄の株価が安値の10日移動平均線から1.5標準偏差下回った価格で引けた場合には翌朝に買い、買値より高い終値が付くか20日経過するまで保有する。

筆者は、この方法をナスダック100銘柄で1999年1月から2004年

表10.3　最近のQQQQクラッシュ

仕掛け (日付)	仕掛け (価格)	手仕舞い (日付)	手仕舞い (価格)	変化の割合 (年内)
1/29/2004	36.89	2/11/2004	37.22	0.89
3/9/2004	35.47	3/30/2004	35.57	0.29
5/3/2004	34.67	5/3/2004	34.77	0.29
8/9/2004	32.5	8/10/2004	32.89	1.2
9/28/2004	34.22	9/28/2004	34.24	0.06
1/5/2005	38.68	1/18/2005	38.72	0.1
1/21/2005	37.48	2/1/2005	37.52	0.11
3/17/2005	36.61	3/17/2005	36.71	0.27
4/15/2005	35.24	4/21/2005	35.62	1.08

表10.4　ナスダック/QQQQクラッシュの年次リターン

仕掛け	リターン(%)	最大ドロー ダウン(%)*	仕掛け数
1/4/1999	74.52	−7.58	461
1/3/2000	109.41	−11.92	548
1/2/2001	27.11	−25.07	429
1/2/2002	35.65	−13.55	536
1/2/2003	42.1	−6.19	423
1/2/2004	1.24	−14.03	379

＊期間中の最大ドローダウン

12月31日までの期間に適用してみたが、3715トレード中3518勝だった（勝率94.7％）。3715トレードの平均利益は1.82％である。**表10.4**は、1トレード当たりファンド資産の5％を投入した結果の年間リターンを表している。

このシステムがロングオンリー（買い建てのみ）でありながら、2000～2002年のベア相場のときも、それぞれ109％、27％、35％と良い結果を出しているのは興味深い。そして、2004年のような荒れ相場のときにはリターンも1.24％にすぎず、仕掛け数も最も少なかったのである。**図10.2**は資産曲線である。

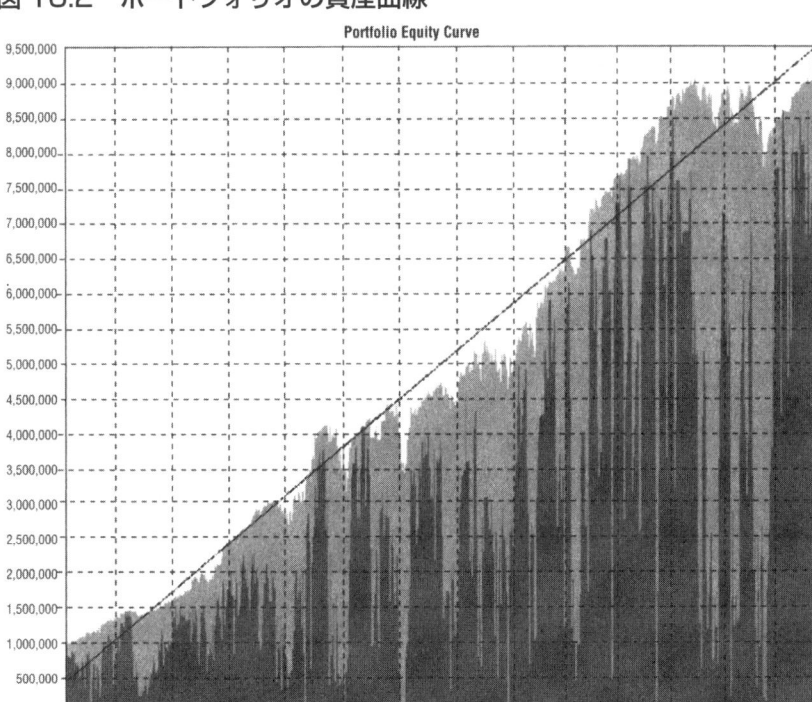

図10.2　ポートフォリオの資産曲線

Portfolio Equity Curve

（凡例：■株式　■キャッシュ　－線形回帰）

　2004年のような相場時のリターンには満足していない反面、このシステムが成果を上げ続けて、その他の相場ほどではないにしても少なくともガタガタで損失を出しているのではない点には満足している。このシステムは2000～2002年のようなベア相場や、1999年と2003年のようなブル相場の良い武器になるだけでなく、方向感がない荒れ相場のときにも、少なくとも現状維持には役立つと思う。しかし、読者が魔法の杖を求めているのなら、計画の練り直しだろう。

クリスマスシステム

　例年、クリスマスシーズンになると各メディアが、予想を下回る小売り売上高だと、早とちりの報道を始めるものだ。試しにグーグルで、「小売りの売上高が低迷」のキーワードで検索してみると、1.01万件もヒットする。「クリスマス商戦の不振が大幅なディスカウントを招く」などが典型的なヘッドラインだ。12月になるとだれもがピーター・リンチを気取るのか、学者ぶった株式アナリストが次のようなコメントを出すのである。「ケンタッキー州南部にあるホームセンター、ホームデポの駐車場がガラガラだった。これは悪い兆候だ！」

　筆者は2004年に、このアプローチをテストしてその結果を、http://www.thestreet.com/ に掲載している。大型小売店を組み入れ銘柄とする上場投信、ザ・リーテール・ホールダーズ（RTH、**表10.5参照**）は、2001年に組成されたばかりなので、このETF（株価指数連動型上場投資信託）だけを分析するには十分なデータがない。しかし、RTHの組み入れ銘柄である各小売店を20年前までさかのぼって調べることはできた。そのさい、インデックスマネジャーではなく、ポートフォリオマネジャーならだれでもそうするように、加重平均ではなく（ウォルマートとホームデポの２社で全体の40％を占めている）単純平均を使いながら、すべてのトレードのシミュレーションを行ってみたのである。

　RTHの各銘柄を12月15日に買って、３週間持ち続けるとどうなるか？　平均週間リターンは、1.16とけっして悪くはなかった。この結果は、RTHを12月15日に買い年末まで持ち続ける方法が、正当なシーズナル戦略になることを意味している。しかし少しひねり

表10.5　RTHの組み入れ銘柄

銘柄	ティッカー	株価	組み入れ率
アルバートソンズ	ABS	8.00	1.9
アマゾン・ドットコム	AMZN	7.00	2.8
ベストバイ	BBY	6.00	3.4
コストコ	COST	8.00	3.9
シービーエス	CVS	7.00	3.2
フェデレーテッド・ディパートメントストアズ	FD	4.00	2.2
ザ・ギャップ	GPS	16.00	3.4
ホームデポ	HD	40.00	17.2
クローガー	KR	15.00	2.4
コールズ	KSS	6.00	2.9
ロウズ	LOW	14.00	8.2
リミテッドブランズ	LTD	8.00	1.9
ザ・メイ・デパートメントストアズ・デラウェア	MAY	6.00	1.7
ラジオシャック	RSH	3.00	0.9
シアーズローバック	S	6.00	3.3
セーフウエー	SWY	9.00	1.7
ターゲット	TGT	16.00	8.4
ザ・TJX・カンパニーズ	TJX	10.00	2.5
ウォルグリーン	WAG	19.00	7.6
ウォルマート	WMT	36.00	19.5

出所＝ http://finance.yahoo.com/　Yahoo!Inc.

を利かせた、さらに良い方法は次のとおりである。12月15～31日の間に、もしRTHの組み入れ銘柄が２％以上下落した場合は、その銘柄を翌日の始値で買い１週間持ち続ける。この場合の過去20年間の平均リターンは2.51％で、先述したようにすべてのRTHの組み入れ銘柄を12月15日に買うよりも、かなり良い結果である。恐らくその理由は特定の大型小売店の売り上げが悪化すると感じると、人々は過度にパニックに陥るからだろう。厳冬が小売店の売り上げに与える影響などを、過剰評価する傾向があるのだ。しかし数日以内に、

図 10.3　ベスト・バイ (BBY) 日足 (2005/1/7)

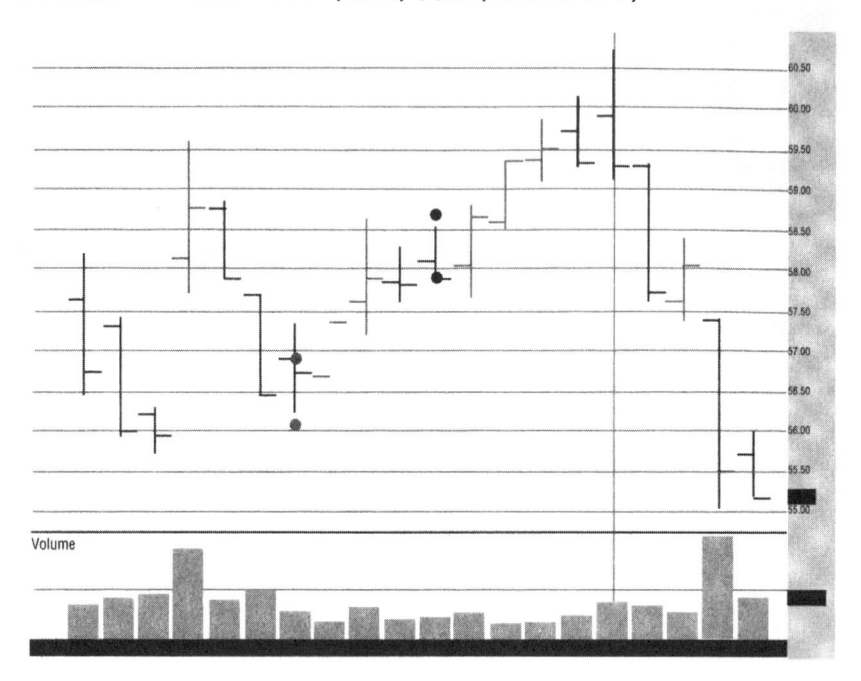

出所＝フィデリティ・インベストメンツ

その過ちに気づき（投資家が気づくとさらに良い）株価もそれに合わせて上昇するのである。

　この現象がクリスマスシーズン特有のものなのかを確認するために、同じ戦略を１年のなかのほかの時期に当てはめた（12月15〜31日に限定する代わりに）、過去20年間分のデータを調べてみると、

表10.6　2004年12月　小売店トレード8社

ティッカー	仕掛け （日付）	仕掛け （価格）	手仕舞い （日付）	手仕舞い （価格）	変化の割合 （％）
KSS	12/16/2004	$46.68	12/22/2004	$46.92	0.51
AMZN	12/17/2004	40.16	12/23/2004	38.93	-3.06
BBY	12/20/2004	56.89	12/27/2004	57.89	1.76
RSH	12/20/2004	31.35	12/27/2004	32.06	2.26
AMZN	12/21/2004	38.84	12/28/2004	44.63	14.91
ABS	12/21/2004	22.77	12/28/2004	23.47	3.07
LTD	12/21/2004	22.5	12/28/2004	22.41	-0.4
FD	12/27/2004	55.49	12/31/2004	57.79	4.14

　トレード当たりの平均リターンは0.50％だった。これはクリスマスシーズンのリターンよりも2％低い。

　筆者なら、12月15～31日の間にRTHの組み入れ銘柄が2％以上下落した翌日には間違いなく買うだろうし、下落した銘柄も買って1週間持ち続けるだろう。

　この戦略の2004年の結果――家電小売りチェーンのサーキット・シティーの売り上げが予測を下回ったと発表されると、同業社であるベスト・バイの株価が12月17日に2.5％下落した。12月20日の月曜日の寄り付きで56.89ドルで買い、1週間後に57.89ドルで売ると、リターンは1.76％だった（**図10.3**参照）。そしてこのシステムに従って行われたトレードの結果は、**表10.6**のとおりである。平均リターンは2.9％で、6銘柄がプラスで2銘柄がマイナスだったのである。

失業率の悪化に逆張りする

　ブラックボックスシステムを活用するトレーダーのほとんどは価格しか見ていない。つまり、売買決定の前提になる情報は、ソフトに入力される始値、高値、低値、終値、それにせいぜい対象市場の出来高ぐらいである。かたや、カウンタートレンド（逆張り）のトレーダーは、価格が安定してある方向に向かっているときにはその動きが統計的にみて極端な動きかどうかを見極めてから、平均回帰に期待して反対のトレードを行うのである。

　また、経済指標の逆張りも可能である。一般的に経済指標の結果が悪いときには、過剰反応が見られるものだ。「トレンドは味方」の支持者の多くは、経済指標が悪化すると即座に景気後退がやってくると思いがちである。つまり、景気が悪化し始めたときの彼らの見込みは、事態のさらなる悪化である。

　彼らの姿勢は、以下の引用文によく表れている。

　　「アメリカの富の大半が幻想であり、われわれが気づかないうちに、富がしゃぶり尽くされ、近い将来、ほぼ完全に消滅するだろう……では、その先にあるのは？　ぞっとするような事態だ。インフレの爆発、価格統制、貯蓄の侵食化（最終的にはゼロ）、民間年金や公的年金の崩壊、そして最終的には国際的な金融ホロコーストが起きて紙幣は紙くずと化し、世界はひっくり返るだろう」

　この文章は、1979年に金融アドバイザー兼作家のハワード・ラフが著書『ハウ・ツー・プロスペア・デューリング・ザ・カミン

グ・バッド・イヤーズ（How to Prosper During the Coming Bad Years）』のなかで記した言葉である。本の帯も面白い。「インフレに苦しむ投資家に向けた信頼のおけるアドバイス。金融政策の安定を巧みに訴えている──ジョージ・ブッシュ」

さて、ハワード・ラフは今どうしているのだろうか？　最近の彼のインタビューによると──。

　「われわれは購読者を年間25％のスピードで失い、これは言うまでもなく業界最悪の減少率だが、数字にきちんと表れた動かし難い事実であり、われわれは確実に挫折の道をたどることになった。その一方で、われわれよりタフで目先が利く同業者は依然として業界で生き残りながら、それなりに成功を収め、なかにはかなりの資産を築いた者もいる。私自身の資産は、往時の見る影もない。購読者が減るに従い、私が頼みにしていたその他のサービスや商品の売り上げも減り、ついには2002年の購読者がわずか3000人になってしまった。ユタ州メイプルトンの私の豪邸はどうなったか？　残念ながら月8000ドルのローンと月2000ドルの光熱費、維持管理費が支払えず抵当に取られてしまった。怖れに屈したことで、私は事業と資産を失ったのである。今こうして語っている間も、自分がどれほど愚かに思えるか絶し難いものがある」

では、経済指標の結果が悪いときに逆張りをするとどうなるのか。例えば、経済がボロボロのときに、S&P500を買ったとしたら？　その月の失業率が5％から6％に上昇したら、月末にS&P500を買う。そして1年後に売る。この戦略は、最古のトレードが1958年2

月で、最新のトレードが2002年12月と2003年4月だが、17トレード中17勝で平均リターンは16.16％である。

次のテスト。その月の失業率が上昇して4カ月目なら、S&P500を月末に買う。そして1年後に売る。結果は、33トレード中28勝で平均リターンは20.76％である。

第11章
インデックス、そしてETF神話
──アクティブかパッシブか
The Myth of the Index, or ETFs : Active or Passive?

　「市場には勝てない」──これはクライアントに、QQQQやSPY（ナスダック100やS&P500に連動するインデックスファンド）などパッシブ運用のETF（株価指数連動型上場投資信託）を勧めるマネーマネジャーの決まり文句だ。その理由は、特にヘッジファンドやミューチュアルファンドと比較した場合、ETFがS&P500のように株式市場を構成する幅広い銘柄を代表しており、採用銘柄もほとんど入れ替わらず最小の手数料で済むから、らしい。
　しかしETFは一般に考えられているよりも、はるかにアクティブに運用されている。ナスダック100に連動するQQQQは、実は年間、20～50社も銘柄が入れ替わっているのだ。筆者に言わせれば、これはれっきとしたアクティブトレーディングである。
　ナスダックが史上最高値を付けてから、2006年で6年になる。そして、2000年3月に市場が天井を打ったあと4月に暴落して5年目に当たる2005年には、さまざまな記事がマスコミをにぎわした。1999年に行われたナスダック100指標の入れ替え、つまり「1999年組」がその後、どうなったかを追跡すると興味深いことが分かる。1999年には、30銘柄がナスダック100に追加されている。採用銘柄を選

定するインデックスメーカーたちは、はやりの銘柄を取りそろえたがるものだ。よって、現在では株価が1.98ドルのインターネット投資会社であるCMGIが1999年に選ばれたのも不思議ではない。当時のCMGIは、CEOの写真がビジネス・ウィーク誌の表紙を飾るなど、まさに時代の寵児だった。CMGIは、公開ベンチャーキャプタルみたいなもので、のちに公開されたライコスや公開されたのちにYahoo!に買収されたジオシティーズ、そしてイーベイに買収されたハーフ・ドットコム、またヒューレットパッカードに買収されたスナップフィッシュ、そしてかつての筆者の会社で、その後どこにも買収されずになんとか生き延びているボルタスなどのインターネット企業を保有していた。当時のCMGIは、アナリストレポートやメディアに頻繁に登場する企業だったのだ。筆者は、CMGIのアナリストミーティングに招待されて、ワイヤレス業界におけるCMGIの将来性について語る機会があった。会場には数百人以上のアナリストが詰め掛けていたが、筆者の意見が当日のCMGIの株価を最低0.1％は上昇させたと自負している（図11.1参照）。しかしいずれにしてもCMGIの現在の株価は、2000年1月1日以来、98％も下落しているのである。1999年にナスダックに追加されたほかの30銘柄を調べても、もし2000年1月1日に30銘柄すべてを買ったとしたら、イーベイ（以後、150％上昇）を除く29銘柄については、損をしたことになる。全体的には73％の下落だ。グローバル・クロッシング、アデルフィア、アットホーム、メトロメディアなどの銘柄はその後、倒産している。ナスダック100銘柄のすべてを2000年1月1日に買ったとしても、リターンが多少は良い程度で、下落幅がやや緩やかな62％である（図11.2参照）。

では、1999年にナスダック100の採用銘柄から放り出されたみじ

図11.1　CMGIの直近5年間のチャート（2005年4月1日まで）

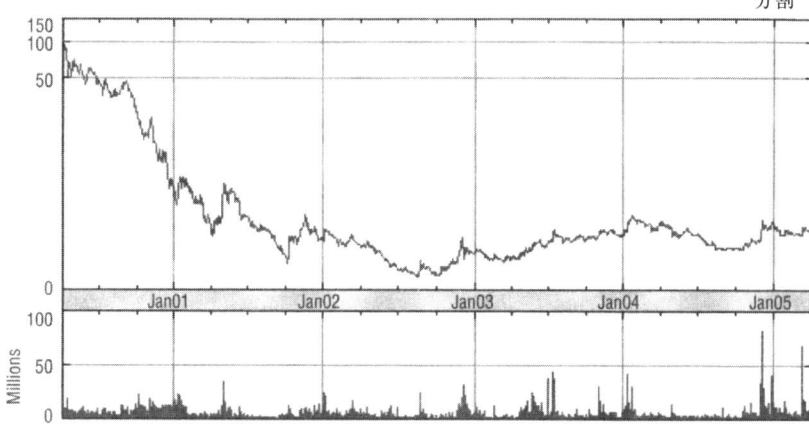

分割

出所＝ http://finance.yahoo.com/　Yahoo!Inc.

図11.2　ナスダックの直近5年間のチャート（2005年4月1日まで）

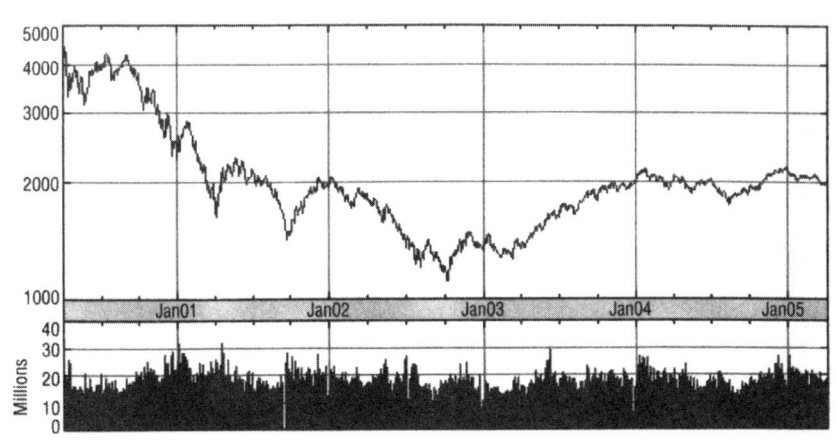

出所＝ http://finance.yahoo.com/　Yahoo!Inc.

めな銘柄のその後は？　オートデスク、リンケア、そしてナスダック銘柄だったのが少し不思議な50代向けの衣料品を販売するロス・ストアーズ、葬儀の需要が減るはずはないスチュワート・エンタープライジズなどの、やや地味な数社が1999年に採用銘柄から除外されている。

　しかし、除外された銘柄のうち少なくとも5銘柄の株価は2000年1月1日以来、100％以上上昇しているのである。ロス・ストアーズ（IT世代より熱い世代をターゲットにしているともいえるが）は、2000年1月1日以来、255％上昇している。また、およそナスダック100銘柄のイメージに合わない、田舎風ドライブインのクラッカー・バレル・オールド・カントリー・ストアーズも、1999年に採用銘柄から除外されて以来、357％上昇しているのだ（**図11.3**参照）。そしてこれ以上、分かりやすい社名はないテック企業のテックデータも同様に、52％上昇しているのである。

　採用銘柄に選ばれると、おかしくなる典型的な例として、JDS・ユニフェーズ（JDSU）が挙げられる。この銘柄は、2000年7月26日にS&P500の採用銘柄に追加されている。IT市場のピークは過ぎたものの、光ファイバーを通じて各家庭に画像を配信するFTTH市場は、FTTH機器を製造する企業やテレコム企業に対する価格面での競争圧力もなく、まさにこれからの市場だと受けとめられていた。S&P社のお偉方が、IT機器メーカーの老舗にして世界最大のIT機器メーカーの寄せ集めであったJDSUを、採用銘柄に追加したのも自然の流れといえよう。採用された日の株価は史上最高値だったが（**図11.4**参照）、それ以後は2ドルに満たない現在の株価まで下落したのである。

　S&P600小型株指数は、採用銘柄から除外された銘柄とこの指数

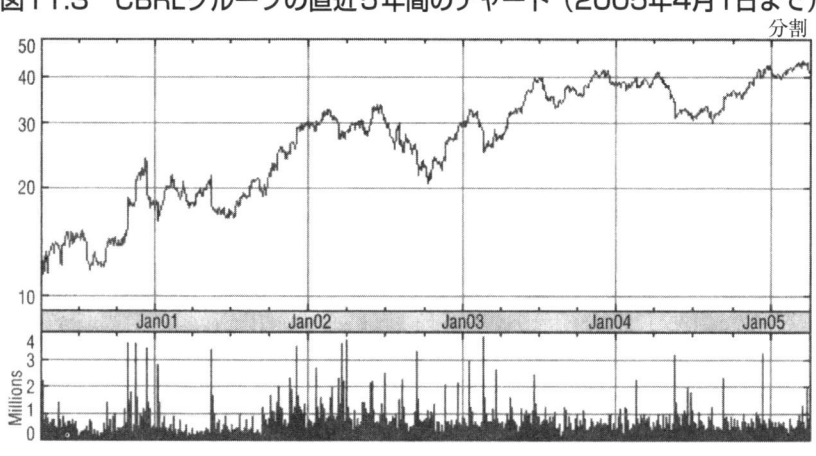

図11.3　CBRLグループの直近5年間のチャート（2005年4月1日まで）

出所＝ http://finance.yahoo.com/　Yahoo!Inc.

　に連動しているETFを買うタイミングを比較する格好の例である。過去10年間を見てみると、S&P600から除外された当日にその銘柄を買い、1カ月保有した場合の平均リターンは10％だったのに比べて、S&P600に連動するETFの構成銘柄を無作為に買った場合の平均リターンは1％にすぎなかったのである。投機銘柄を数多く含む指数ならどれも（ナスダック100、ラッセル200など）同じような結果だろう。

　電気グリル（フォアマン・グリル）のメーカー、サルトン（SFP）を例に見てみよう。何はともあれ、筆者はフォアマン・グリルが大好きである。妻がこれで作る鮭のグリルは最高においしい。しかし、この企業が生き残れるかどうかは見当がつかない。S&Pは明らかに、サルトンが生き残れないと判断したらしく、株価が2.77ド

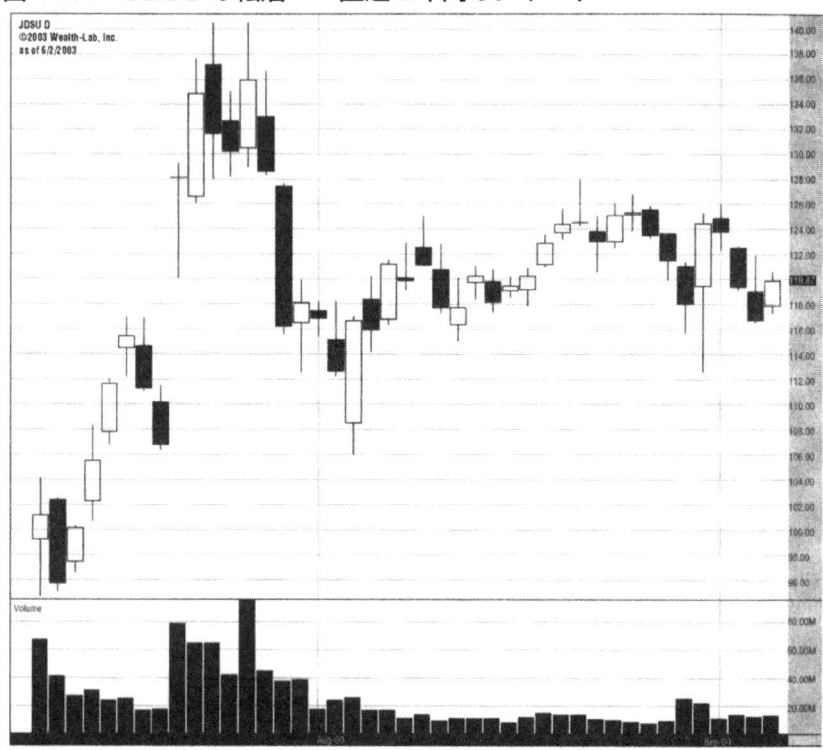

図11.4　JDSUの転落――直近5年間のチャート

出所＝フィデリティ・インベストメンツ

ルだった2004年5月13日に採用銘柄から除外し、ローン会社のワールド・アクセプタンスと入れ替えている。その1カ月後の、2004年6月10日の株価の終値は6.80ドルであり、これは150％の上昇である（**図11.5**参照）。

確かに現在の株価は最安値に近いが、**図11.5**を見れば分かるよ

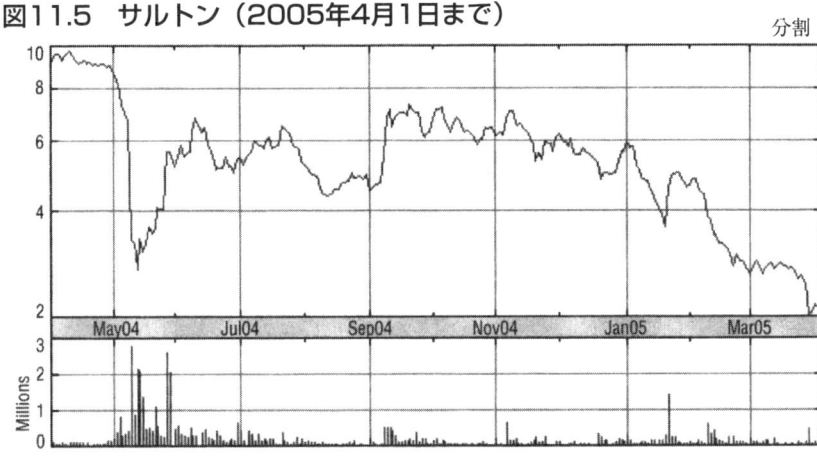

図11.5 サルトン(2005年4月1日まで)

出所＝ http://finance.yahoo.com/　Yahoo!Inc.

うに採用銘柄から外されたあとの一時的な売り圧力が収まると、削除された銘柄の多くがそうであるように、その後の株価はものすごい勢いで跳ね上がるため、十分な利益が得られるのである。

表11.1は、2004年にS&P600の採用銘柄から外されたすべての銘柄のリストだ。ティッカーシンボルと、銘柄が削除された日付、削除される前日の株価、そして1カ月後の株価を示している。

トレードごとの平均リターンは13.4％で、買い持ち期間は20日だった。結果が一番悪かったのは1カ月後のリターンが－17.50％のIMDGで、一番良かったのは145％のサルトンである。

ナスダック100の採用銘柄を選定する謎のメンバーたちは、相変わらず2004年もカクテルパーティーで話題になりやすい銘柄を選んだようだ。2004年には、衛星ラジオのXMサテライトラジオを加え

表11.1 2004年にS&P600から削除された銘柄

ティッカー	削除された日付	削除時の株価	削除後30日	変化の割合(%)
ESI	1/21	$51.62	$59.03	14.35
HAR	2/26	76.07	75.18	−1.17
JEF	2/26	36.36	34.17	−6.02
CEPH	2/26	56.7	56.53	−0.30
RGS	2/26	43.08	43.83	1.74
ANN	2/26	30.23	27.8	−8.04
NFX	3/29	45.83	53.3	16.30
RYL	2/31	44.35	40.39	−8.93
THO	4/1	26.76	27.8	3.89
PSUN	4/22	22.96	21.3	−7.23
ATK	4/28	62.17	61.2	−1.56
RCI	5/11	32.71	33.01	0.92
SFP	5/17	2.77	6.8	145.49
MWY	6/30	12.2	11.06	−9.34
IMDC	6/30	62.79	51.8	−17.50
ATX	6/30	4.77	5.2	9.015
URBN	8/31	30.12	34.18	13.48
WTSLA	8/31	1.3	1.36	4.62
TWR	10/22	1.22	2.4	96.72
TFS	11/12	1.91	1.96	2.62
FLYI	11/12	1.52	1.84	21.05
SCMM	11/30	3.32	4.55	37.05
TECH	11/30	38.24	39.95	4.47
CMN	12/8	19.17	23.37	21.91
STLD	12/17	35.41	36.89	4.18

ている（この会社は200年に6億5100万ドルの損失を出し、10億ドルを超す負債を抱えている）。2004年に削除された銘柄は、ゲンテックス（キャッシュ5億ドル、負債ゼロ、1億ドルを超す営業キャッシュフロー、前年を上回る成長）やコンピュウエア（キャッシュ6億ドル、負債ゼロ、営業キャッシュフローが1億2700万ドル）である（図11.6参照）。

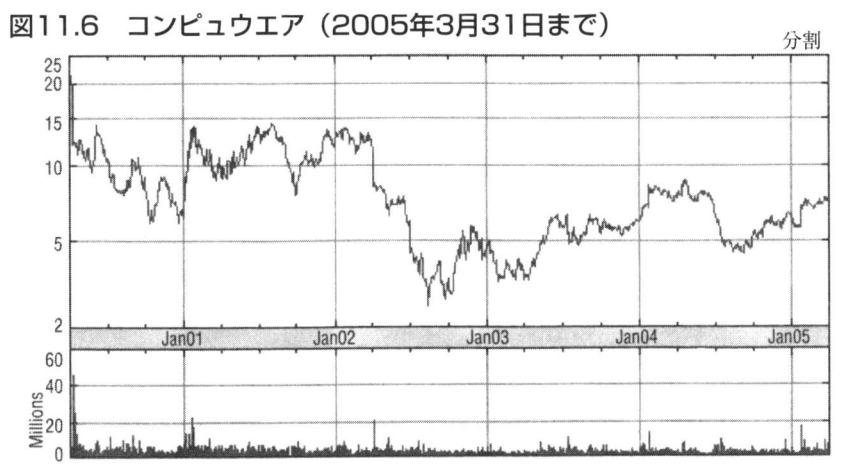

図11.6　コンピュウエア（2005年3月31日まで）

出所＝ http://finance.yahoo.com/　Yahoo!Inc.

ダウ・ジョーンズ設立当初の採用銘柄はどうなったのか？

　パッシブなインデックス運用で知られるETFのアクティブな側面や連動する指数について語るときに、最古の指数であるダウ・ジョーンズ工業株や、ダウ設立当初の採用銘柄だった企業のうち現存する企業に触れないわけにはいかない。ダウ社のマネジャーたちは、人気の落ちた業界とエキサイティングな業界の入れ替えを定期的に行っている。そして、現在でも継続してダウに採用されている銘柄は、GE（ゼネラル・エレクトリック）、1社しかないのである。

　設立当初のダウ採用銘柄のなかで、現存している公開企業は7社ある。そのたくましい7社を簡単に紹介してみたい。

図11.7 フォーチューン・ブランズ（2004年9月21日まで）

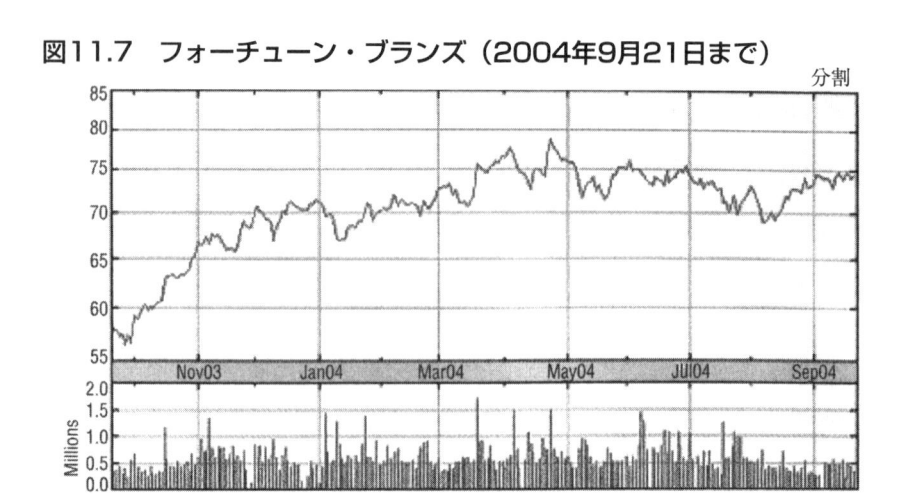

分割

出所＝ http://finance.yahoo.com/　Yahoo!Inc.

図11.8 ピープルズ・エナジー（2004年9月21日まで）

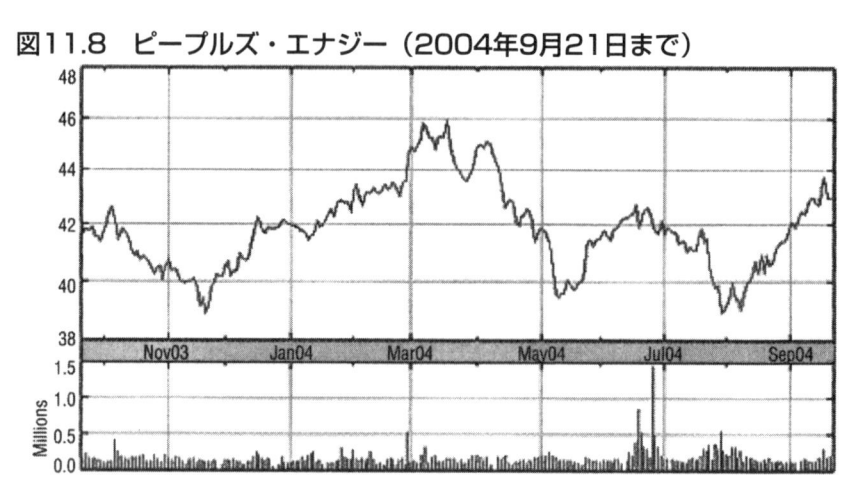

出所＝ http://finance.yahoo.com/　Yahoo!Inc.

1．フォーチューン・ブランズ　かつてのアメリカン・タバコがアメリカン・ブランズになり、やがてフォーチューン・ブランズになった。フォーチューンは、ジムビームのリキュールからゴルフシューズまで、幅広い製品の販売を手がけている。時価総額は100億ドル、収益が約70億ドル、配当利回りは1.77％である（**図11.7**参照）。

2．ピープルズ・エナジー　かつてのシカゴ・ガスの現在の社名がピープルズ・エナジーである。おもにシカゴ地域に天然ガスを供給する公益事業会社である。時価総額は16億ドル、収益が21億4000ドル、配当利回りは5％である（**図11.8**参照）。

3．ミレニアム・ケミカルズ　かつてのディスティリング・アンド・キャトル・フィーディング（蒸留副産物と飼料）がそのそうそうたる社名をシンプルに、ミレニアム・ケミカルズ（MCH）に変更したのである（飼料トレーディング・パートナーズ、などと言う名前のヘッジファンドを想像してもらいたい。個性的！）。新しい社名はその名が示すとおり、化学製品を製造している。時価総額は13億ドル、収益18億ドル、そして現時点では無配当（2004年末に、MCHはティッカーシンボルがLYOのライアンデル・ケミカルに買収された（**図11.9**参照）。

4．GE（ゼネラル・エレクトリック）　GEは設立当初のダウ採用銘柄のサクセスストーリーである。この巨人は、時価総額が3630億ドル、収益1400億ドル、配当利回りが2.32％である（**図11.10**参照）。

5．ラックレード・ガス　現在も当初の社名と同じラックレード・ガスは、時価総額が6110億ドル、収益12億ドル、配当利回りが4.67％である（**図11.11**参照）。

6．NL・インダストリーズ　ナショナル・レッドが社名を簡略化して、NL・インダストリーズ（NL）になった。前述したディステ

図11.9 ミレニアム・ケミカルズ（2004年9月21日まで）

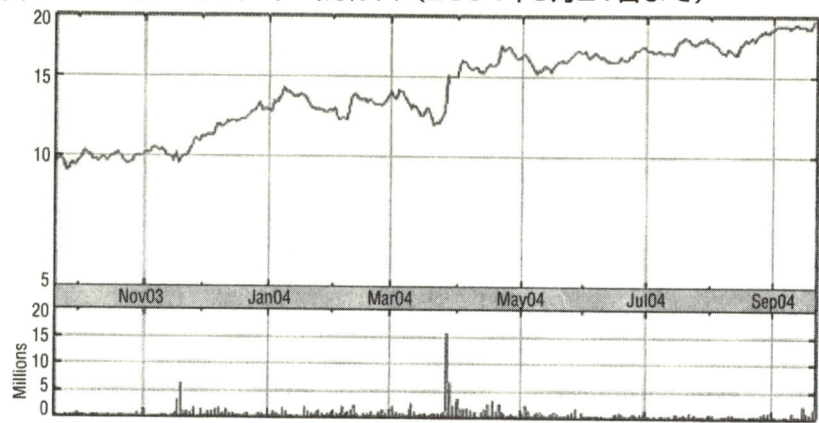

出所＝ http://finance.yahoo.com/　Yahoo!Inc.

図11.10 ゼネラル・エレクトリック（2004年9月21日まで）

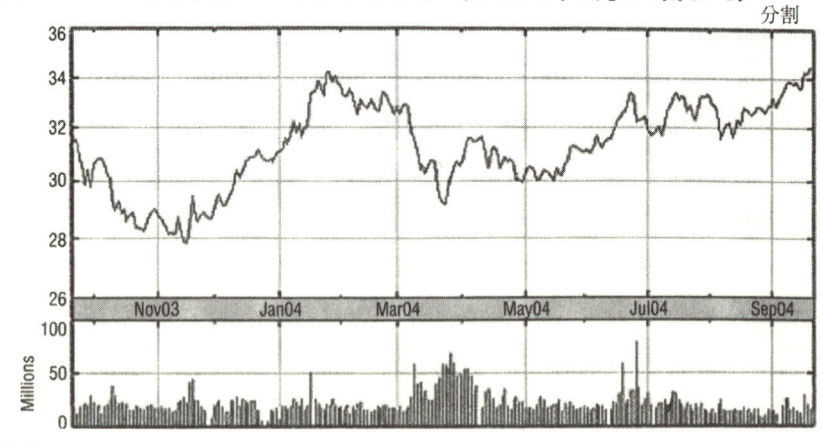

分割

出所＝ http://finance.yahoo.com/　Yahoo!Inc.

図11.11 ラックレード・ガス（2004年9月21日まで）

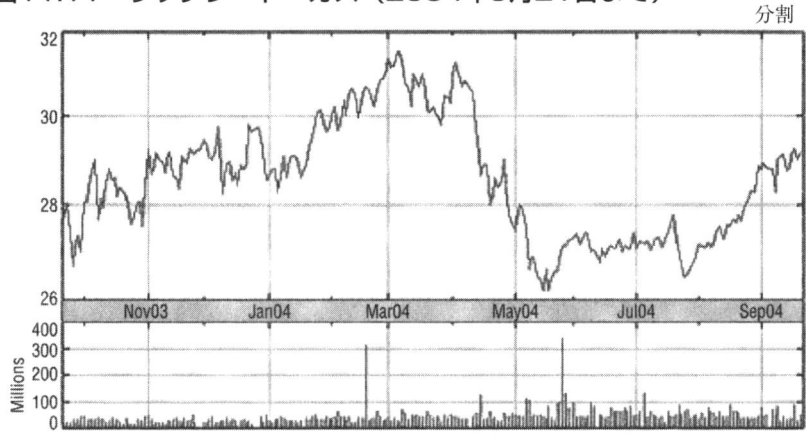

出所＝ http://finance.yahoo.com/　Yahoo!Inc.

図11.12 NL・インダストリーズ（2004年9月21日まで）

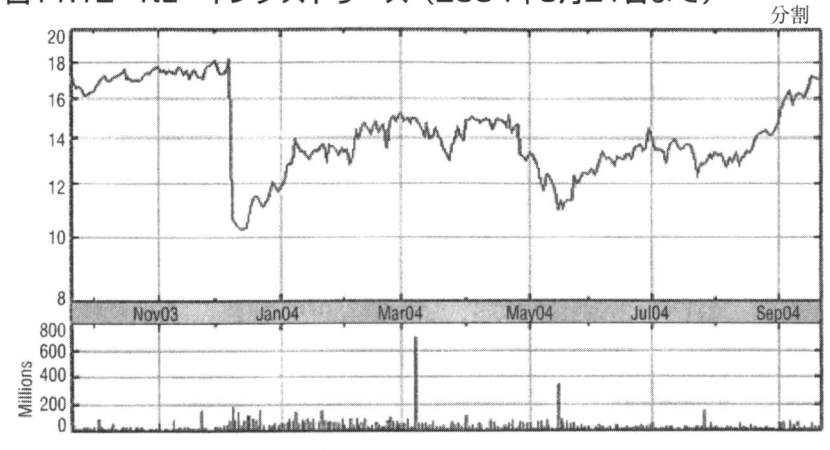

出所＝ http://finance.yahoo.com/　Yahoo!Inc.

図11.13 アメーレン（2004年9月21日まで）

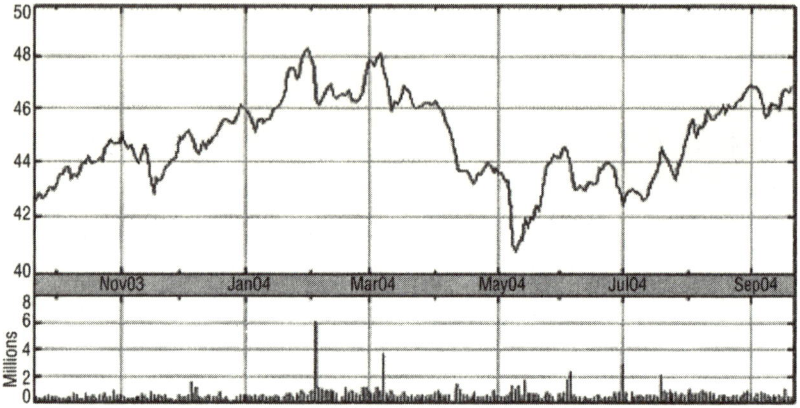

出所＝ http://finance.yahoo.com/　Yahoo!Inc.

ィリング・アンド・キャトル・フィーディングと同じように、NLも主に、二酸化チタンを製造している。この2社でサンスクリーン主成分の生産をほぼ二分している。NLの時価総額は8250億ドル、収益10億ドル、配当利回りが4.69％である（**図11.12**参照）。

7．アメーレン　北米の公益事業会社がユニヨン・エレクトリックになり、やがてアメーレン（AEE）になった。ミズーリ州とイリノイ州に電気と天然ガスを供給している。時価総額が90億ドル、収益47億ドル、配当利回りが5.43％である（**図11.13**参照）。

市場の流行を完全に無視して、2000年の1月1日に資金のすべてを前述したダウのオリジナルの採用銘柄7社に、それぞれ14％ずつ投資したとすると、過去5年間のエクイティカーブ（資産曲線）は

図11.14　ダウ・オリジナル採用銘柄7社の資産曲線(2000-2004)

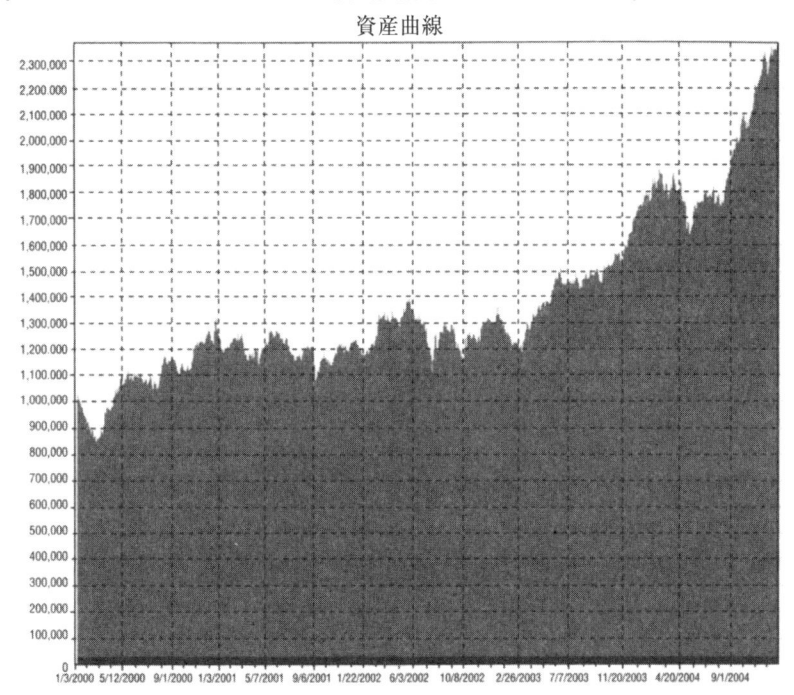

資産曲線

■株式　■キャッシュ

出所=フィデリティ・インベストメンツ

図11.14のようになる。これと、資金のすべてを現在のダウに投資した図11.15と比較してみてほしい。前者は、120％の上昇を示している。

現在のETF市場に投資されている資金が、2600億ドルもあるに

図 11.15　ダウ・ジョーンズ工業株平均の資産曲線 (2000-2004)

資産曲線

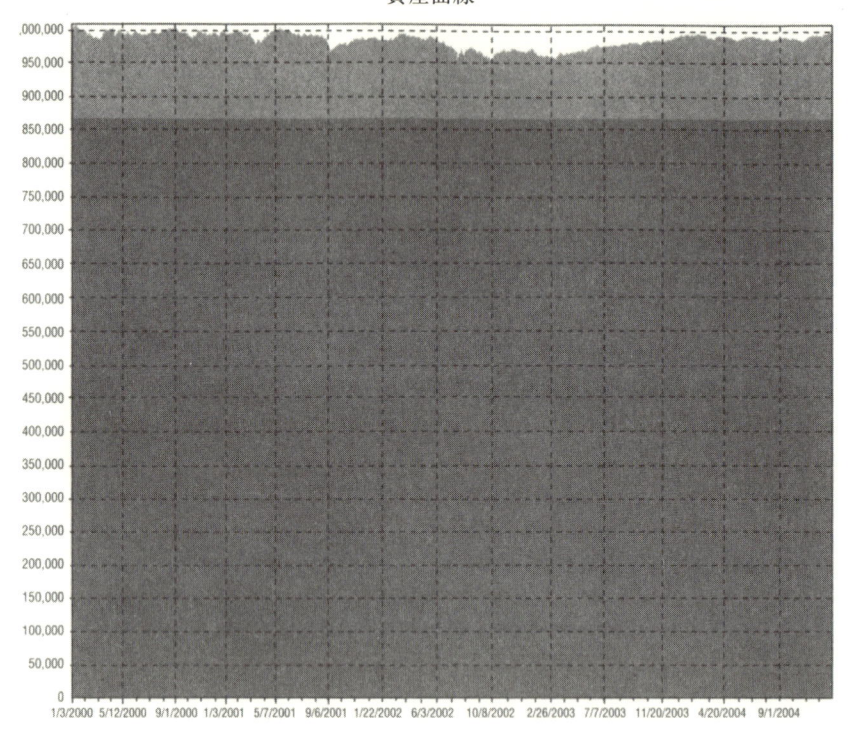

□ 株式　■ キャッシュ

出所＝フィデリティ・インベストメンツ

もかかわらず、この分野はもっぱら非効率的な市場だといえるだろう。ファンダメンタルズをきちんと分析せずに投資コンセプトを追うのは、資金の大半に「愚か」のラベルをぶら下げているのと同じである。きちんとした情報に基づいたリターンよりも、安全なリタ

ーンをつかみたいという一般心理を逆手にとれば、そこに投資機会が生まれる。市場から無視されている銘柄、踏みつけにされてインデックスから放り出された銘柄を買う手法は、インデックスに連動するETFを継続的に上回るリターンを生み出しているのである。

第12章
要注意！
Watch Out!

　キャッシュをスーパーキャッシュに変身させるには、最善の注意が必要になる。それは言うまでもなく、詐欺行為が横行しているからである。金融市場に兆単位のドルが出入りしている現状では特にそうだが、残念なことに世の中お金がからむと、どうにかして人のお金をだまし取ろうと、虎視眈々とチャンスを狙う連中がいるのである。エンロンの話はちょっと横に置いておいてほしい。あの一件は確かにひどかった。しかし、ジェフ・スキリングがほんの数カ月だけCEOに就任したあとに「家庭内の事情」から辞めたあたりから、個人投資家に向けて無数の危険信号が発信されていたはずである。人は何かまずいことがバレそうになると、急に家族思いになるものである。

　それよりも、筆者が気になっているのはヘッジファンドの詐欺事件である。2004～2005年には、SEC（証券取引委員会）やCFTC（商品先物取引委員会）が介入して資産を差し押さえる詐欺事件が3件あった。そして、3件ともヘッジファンドが不正監査に基づいて、ありもしないリターンを捏造していたのである。ひとつのケースでは、期間中のリターンがプラスだと報告していながら、実は約2億

3000万ドルのファンドが2カ月で2億2000万ドルの損失を出したために、1000万ドルほどの資産しか残っていなかった。また、別のファンドではリターンが34％上昇したとの監査報告書を配布していながら、実は21％下落していた。そして翌月はさらに50％の下落。これでは駄目なのである。

　ヘッジファンドの仕組みは、いわばあなたの銀行口座から他人の口座に投資資金を振り込み、万事うまくいけば最終的には投資した金額を上回る金額を受け取ることができる。しかし、どうだろう。あなたが振り込む口座は、ゴールドマン・サックスやシティーバンクのようにブローカーがいる投資銀行ではないし、公認会計士の監査が義務づけられていたり、規制当局に監視されているために詐欺行為でもしようものなら、告訴されかねない大銀行でもない。個人的な意見だが、もし投資額が多いのならレバレッジを上げて、低いボラティリティと伝統的資産との低相関を追求する数十個のファンドに分散投資するのが最良の方法だと思う。本書で取り上げている戦略の多くはその方法である。

　しかし、口を酸っぱくして言いたいのは――あなたは自分の口座から他人の口座に資金を振り込むのだから、相手が本気になってそのお金を盗むつもりなら、なす術はないのである。

　2004年3月に筆者は、ファミリーオフィスのヘッジファンド投資を手伝ったことがある。CSA（チャールズ・シュミット・アンド・アソシエイツ）というファンド・オブ・ファンズのリターンは下落した月がなく、なかなか良さそうなのでざっと調べてみた。しかし、最終的にそこを選ばなかった理由は、大げさなデューデリジェンスのおかげではない。CSAは香港を本拠地としていたのだが、筆者は出張が大の苦手なのである。筆者のポリシーとして、投資する前

にファンドを訪問したいし、何か問題が生じたときには、相手先でかなりの時間を割く事態も常に想定している。さらに筆者には、香港の法律に関する知識がまったくなかった。つまり、何か問題が生じたときに、返金が後回しにされるのではないだろうか？　いろいろ考え合わせた結果、CSAはパスすることにしたのである。そして、2004年6月にスキャンダルが飛び出したのだ。

　2004年6月15日に、CSA・アブソルート・リターン・ファンドのCOO（最高執行責任者）であるジェニファー・カーバーは、CSA創立者であるチャールズ・シュミットのCSAファンドの運営の仕方に不正疑惑が持ち上がったことを、CSAの全投資家にEメールで知らせた。シュミットは現在、香港で公判待ちだが、CSAの資産のほとんどは回収済みである。不正疑惑の内容は、顧客のために組成する予定だったファンドの名前に似た別のファンドをシュミットが作り、そこに顧客から預かった投資資金を払い込んだというものだった。つまり、本来のXYZファンドLLCではなく、チャールズが自分のためのファンドであるXYZパートナーズLLCの銀行口座を開き、そこに預かった投資資金を払い込んだのだ（申し立てによるとだが）。

　いずれにしても、もし筆者がジェニファー・カーバーだったら、どうなっていただろう。心臓麻痺を起こしていたかもしれない。彼女が経験したであろう苦悩は、想像を絶するものがある。しかし、ジェニファーは即座に冷静さを取り戻すと、あっさりとCSAを見限り、同僚とともにオリアという新たなファンド・オブ・ファンズを立ち上げたのである。彼女の運命を変えたあの6月の日と、その後について、つい最近、彼女と話す機会があったので以下に紹介する。

どうやってCSAのスキャンダルに気づいたのか？　事件当時のあなたの役職は？　あなたがCSAで働くことになったきっかけは？

　ある土曜日の朝、私はオフィスで偶然、別の場所に紛れ込んでいたファイルを見つけた。私の当時の役職はCOOで、チャールズとは1993年に私が投資アドバイザリー会社を運営していたときに知り合った。私が1994年にサンフランシスコに移動したときに、顧客のポートフォリオの日々の運用チェックをチャールズに頼んだのだ。その仕事をチャールズに1997年まで任せたのだが、問題はなかった。次に彼に再会したのは2001年だが、当時、私は資金不足に陥った誕生間もないインターネット企業を辞めたばかりだったのだが、チャールズが私に、彼のビジネスのマネジメントとほかの投資顧問の企業を買収して資産を運用する手伝いをしてくれないかと持ちかけてくれたのだ。

不正に気づいたときの気持ちは？　そして、次に取った行動は？

　まず、震えが止まらなかった。自分が発見した書類の内容が信じられなかったからだ。CSAのもうひとりの責任者だったブライアン・マックドゥーガルが、その1時間後に出社したので、私は彼に自分が発見した書類を見せた。ブライアンも最初は信じられなかったようだ。彼は目の前にある書類に、何らかの論理的な解釈を見いだそうとしていた。ブライアンは3日ほど出張で香港を離れる必要があったので、われわれが恐れていた不正疑惑に十分な根拠があるのかどうかを見極めるために、彼が留守の間に私が少しかぎまわってみることにした。しかし、調べれば調べるほど事態は最悪に見えた。ブライアンが出張から戻ると、私たちは弁護士に相談に行ったのだが、チャールズにはこのことを話さないように（まさに話すつ

もりだった）と忠告された。話せば2人とも共犯者にさせられかねないからだ。そこでブライアンと私は、SFC（証券先物委員会）に直接、相談することにした。SFCと丸2日間、話し合った。そして次の火曜日に彼らは、われわれのオフィスを訪ねて来て、チャールズに幾つか質問をしたのだが、満足できる答えが得られなかったために、SFCが通商犯罪局に通報し、チャールズは逮捕されたのである。

投資家の最初の反応は？　パニックになったか？　投資家の不安にどう対処したのか？

ほとんどの投資家がパニックになった。チャールズが逮捕された日の夕方6時半に、SFCが連絡を入れてきて、会社に対して業務停止命令を出すので、いかなる取引も禁止し、銀行口座の凍結も可能だと通達された。また新聞発表も行うと通達された。これはすなわち、投資家1600人が新聞で事態を知る前に、彼らに連絡する時間が数時間しか残されていないのを意味していた。ブライアンと私は、直ちにメーリングリストの顧客全員にメールを出した。次にヨーロッパの投資家に電話連絡を入れてから、アメリカの顧客にも同様に対処した。その日は一睡もできなかった。次の週の大半も、パニックに陥った投資家の対応に追われた。われわれは連日、メールを送り続けたあとに、ウエブサイト上の情報掲載に切り替えた。幸い、不正の影響外にあった私が運用していた2つのファンドの投資家は、われわれが事件の情報公開を継続したおかげでとどまってくれた。彼らは継続的な情報公開を、評価してくれたのである。

CSAの投資家は、最終的にどれだけの資金を回収できたのか？　そして、CSAや創設者のその後は？

プライスウォーターハウス・クーパーズ（PwC）が清算人に任命されているが、2005年6月ごろから投資家に資金を返金する予定である。私が書類を発見してからチャールズが逮捕されるまで10日しかなかったので、ファンド資金の80％しか突き止めることができなかったのだ。PwCは、昨年の夏以来、すべての資金の回収に乗り出している。チャールズの裁判は2005年9月に開始される予定である。

　オリアを立ち上げた経緯は？
　CSAには3つの主力ヘッジファンドがあった。チャールズが運用していた「アブソルート・リターン・ファンド」は運用資金が2億ドルだった。「アブソルート・リターン・ファンド・ダブリン」と「アブソルート・リターン・ファンド・プラス」は、両方とも私が運用していたファンドだが、現在の名称はそれぞれ「オリア・マーケット・ニュートラル・ファンド」と「オリア・プラス・ファンド」であり、運用資金は合計約1億ドルである。われわれの目的のひとつは、優良な2つのファンドに対する吹き飛んでしまったファンドの影響を最小限に抑えることだった。そのためにも、新しい会社を立ち上げて、ライセンスを手に入れるためにSFCと緊密に連携したのである。SFCは、オリアを立ち上げてから2週間以内に、ブライアンと私のライセンスを移動してくれたが、これは彼らにとっても最短スピードだったと聞いている。そしていったん会社が設立されると、「オリア・マーケット・ニュートラル・ファンド」と「オリア・プラス・ファンド」の株主たちが、われわれをマネジャーに任命してくれた。SFCから取引開始の許可を得るには、第三者審査機関の審査を受ける必要があった。2004年9月の末までにすべての

審査が終了したあとに、サービスプロバイダーと新たな契約を締結し、10月の末には先述した新しい2つのファンドの運用を開始することができたのである。

CSAの投資家がオリアに乗り換えたのか？　あなた方は彼らの信頼を得られたのか？

前述したように、CSAの2つのファンドの投資家はオリアに付いてきてくれた。ブライアンと私は、いわば彼らの試験に合格し、信頼に足る人物だと認められたのだろう。吹き飛んでしまったファンドの投資家もわれわれの行動を見守っていたので、資金回収が終わるなり、オリアに投資すると言ってくれている。おそらく多くの投資家は、われわれが生き残れるかどうかを見極めていたのだと思う。あれからすでに8カ月がたち、新たな投資資金も増え、パフォーマンスも非常に良好なので、投資家の目にも一段落したと映ったのだろう。

CSAのスキャンダルは防げなかったのだろうか？　当局、投資家、そしてあなたの立場からどう思うか。

今回の経験は、デューデリジェンスや人間性について多くのことを学ぶきっかけになった。基本的には、システムを悪用したいと思う人間は必ず実行するだろうし、外部からどれだけ詳細なデューデリジェンスを行っても、見つけることはできないだろう。ただいえるのは、盗みを働こうとする人間は、正直な人間ほど透明性が高くない傾向がある。われわれが学んだもうひとつの点は、第三者機関にデューデリジェンスを肩代わりしてもらうことはできないということだ。それは第三者機関が管財人、監査人、アドミニストレータ

（事務管理会社）だろうが同じである。投資家は、自らがデューデリジェンスを行い、ファンドマネジャーから可能なかぎり具体的な透明性を得るよう努力しなくてはならない。その真意を説明するには、何ページもかかるので、ここでは遠慮させてもらう。オリアでは、われわれは完全に透明である。スタッフのすべてが、ポートフォリオの現状をつかんでおり、資産の配分や運用プロセスに、最低４人の人間がかかわっている。われわれは、投資家に対しても十分な透明性を提供している。何といっても投資家のお金なのだから、それがどう使われるかを公開するのは、当然だと思うからだ。

　ヘッジファンドに投資する前に、状況をきちんと把握できるものなのだろうか？　それとも、不可能なのだろうか？　CSAが仮に国内ファンドだったとしても、SECがスキャンダルを未然に防ぐ可能性は低かった点に注目してほしい。仮に資産が2500万ドル以上のすべてのヘッジファンドの登録が義務づけられていたとしても、SECにはそれらを完全にモニターする予算も人的資源も不足している。

　筆者は、『マネジング・ア・ヘッジファンド（Managing a Hedge Fund）』の著者、キース・ブラックにも確認をしてみた。キースは複数のファンドのコンサルタントであり、イリノイ工科大学の教授でありながら、ヘッジファンド登録に関する本を記している。仮にヘッジファンドの登録が義務づけられたとしても、SECがヘッジファンドの腐敗を本格的に防ぐことができない理由を、５つ挙げてくれた。

１．登録条件に抜け穴が存在するから　例えば、ヘッジファンドの多くがロックアップ（解約が不可）期間を２年以上に延長することを検討しているが、少なくとも今の時点では、これで登録が免除される。

２．それ以外の多くのヘッジファンドも登録義務を免除されるから　ヘッジファンド関連の調査機関であるバン・ヘッジファンド・アドバイザーズによると、45％のヘッジファンドの運用資産額が4500万ドルを下回っている。当然のことながら、機関投資家の資金の受け入れ先であるがゆえに機関投資家によるデューデリジェンスを受ける歴史ある大手ファンドよりも、本来なら厳しくチェックされる必要があるファンドである。

３．SECはすでに予算と人的資源が危機的に不足しているから　個人投資家をターゲットとした詐欺事件の舞台である7.5兆ドル規模のミューチュアルファンド業界と公開企業１万社に対する対応で、SECはすでに手いっぱいである。

４．ヘッジファンド業界の詐欺事件はミューチュアルファンドや株式市場に比べたら取るに足らない件数だから　ヘッジファンドが過去数年間で支払った罰金も、ミューチュアルファンドや投資銀行に比べたら、微々たるものである。

５．ミューチュアルファンドや株式市場がすでに厳しい規制を受けていながら、SECは詐欺事件を防ぐことができていないから　実際には、詐欺事件を撃退するためにSECと取締当局の連携は強化されているが、これは非常に困難な作業であり、すでにSECのキャパシティーを超えている。

　ヘッジファンドの登録義務が、これほど問題になっているのは残

念である。例えばだが、2000万ドルのファンド資金のなかから、業務監査役を雇うための年間40万ドルを喜んで支払うファンドがあるわけがなく、筆者が知っている起業間もないヘッジファンドの多くがその板ばさみに苦しんでいる。

　マイクロキャップ企業（時価総額が5000万～3億ドルで、しばしば店頭市場で取引される超小型銘柄）や、そこに投資をするヘッジファンドの最新の不正状況や、怪しい行動について調べるには格好のサイトである http://www.stockpatrol.com を運営しているハートレー・バーンスタインと話をしてみた。筆者は彼に、ヘッジファンドをさらに規制するとしたら、どのような部分なのか尋ねてみた。以下は彼のコメントだが、間に記されているのは筆者の意見である。

　　ヘッジファンドは、ほかの証券に比べて透明性に欠けるために実態がつかみづらい。規制当局のこれまでの見解は、ヘッジファンド投資家は洗練されている資産家なので、損失を吸収する資金力があり、その他の投資家に比べて保護を必要とする度合いが低いというものだった。しかし、この論理は間違っている。その理由は、①ヘッジファンドの増加と資金量の拡大によって、ヘッジファンドが金融市場全体に多大な影響を与えかねない存在になっている、②増え続けている投資家にとって「適格」なファンドは増えているが、情報を十分に理解して投資決定を下すほど、彼らの投資能力が洗練されているわけではない。
　　結論として規制当局は、以下の点に力を入れるべきである。

　　1．ヘッジファンドの情報開示を進める。具体的にいうと、ヘッジファンドに投資戦略と資産配分の開示義務を課すべきであ

る。ファンドの何％が空売りなのか、資産の何％が店頭株に配分されているのか、などである。

筆者の意見　現在では、ほとんどのヘッジファンドが年次監査を受けている。現在のSECには、すべてのヘッジファンドを監視するだけの集中システムがないので、個人的には、SECの監視が強化されるのは賛成しかねる。しかし、第三者機関（公認会計士事務所あるいは、アドミニストレータ）による月次ベースの運用実績の検証は必要だと思う。月次ベースの純資産価値を第三者機関が検証するだけでなく、ハートレーが前述しているように、投資戦略と資産配分をアドミニストレータが毎月、検証するべきである。当初、ファンドマネジャーが約束していたよりも高いパーセントで空売りを実施している場合は、アドミニストレータはその旨を書き留めて（できればマネジャーの意見を確認し）、投資家に配布する月間レポートのなかで報告するべきである。

2．ヘッジファンドのマネジャーは、すべての手数料と報酬体系を開示するべきである。手数料の基準は？　ファンドの実績に基づいているのか、それとも資産価値に基づいているのか？
　手数料を上げるために、資産価値を実際より高く評価している可能性は？

筆者の意見　手数料に加えて、すべてのソフトダラーの内訳を未収・実質ともに月次ベースで知りたい。監査報告書では、ソフトダラーは１行に要約されているかもしれないが、筆者は内訳すべてをつかんでおきたいのである。ヘッジファンドマネジャーがソフトダ

ラーブローカーを利用することで、経費を売買手数料の形で隠しているのなら、その費用がどこに行くのか透けて見えるくらいにはっきりと知る必要がある。ヘッジファンドマネジャーが、パイナップル農場のIPOのデューデリジェンスを行うために、ハワイまで出張した費用を18カ月間で償却する予定なら、その詳細が知りたい。オフィス、従業員、PC、リサーチ（内容も）、データベースなどの関連費用がソフトダラーで処理されているかどうか知っておきたい。もちろん、これらの費用は何ら問題がないかもしれないが、それでもその内容は確認したいと思うし、費用が月次ベースで、前述した第三者の管理人に開示されるのだと認識していれば、マネジャーが必要経費で落とそうとする項目を減らせるかもしれないからだ（**訳注** ソフトダラーとは、運用会社が証券会社にリサーチ費用や通信料の対価を肩代わりしてもらう代わりに、株式売買などの手数料を上乗せして多めに払うものだが、最終的にコストを負担するのは運用会社の顧客である。証券会社にとっては手数料収入の維持を意味し、運用会社は質の高いリサーチなどを利用しやすいメリットもあるが、ソフトダラーで提供可能なサービス範囲が不透明になりやすい。ソフトコミッションともいう）。

3．ヘッジファンドは、すべての潜在的な利益相反を開示するべきである。ヘッジファンドマネジャーが個人的に、同じ投資銘柄を保有しているか？　ヘッジファンドマネジャーが同じ銘柄をトレードするうえで何らかの制限が生じていないか。

　筆者の意見　ヘッジファンドが、投資先企業から受け取るアドバイザリーフィーも利益相反になり得る。通常は投資覚書のなかで、

「ゼネラルパートナーは、ファンドの運営外でアドバイザリーサービスやその他のサービスを提供する場合がある」とマネジャーの断り書きがついている。筆者としては、そのサービス内容のすべてをつかんでおきたいのである。

　4．投資家は前もって、ヘッジファンドの評価方法について説明を受ける必要がある。どうやって資産価値を評価するのか、特に制限付き株式や、流動性のない株式が含まれている場合には？

筆者の意見　PIPEsファンドや住宅ローン担保証券をトレードするファンド、あるいは流動性がなく、個人的な意見だが操作されやすい長期先物をトレードするファンドにとっては特に重要である。文書化された一貫性のある手法が必要であり、第三者による検証を実施するべきである。

　過去20年間に、400社を超えるヘッジファンドの顧問弁護士を勤めてきたガーステン・サベージ・カプロウイッツ法律事務所のジェイ・カプロウイッツに話を聞いた。彼いわく、「ますます多くの資産家がヘッジファンド投資に参加するようになり、ファンドの数や戦略も拡大するにつれて、外部業者（サード・パーティー・マーケッター＝TPM）の役割が今まで以上に重要になるだろう。特に、機関投資家ではない洗練された資産家は、TPMが提供する専門サービスに対する依存度を強めるだろう。投資家はデューデリジェンスや戦略チェック、経歴チェックなどの面でTPMを活用するのである。登録ブローカーに対する最低基準を設ける必要はあるだろう」。しかし、カプロウイッツはこう結んだ。「規制によって創造

性が損なわれれば、ヘッジファンドが資本市場に与えるメリットも失われるかもしれない」

自分でできる（Do It Yourself）デューデリジェンス

自分でデューデリジェンスを実施するときのステップを、以下に記してみた。

基本的な経歴チェック

最小限のコストで、基本的な経歴チェックを実施するときに利用できるサイトは、複数存在する。基本的な経歴チェックや、IRS（内国歳入庁）の連邦租税リーエンと差し押さえ情報、逮捕歴、所有不動産情報、婚姻歴などを調べるには、http://www.zabasearch.com や、http://www.privateeye.com をチェックするとよい。

つい最近、筆者の友人でもあるファンド・オブ・ファンズのマネジャーから、最高のパフォーマンスを出し続けているあるファンドについてこんな話を聞いた。投資開始後も継続的に実施しているデューデリジェンスの過程で、そのファンドのマネジャーが過去に飲酒運転と、「不審物の携帯」による逮捕歴があることが判明したらしい（不審物の内容については友人に確認しなかったが、おそらく拳銃かマリファナだろう）。彼は、そのスクープについてマネジャーに確認を取ろうとしたが、「え！ そのことは公開情報に掲載されているはずはないのに」と答えたそうだ。ブッブー。事前調査は怠らないように。実績の陰に隠れて見逃される情報は意外と多いものである。そして結果的に、筆者の友人は投資を解約したのであった。

NASD（全米証券業協会）に対する証券法違反

ウエブサイト、http://www.nasd.com/web/idcplg?IdcService=SS_GET_PAGE&nodeId=469 をチェックして、担当マネジャーが過去に証券法を違反しているかどうかを調べる。証券法違反は明らかに危険信号だが、最終的な判断を下す前に本人に弁明の機会は与えるべきである。

書類を徹底的に分析する

書類分析は、投資家が事前にリスクや戦略を精査できる唯一のチャンスである（当初の戦略から、別の戦略に流れたかどうかの判断資料にもなる）。同じくらいに重要なのは――すべてのサイドレター（特別条項）のコピーを入手すること。サイドレターはヘッジファンドの世界では災いの元である。正式な書類契約のほかに、大口投資家の多くが優遇処置を要求するからだ。特別条項が「重要」なら（実に抽象的な表現だが）その内容は、すべての投資家に開示されるべきである。しかし、実際にはサイドレターの開示はまれなのだ。

サイドレターの存在を十分に認識せずに行ったヘッジファンド投資は、売る権利（プット）の自動的な行使につながる場合もある。言い換えると、投資家が自分の投資に影響を及ぼしかねない重要な特別条項に気づかず、そのヘッジファンドが結果的に損失を出した場合には、その投資家は損失被害を逃れて、「すべての」投資分を回収できるのだ。サイドレターのチェックをお勧めする。

職歴・学歴の確認

職歴と学歴の確認も重要である。いつだったか、とあるセクターでかなり有名なファンドに対する投資を検討していたときのことである。10億ドルを超す資金を機関投資家から集めているファンドが怪しいと、だれが思うだろうか？　大口投資家のだれかが、すでにチェックをしているはずではないか。そのマネジャーの経歴には、モスクワの大学の博士号修得と書かれていたのだが、その学校は学位を発行していないどころか、看護学校だったのである。きちんと確認するように。

SECファイリングを調べる

ヘッジファンドのマネジャーが過去の投資先に大きなポジションを確保して13Dファイリングを行っているか？　あるいは、過去に私募投資をしてフォーム8KやSB-2を提出しているか？　そのファンドの透明性が低い場合には特にだが、このような細かい情報の積み上げが、ポートフォリオの内容や過去の投資経験、そして実際にあなたが投資を行った場合に、その資金が実際にどうなるかのヒントを与えてくれるのである。

あるとき筆者は、約3億ドルのファンド資産を有する、かなり有名なファンドをチェックしていた。そのファンドは、資産を持たない企業に私募投資をしていた。投資先の公開企業はいわゆるペニーストックだが、投資した時点での資産がゼロだった。しかし、投資後ほどなくして、そのペニーストックは、ある「投資会社」に対して保有率は分からないが投資を行った。つまり、その「投資会社」

に対する出資が唯一の資産となったのである。そして、その「投資会社」が、私がチェックしていたファンドを運用していた。つまりたどって行くとこうだ。投資家はファンドに投資をする。そのファンドはマイクロキャップ企業に投資をする。そのマイクロキャップ企業はファンドの運用会社に投資をするので、回り回って、ファンドの投資資金はマネジャーのポケットに入る。こういう具合だ。弁護士に尋ねてみた。「法的には問題なし。でも疑問は残る」。疑問は残したくなかったので、筆者は投資するのをやめたのである。

サービスプロバイダーの確認

あなたの監査人・会計士・弁護士は、あなたの投資先ファンドの監査人・弁護士・アドミニストレータの仕事は辞めるべきである。

信用照会

ファンドの投資家と個人的に知り合いなのは、何かと心強い。筆者は同じ理由で、できるかぎり自分が投資しているファンドと特定の案件で共同投資を行っているファンドの人間の話を聞いてみたいし、筆者のファンドの投資先ファンドのCEOの話も聞きたいのである。

言うまでもないが、徹底的にカバーしろといっているのではない。デューデリジェンスは究極的には、科学というよりもアートに近く、他人と同じ方法でやる必要はない。アーティストは常に作業を続けながら、ここをいじったり、あちらに付け加えたりと、なかなか作業を終えようとはしないものである。しかし、最終的には一歩

下がって、「よし、やれることはすべてやった。準備はできたぞ」と、言わなくてはならない。本当の意味で作業が完了することはないのだが、どこかで自分の判断を信頼して、踏み切る必要があるのだ。

付録——経歴チェック資料（サンプル）

以下は、バックトラック・レポート社（http://www.backtrackreports.com）が提供しているサンプル資料である。

前置き

以下は、バックトラック・レポート社が用意したファンドマネジャーに関する疑似調査レポートである。デューデリジェンス機関の多くが紋切り型の出所リストに基づいた調査を行い、索引も単にコピーしたものをつけて、調査レポートとして平気で提出している。以下のサンプルを見れば分かるように、それとは対照的にバックトラックのレポートは、あなたやクライアントの懸念材料になりやすい点を詳細にカバーした対象者の経歴である。

われわれはまず、あなたの企業がすでに保有している対象者の情報（例、履歴書、職務上の人間関係、生年月日、社会保障番号など）を収集するところから始める。これらのデータは、ファクスやメールでわれわれ宛に送信するか、口頭で知らせてくれればよい。これらは初期調査の手引きとなると同時に、最終的なわれわれの調査との比較資料として役立つ。履歴書の正確さやその詳細度で、対象者の誠実度をある程度は把握できる場合が多い。対象者本人が経歴について強調した点に関する情報はどんなものでも歓迎する。競合他

社と違いバックトラックでは、対象者の主張と実際の調査を突き合わせて比較することで相違点を洗い出す。

ただし、われわれは履歴書や経歴などの資料提供を求めはするが、対象者が提出した資料は本人に有利に記されている場合が多いので、それらの資料が役立つのはまれだと述べておく。その代わり、われわれはこれから説明するように、調査過程で分かった複数の情報源に対するインタビューから、対象者の人物像を浮き彫りにしていくのである。

対象者の特徴に関する情報を5営業日後に、そして更新データを10日後に口頭のブリーフィングでクライエントに提供する。書面のレポートは15日目か、その前後に提供する。

序文

バックトラックの調査は、ファンドマネジャーの経歴の精緻な分析である。対象者の経歴の重要な出来事を年齢順にきちんと追いながら、投資家との将来の関係にインパクトを与えそうな功績や問題点、あるいは出来事を洗い出していく。

われわれは、バックトラック・レポートの読みやすさを自負している。本レポートは、本来の複雑な出来事をナラティブアプローチを通じて一連の人生の物語としてまとめ、対象者の行動パターンの特徴を浮き彫りにしている。

対象者に関連する情報と類似した名前の人物の無関係な情報との識別は、信頼できる結論を見いだすうえで大変重要である。結論を導き出すためにバックトラックが活用する情報は、複数の個人情報提供サービスや第三者に対するインタビュー、不動産記録だけでな

く、クライアントから入手した経歴に基づいている。以上は必須の審査だが、これらを提供している調査会社は少ない。

　後述するのは、標準的なファンドとそこの２人のファンドマネジャーに関する情報である。

　貴社のリクエストと承認に基づいて本調査は、コーナーポイント・グループの企業経歴とその評判を見定めるために実施された。コーナーポイントとの取引を貴社が検討するうえで、当該企業の背景やスコット・W・プリクシー、およびマイケル・F・ダンヒルの経歴に取引開始の決定を左右する要素が埋もれていないかを見定めたいという希望である。

　貴社の承認を受けて本調査は、対象者の人権を侵害しないデータとバックトラックが特定した第三者に対するインタビューを組み合わせて組成されている。人権を侵害しないデータには裁判記録、メディア情報、法的記録、ID情報、企業関連の情報、規制当局の記録、内部資料やそれに準じた情報が含まれる。メディア情報は、全国的に認知されているウォール・ストリート・ジャーナル紙、フォーブス誌、ビジネス・ウィーク誌などだけでなく、対象者と関連深い地域情報や商業関連情報である。そのなかに含まれるのは、フィナンシャル・ニュース紙、タイムズ紙、ロンドン・ファイナンス紙、スマート・インベスティング誌、マニー・マガジン誌、ヨーロピアン・ファイナンス誌、ピッツバーグ・ポスト・ガゼット紙、プレイン・ディーラー紙（クリーブランド、オハイオ州）、フィナンシャル・タイムズ・トランスクリプト紙、ザ・レコード紙（バーゲン郡、ニュージャージー州）、ファイナンシャル・ニューズ・ヨーロッパ紙などである（LEXIS-NEXISは、ウォール・ストリート・ジャーナルなど多くのメディア情報を十分にカバーしていないので、バック

トラックは追加的なデータベースを活用することで、重要な情報を見落とさないよう細心の注意を払っている）。章末の資料Aに、メディア情報源のリストを添付する。

　職歴のセクションは、企業の関連資料、州の法務局の記録、ニュースレポート、規制当局へのファイリング、裁判関連の資料、インタビュー内容だけでなく、対象者がかかわってきた企業に関連した多彩な情報を網羅している。調査の対象となる企業は、対象者の履歴書に含まれていた企業だけでなく、われわれが調査の過程で追跡した企業も含まれている。バックトラック独自の調査戦略によって、以前の調査では対象者と関連性が見いだせなかった企業を浮き彫りにするケースが多々ある。これらの企業と対象者の取引関係がいったん確認されると、バックトラックの調査員が当該企業のその後の軌跡や対象者が履歴書に記載しなかった理由を可能なかぎり浮き彫りにしていく。

　経営陣に関するマイナス情報の大半が、ニュースなどメディアソースの調査段階で発見されるが、バックトラックの調査員は確実な情報を得るために、メディアソースを調査する前に、企業情報やその他の情報源を確認するようにしている。LEXIS-NEXISで十分にカバーされていない情報（例えば、ウォール・ストリート・ジャーナル、サンフランシスコ・クロニカル、シカゴ・サンタイムズ、サンホゼ・マーキュリー・ニュースなど）のギャップを埋めるために、われわれはその他の主だったメディアデータベースも活用している。次に、対象者そのものではなくて関連企業にターゲットを絞った調査を、メディア情報を通じて行う。法的資料に関しては、まず対象者に関連する資料があるかどうかを分析する。該当した場合には、それぞれのケースを調査したのちにナラティブアプローチを

通じて、一連の人生の物語としてレポートにまとめる。参考資料として必要であれば、関連情報のコピーを巻末の証拠情報に添付する。

調査過程で、バックトラックは対象者の経歴、誠実さ、そして人柄を把握するうえで貴重な情報源となり得る第三者を特定する。そして必要性を感じた場合には、貴社の承認を得たあとに彼らに対するインタビューを実施する。われわれの調査員の磨きが掛かったインタビュー技術によって、ほかの公の情報源からは得られない貴重な情報を引き出すことができるのである。

スコット・W・プリキシー

身元情報・学歴

スコット・ウィリアム・プリキシーは、1964年12月20日に誕生している。スコットが貴社に提出した履歴書によると(資料Cに添付)、彼は1986年に、フェアフィールド大学の経営学学士を修得しているが、バックトラックの確認情報によると、彼は1985年にコネティカット州立大学に転校している。

職歴

履歴書には、プリキシーの新卒時の職歴が記されていない。NASD(全米証券業協会)の記録によると、フェアフィールド大学から卒業後3年目の1989年にプリキシーは、ローウエンスタイン・ブラザーズに就職している。また当該記録から、プリキシーが出張中に複数のクライアントとのミーティングをすっぽかしたために、1991年9月にローウエンスタイン・ブラザーズから解雇されたこと

が確認された。

　われわれはスタンダード・アンド・プアーズのデータベースから、プリキシーを雇用していた当時の業務責任者がポール・E・バークだと突き止めた。早速、バークにプリキシーとの関係を確認すると、「彼がローウエンスタイン・ブラザーズの名前を職歴に載せていたとは驚きだ。彼にとって、あれが最高の勤務態度と言えないのは明白だからだ。いや、そうであってほしいが」という答えが返ってきた。

　バークは快くインタビューに応じてくれた。それによると、プリクシーの出勤状況は、オフィス勤務や出張の両面で非常に問題が多かったらしい。そしてそれは、彼が未熟だったからだとバークは述べている。しかし、さらに詳しい説明を求めると、「断っておくが、私は彼に対して個人的な恨みは何もない。彼は非常に聡明で頭の切れる優秀な社員だったと思う。ただ、当時はまだ未熟で成長すべき点が多かった。もちろん今の彼は成長していると思うが。基本的に彼は学生モードから抜け切れていなかった。われわれはクライアントを接待する機会が多いのだが、率直に言って、彼はまさにその方面で最悪だった。飲みすぎるのだ。少なくとも当時はそうだった。おそらく今の彼は違うだろう」。

　次にバックトラックは、解任の経緯を確認した。「あまり口にはしたくないのだが、彼の場合は頻発するミスだった。出張に送り出しても、クライアントとミーティングがある前の晩に、その土地をあとにしてミーティングをすっぽかす。オフィスの出勤状況も良くなかった。ほかの社員なら避ける金曜や月曜に欠勤することも多かった。まあ、彼は大学卒業後に、ヨーロッパ大陸をバックパックで旅行する身軽さだったが」

　しかし、これらの辛口の評価に加えてバークは、プリクシーを「非

常に聡明で頭の切れる社員」だったと繰り返した。もしチャンスがあれば、彼と再び仕事がしたいかと尋ねると、「個人的には、私は彼のことはかなり好きだったし、オフィス内のほかの人間もそうだったと思う。あれから彼が、どれだけ大人になったかによるだろう。しかし、その後、彼がどうしていたのかは知りたい。それなりに才能がある男だったからだ」。それからしばらく間をおいてバークはこう結んだ。「私が言いたいのは、つまり彼は面白い男だったということだ。分かるでしょう、何ていうか社交上は。しかし、自分のお金を任せるとなると慎重にならざるを得ない」

　NASDの記録によると、プリクシーの次の職歴は、ニューヨークのイミディネットである。そこでのポジションは不明だが、1992年1月〜1993年7月まで勤務していたらしい。しかし、この企業も彼が提出した履歴書には記載されていない。以上の情報は、人事部のアリシア・ジャックソンに問い合わせて確認済みである。

　プリクシーが提出した履歴書に記載されている彼の最初の勤務先はレバイン・ブランズウイックであるが、入社した正確な日付は不明である。NASDの記録によると、彼は1993年8月（大学を卒業してから7年後だが、彼の履歴書には最初の就職先になっている）にレバイン・ブランズウイックに入社し、1994年5月に退職している。そして、履歴書に記載された次の就職先は、R・W・ブラウンである。プリクシーはR・W・ブラウンにおける勤務歴を、1994年5月〜1995年2月だと操作しているが、これもNASDの記録と矛盾する。NASDには、R・W・ブラウンの勤務歴は1995年6月〜1996年7月と記されている。R・W・ブラウンは社員情報の開示にサイン入りの承認を必要とするが、レバイン・ブランズウイックの人事部のスーザン・Hによると、当該企業は1996年にパウエル・サムソン・キ

ャピタルに買収され、それ以前の個人情報は不明である。

　レバイン・ブランズウイックの当時の業務監査役で、われわれの確認情報によれば、現在はシティーファンズ・インターナショナルに勤務しているジェームズ・ミルハウスとのインタビューを通じて、この矛盾点が解明された。彼によれば、1994年にプリクシーが1年未満の勤務を終えたときに、「そういえば、彼はしばらく骨休めをしたいと言っていた……インドネシア方面に旅をするとか何とか」。そして、それからしばらくしてから彼がR・W・ブラウンに勤務しているとだれかから「聞いた」らしいが、この間の空白はプリクシーの履歴書には記されていない。

　ミルハウスのプリクシーに対するレバイン社における勤務評価は、ポジティブだった。「なかなか才能のあるトレーダーで、当時の彼の年齢にしては市場に対する洞察力があるので、驚かされることがあった」。そしてプリクシーの短期間の雇用歴は、「国際部の経営能力が不足していたためであり」、プリクシー自身の問題ではなかったと述べている。彼と再び仕事がしたいかとの質問には、「もちろん。市場に対するあの洞察力が失われていなければだが」。

　R・W・ブラウンの次の職歴はBCMであるが、そこでは国際株式課の課長として勤務していた。1995年3月〜1995年12月までこのポジションにいたようであるが、これもNASDの記録と矛盾している。NASDによれば1995年12月〜1997年1月のはずである（より正確には、BCMの子会社であるカップラン・マイケルズの勤務歴が1995年12月〜1996年4月で、BCM本体の勤務歴が1996年5月〜1997年1月である）。BCMの人事部が、NASDの記録を確認している。

　BCM国際部の前のトップだったフィリップ・アイザックスとのインタビューによると、「正確な日付は分からないが」と彼は断っ

たうえで、自分の記憶とも合致するので、NASDの日付が正しいような気がすると述べた。「とにかく、最初はカップラン・マイケルズに勤務していたのは知っているし、その後、1997年の夏までここで私と働いていたのも事実だ。しかし、正確な日付は覚えてない」

アイザックスは、プリクシーと過ごした5〜6カ月を肯定的にとらえていた。プリクシーのパフォーマンスには「非常に満足」しており、市場に対する彼の「洞察力」を称賛していた。プリクシーによれば、彼は「トレンドが起きる前に、その動きをつかんでいた」らしい。そしてBCMにとっても、「かなりの資金を稼いでくれた。辞めたときにはがっかりした。そのままいれば、彼はかなり出世したはずだ」。

プリクシーの弱点について尋ねると、やや傍若無人な面があったらしい。しかし、この業界のスピードを考えると、無遠慮さはときとして必要な要素であるとアイザックは理解を示していた。そして、「ぜひ、プリクシーとまた一緒に仕事がしたい」と述べたあとに、プリクシーとは、わだかまりもなく別れたので、「今の仕事で成功してほしい」と結んだ。

これまで行ったインタビューによって、プリクシー本人が提出した履歴書とNASD記録の矛盾点の多くが解明されたが、われわれとしては本人と直接会って、彼が過去の複数の職歴を省き、勤務期間を操作した理由について確かめたほうがよいと思う。貴社の承認が得られれば、バックトラックはそのインタビューを実施する。

コーナーポイントがバックトラックに提出した書類によれば、リーマン・ブラザーズの勤務をプリクシーが1995年12月に開始したような印象を与えている。しかし、NASDの記録によると、勤務が開始されたのは1997年2月であり、これは前述したBCMの職歴と合

致している。リーマンはNASDの日付を確認しており、プリクシーがリーマンを退職したのは2000年8月である。

　また、裁判記録の調査によると、1999年の「ロドリゲス対リーマン・ブラザーズとスコット・W・プリクシー」の民事訴訟の記録が発見されている。訴訟内容は、プリクシーが原告であるカール・ロドリゲスに対して人種差別を行い、口頭による差別発言に加えて、原告の自宅の留守番電話に脅迫めいたメッセージを残したというものだった（訴訟記録には、プリクシーが別の社員に対して、「会社に来る黒人訪問者にバナナを何本持ってきたか尋ねてみろ」と命令したことも記録されている）。ロドリゲスはリーマン・ブラザーズを辞めたあと、1999年4月に11万5000ドルの損害賠償を求めている。本件は1999年12月に仲裁人に引き渡され、2001年1月に「同一原因の再提訴を認めない」という条件付きで、提訴が取り下げられている。取り下げは、訴えが認められなかったことを意味するわけではなく、このようなケースは一般的に示談を意味する場合が多い。

　バックトラックは、この件についてロドリゲスにインタビューを申し込んだ。当初、ロドリゲスは示談の内容や訴訟記録のなかで指摘されている留守番電話のメッセージについて語るのは気が進まない様子だったが、訴訟に至った経緯については説明してくれた。人種差別に関する訴訟の原因がリーマン全体の傾向なのか、それともプリクシー自身の問題なのかを尋ねると、「私がリーマンを訴訟相手に含んだのは、この件について社が何もしてくれなかったからだ」。さらに彼いわく、「私はリーマンをわずか3カ月で辞めることになったので、いかに悩んでいたか検討がつくだろう」。

　バックトラックは、さらに留守番電話の内容について尋ねた。「できれば、その件については触れたくない。ただそのメッセージはプ

リクシーの複数の上司に、この件について訴えてから、私の弁護士がプリクシーに連絡を入れるまでの間に残されたものだ。録音内容を半分くらい残しておけば良かったと思うが、残念ながらそうはしなかった」。ロドリゲスは、テープについてそれ以上語るのを拒否した。

ロドリゲスによると、プリクシーとリーマンは別々に示談に応じたらしい。しかし、「ここで金額については触れたくない。両者とも支払いが完了していないからだ」。

「言うまでもなく、私はプリクシーの大ファンであるわけがない。彼とは二度と一緒に働きたくないし、顧客を任せるような仕事で彼を信頼することはまったくできないだろう」。ただしロドリゲスは、こう付け加えたのである。「プリクシーは、仕事はできた。投資家としての彼は非常に抜け目がなかった。しかし、異なった文化を扱う国際部門で彼を雇っていたのは、本当に理解に苦しむ」

そして、この訴訟と完全に一致するようにリーマン・ブラザーズは、プリクシーを事件が起きたニューヨークのオフィスから、ロンドンに移動させているのである。フィナンシャル・タイムズ紙の1999年6月の記事には、ニューヨークのADRデスクから、ロンドンのトレーディング部門にプリクシーがトップとして赴任することが記されている。また、彼がリーマンを去った日についても新聞に載っていた。ロンドン・ファイナンス紙には、彼のリーマンからの退職だけでなく、行き先も明記されていたのである――その当時はまだ無名だった、コーナーポイントグループである。

現在の活動状況

　コーナーポイント・キャピタルの設立は、2000年7月に新聞発表で公表された。そして8月には、会社設立地であるデラウェアと本社が設置されているニューヨークの両州の州務長官事務局に対する登録を完了している。プリクシーの履歴書に記されている日付と同じように、タイムズ紙によると、2000年9月にコーナーポイント・キャピタルのトレーディング部門のディレクターに就任している。

その他の企業との関係

　バックトラックの独自調査から、クリーブランド・インディアンズ・ベースボール・クラブに対するプリクシーの投資を発見した。シンシナティ・エンクワイアラー紙や、プレイン・ディーラー紙などのメディアは、1998年5月にプリクシーが、この野球チームの株式を2万株、追加購入したことで保有率が約5％になったと伝えている。

懲戒処分

　NFA（全米先物協会）やNASD（全米証券業協会）、そしてSEC（証券取引委員会）の記録には、前述したローウエンスタイン・ブラザーズからの解任歴は記録されているが、それ以外のプリクシーに関する懲戒処分はない。

訴訟

　上記とは別にバックトラックが発見したのは、1991年のシティーバンクによる約2万ドルの未払い債務の取り立てである。支払い記録はないが、支払いに関する資料は不完全な場合もある。コーナー

ポイントに関する法的処分は発見されなかった。

マイケル・F・ダンヒル

身元情報・学歴

マイケル・フィッツパトリック・ダンヒルは、1966年11月に誕生している。貴社がわれわれに提出した履歴書（資料Cに添付）によると、彼は1989年に、ニューヨーク大学（NYU）から経営学学士を修得している。バックトラックはNYUに学歴を確認済みである。

職歴

履歴書によると、彼は大学卒業後、グレンデール・マーティン証券に就職している。バックトラックが収集した複数のニュースソースから、昇進に向けた彼の着実な努力がうかがえる。クレインズ・ニューヨーク・ビジネス紙によると、「私は、ドライクリーニング済みの上司の背広を受け取りに行ったりもした。オフィスの文具類を発注したり、オフィス内の家具の設置も手がけた。私の目標は昇進することであり、そのためには何でもやった」。そして、ニュージャージー州ホルムデルを本拠地とするカムデングループが1997年にグレンデール・マーティン証券を買収したころには、彼はポートフォリオマネジャーになっていた。その後も昇進を続けたダンヒルは、1998年にフィナンシャル・タイムズ紙のなかで「シニアアナリスト」と認定されている。

ダンヒルと彼の上司およびメンター（良き助言者・恩師）であり、カムデングループの誉れ高き創設者でもあったスタン・キャロルが非常にうまくいっていたことは新聞記録からもうかがえる。NASD

（全米証券業協会）の記録によると、ダンヒルは1998年に２カ月だけ、スターキャップという資産運用会社に移籍している。それから２年後のビジネス誌の記事によれば、彼のカムデングループへの即座の復帰は、キャロルのたっての願いによるものだったらしい。そして、２カ月間の離職が昇進に何ら影響を与えることはなく、ファイナンス・ニューズ・ヨーロッパ紙は1999年１月の記事のなかで、担当分野における「寸分の狂いもない正確な分析力」を評価されて、シニアバイスプレジデントに任命されたと伝えている。

　ダンヒルが最終的に2000年の初めにカムデングループを去ったのは、創設者のキャロルがその１年以上前にカムデングループを去り、キャロルの退職が動機ではないのかと憶測するビジネス記者もいた。

　ダンヒルの勤務期間と重なる1999年に、オンラインニュースのPRニュースワイアからカムデングループのシニアアナリストとして認定されているボブ・フリードマンに対して、われわれはインタビューを行った。フリードマンによると、彼はダンヒルと同じシニアアナリストの立場だったが、ダンヒルを「社内の投資アナリストのなかではトップだった」と称賛している。ダンヒルはフィデリティ社の業界ランキングのなかで、約20人のライバルを押しのけて「常にナンバーワン」だったらしい。フリードマンによると、ダンヒルの成功理由は２つあるという。ひとつは「金融業界における抜きん出た能力」、そしてもうひとつは、「クライアントニーズに対する徹底した理解力」。さらに、彼が付け加えたのは、「人のニーズを理解したうえに、人の意見に耳を貸す人間はなかなかいない」。

　フリードマンにダンヒルの弱点を尋ねると、「彼に弱点があるとすれば、仕事以外に何かをする時間はなかっただろう」。ただし、これも金融業界特有だから理解してほしいとフリードマンは念を押

した。

　また、ニュース記事とも一致するが、フリードマンによると、ダンヒルとキャロルは非常に親密であり、ダンヒルにとってメンターであったキャロルの願いでダンヒルの２カ月間の短期の離職が解消されて、カムデングループに呼び戻されたらしい。「キャロルが去ったときにわれわれは、ダンヒルも失うのではないかと恐れたが、そのとおりになってしまった」

　フリードマンは、カムデングループに今でも勤務しているアレン・ウインターズに対するインタビューも行うよう勧めてくれた。ウインターズによれば、彼はダンヒルと1997〜2000年までの間、一緒に仕事をしていたという。そして、ダンヒルはカムデングループの国際部門の彼の上司でもあった。ダンヒルを「素晴らしい上司」と呼んだあとに、「非常に責任感が強く、ニーズに敏感で、他人の意見を受け入れ、良き聞き手であり、集中力が抜群で、恐ろしく切れる人物」と表現した。ウインターズは、ダンヒルを業界内の彼の「メンター」であると断言したのである。

現在の活動状況

　ダンヒルの2000年夏のコーナーポイント・グループ有限責任会社設立は、ビジネス関連のメディアを連日にぎわした。2000年７月27日のマネー・マガジンによると、9000万ドルの資本金の大半をスウェーデンの起業家、ヨハン・スタイッグが提供し、ダンヒルはコーナーポイント・グループをグローバル・ヘッジファンドの運用会社として立ち上げたのである。前述したように８月には、設立地であるデラウェア州の州務長官事務局に、そして本拠地であるニューヨーク州に対する登録を完了している。

その後、コーナーポイントが、さまざまな人材を確保するまでの数カ月間、このニュースがメディアを飾り続けたのである。2001年1月にマネー・マガジンがヨーロッパ市場の成長鈍化について、彼の意見を求めているが、これがビジネス関連のメディアにおけるダンヒルの最新の記事である。

コーナーポイント・グループはNFA（全米先物協会）に、商品ファンドオペレーターや商品投資顧問業者として登録されている。

訴訟・懲戒処分

バックトラックは、ダンヒルが居住していた地域を管轄する法廷関連の情報を詳細にチェックし、それとは別に範囲を広げて、彼や関連企業に関する訴訟もチェックしたが、何も発見されなかった。また、NFA（全米先物協会）、NASD（全米証券業協会）、あるいはSEC（証券取引委員会）の代表事務局によれば、ダンヒルに対する懲戒処分も皆無である。

バックトラックの法的レビューに含まれる、法廷・管轄区に関する情報については、以下の「訴訟」のセクションを参照してもらいたい。

訴訟の概要

経営調査で最も重要なのは、訴訟調査ともいえる。バックトラックは、対象者の過去の居住区、あるいは勤務地の管轄区の記録調査を手がかりに調査を始める。競合他社との違いは、われわれは対象者がかかわったと見られるあらゆる事例の調査に力を入れている。

対象者に関連する訴訟、裁判官の意見書、判決、連邦租税リー

エンと差し押さえ、UCCファイリング（米国の統一商事法典——UCC）などの包括的な調査を行うためには、それぞれの管轄区の実際の裁判記録を調査する必要があることを、われわれは過去の経験から学んできた。一般的なオンライン検索サービスだけでは不十分である。例えば、LEXIS-NEXISは豊富な情報源ではあるが、そこに含まれるデータは、主に訴えや不服の申し立てであり、実際に審判が請求されたものは一部にすぎない。

　従来のデューデリジェンスのレポートが目録のコピーにすぎないのに対して、バックトラックは、各訴訟の内容をきちんと説明する重要性を認識している。そのためにバックトラックは、対象者あるいは勤務先企業が関係するすべての訴訟のコピーを入手する。そしてこの大量の法廷書類を読み直して分析するのである。まず、その訴訟が本当に対象者のものなのか、あるいは同名他者なのかを見極めるところから始める。対象者だと確認されたうえで各訴訟を見直し、ナラティブアプローチを通じて一連の人生の物語としてレポートにまとめるのである。関連する法廷書類のコピーは、資料のセクションに参考資料として添付する。

　また、あらかじめ顧客から提供されている対象者の現在の勤務地や居住区の情報に注目するだけではなく、バックトラックは対象者の履歴書や身元調査、職歴、学歴、メディア情報を元に、対象者の過去の勤務先住所や居住歴に関する情報も調べる。そのうえで、プリクシー、ダンヒルの各氏、あるいはコーナーポイント・グループLLCに関連するすべての住所の管轄区から情報を収集するのである。ただし、提供された情報を元に調査した管轄区以外で控訴されるケースも多いために、過去までさかのぼった本人あるいは勤務先に関連するすべての訴訟リストを、対象者本人に提出させることを勧め

る。前述した関係者に関連して、以下の法廷情報を調べた。

　ニューヨーク　プリクシー、ダンヒル各氏および・またはコーナーポイント・グループLLC
　アメリカ地方裁判所、ニューヨーク州南部
　アメリカ破産裁判所、ニューヨーク州南部
　州最高裁判所、ニューヨーク市独立区と周辺郡、民事訴訟インデックス、
　ニューヨーク州最高裁、刑事訴訟

　以下の訴訟事件が確認された。

法廷名　アメリカ地方裁判所、ニューヨーク州南部地区
訴訟名　ロドリゲス対リーマン・ブラザーズとスコット・W・プリクシー
提訴日　1999年4月9日
訴訟番号　99-CV-0000

　概要・状況　ロドリゲス氏は、リーマン・ブラザーズ、および当該企業における彼の上司に当たるスコット・W・プリクシーに対して、職務上の差別に対する訴訟を起こした。ヒスパニックであるロドリゲス氏は、口頭による人種差別と一般的な差別待遇によって、当該企業における活躍の機会を損なわれたと申し立てている。1998年11月半ばから、1999年3月の早期退職に掛けて、差別待遇を受けた。また、契約ボーナスの支払いを退職後に拒否され、ロドリゲス氏の留守番電話にプリクシー氏が脅迫めいたメッセージを残したと

される。ロドリゲス氏は、損害賠償として11万5000ドルを請求している。

　本件は、1999年12月に仲裁人に引き渡され、2001年1月23日に「dismissed "with" prejudice」、すなわち「同一原因の再提訴を認めない」という条件付きで提訴が取り下げられている。「dismissed "without" prejudice」は、その逆で「再提訴が認められる」ことを意味する。本件の取り下げは訴えが認められなかったことを意味するわけではなく、このようなケースは、一般的に示談を意味する場合が多い。

　本件に関連する書類のコピーは資料Bを参照してほしい。

ニュージャージー州　プリクシー、ダンヒルの両氏
アメリカ地方裁判所、ニュージャージー地区
アメリカ破産裁判所、ニュージャージー地区
州最高裁判所、州全体の民事被告人インデックス、
エセックス郡、最高裁・刑事訴訟記録
マンモス郡、最高裁・刑事訴訟記録

対象者に関する該当記録なし。

ニューメキシコ州　プリクシー氏
アメリカ地方裁判所、ニューメキシコ地区
アメリカ破産裁判所、ニューメキシコ地区
リンカン郡・地方裁判所、民事および刑事

同じく、対象者に関する該当記録なし。プリクシー氏は本州に、

大学卒業後から履歴書に記載されている最初の勤務先であるローウエンスタイン・ブラザーズに勤務するまでの1986～1989年の間、居住していた。

インタビュー

バックトラックは調査の過程で、対象者の経歴、誠実さや人柄を把握するうえで貴重な情報源となる第三者を特定している（前述したように、われわれはクライアントの承認なしにインタビューを実施することはない）。われわれの調査員の磨きが掛かったインタビュー技術によって、ほかの公の情報源からは得られないことが多い貴重な情報を引き出すことができるのである。インタビューから得た関連情報は、標準的なレポートに要約されているが、より詳細な情報をここに提供する。

後述する関係者が対象者のキャリアにかかわっていたことは、バックトラックの調査から確認済みである。貴社の承認を得て、われわれは後述する関係者に対するインタビューを実施した。まずスコット・W・プリクシーに関連する4人から始める。

カール・ロドリゲス

ロドリゲス氏は人種差別の被害者として、プリクシー氏とリーマン・ブラザーズに対する訴訟を起こしている。本件について詳しい説明を受けるために、バックトラックはロドリゲス氏に連絡を取った。当初は気が進まなかったようだが、バックトラック社のサイトを確認したあとに、プリクシー氏との出来事についてコメントをしてくれることになった。バックトラックの契約では、対象者が本調

査の内容を目にすることは禁止されている点を彼に保証した。しかしそれでもなお、ロドリゲス氏は以下のように述べた。「まだ事件が起きて間もないので、どこまで話すべきか自分でもよく分からないが、とにかく気が進まなくなった時点でやめたいと思う」

バックトラックは前述した事件に対するリーマン社よりも、プリクシー氏の個人的なかかわりについて尋ねた。「90％はプリクシー氏自身の問題だったといえる。会社を訴訟相手に入れたのは、企業として本件について何もしようとしなかったからだ。幹部レベルの人間も数人訴えたが、法に訴える以外には彼らを動かすことはできないと悟った」。さらにロドリゲス氏は続けた――「私はリーマンを、わずか３カ月で辞めることになったので、いかに悩んでいたか検討がつくだろう」。

プリクシー氏が、ロドリゲス氏の留守番電話に残したと法廷記録に記載されているメッセージについて尋ねた。「できれば、その件については触れたくない。ただそのメッセージはプリクシー氏の複数の上司に、この件について訴えてから、私の弁護士がプリクシー氏に連絡を入れるまでの間に残されたものだ。録音内容を半分くらい残しておけば良かったと思うが、残念ながらそうはしなかった」。ロドリゲス氏はテープについてそれ以上、語るのを拒否した。

「あのころの業界の雰囲気は分かるでしょう。学閥とかOBのコネとか、その手の奴です。自分としては、そういうのは、もう職場では許されていないと思っていたのです。少なくとも露骨には」

ロドリゲス氏によると、プリクシー氏とリーマンは別々に示談に応じたらしい。しかし、「ここで金額については触れたくない。両者とも支払いを完了していないからだ」。

「言うまでもなく、私はプリクシー氏の大ファンであるわけがな

い。彼とは二度と一緒に働きたくないし、顧客を任せるような仕事で彼を信頼することはまったくできない。私は彼のクライアント以下だったわけだが。こうなった今も、彼はピンと来てないと思う」。ただしロドリゲス氏は、こう付け加えたのである。「プリクシー氏は、仕事はできた。投資家としての彼は非常に抜け目がなかった。しかし、異なった文化を扱う国際部門で彼を雇っていたのは、本当に理解に苦しむ」

フィリップ・アイザックス

アイザックス氏は、BCMでプリクシー氏が国際株式課の課長として勤務していたころに一緒に働いていた人物である。プリクシー氏の職歴に矛盾が発見された。NASDの記録と日付上の誤差があるのである。アイザックス氏はNASDの記録のほうが正確だろうと認識している。「とにかく、最初はカップラン・マイケルズに勤務していたのは知っているし、その後、1997年の夏までここで私と働いていたのも事実だ。しかし、正確な日付は覚えてない」

アイザックス氏はプリクシー氏と一緒に仕事ができて楽しかったと言っている。「彼が私の直属の部下だったのは5〜6カ月だ。当時、私は彼のパフォーマンスには非常に満足していたし不満はない。彼は国際株式課の課長だった」。そして、「われわれは海外の案件を扱っていた」と付け加えた。

アイザックス氏は、プリクシー氏の「洞察力」を彼の長所として挙げている。「市場に対する勘が鋭かったので、トレンドが起きる前にその動きを非常に巧みにつかんでいた。会社にとっても、かなりの稼ぎ頭だった」。そして、笑いながら、「辞めたときにはがっかりした。あのままいれば、かなり出世したはずだ」。

プリクシー氏の短所については、あまり断定的ではなかった。「もし挙げるとすれば、人間関係だろう。彼は仕事はできたが、オフィス内では傍若無人なところがあったかもしれない。しかし、それは深刻な問題とまではいえなかった。この業界はスピードが速いから、無遠慮さは必要な要素ともいえる」。アイザックス氏は「ぜひ、彼とまた一緒に仕事がしたい」らしい。また、プリクシーとは、わだかまりもなく別れたので、「今の仕事で成功してほしい」と結んだ。

ジェームズ・ミルハウス

　対象者と1993～1994年の間、レバイン・ブランズウイックで一緒に働き、現在はシティーファンズ・インターナショナルに勤務するミルハウス氏に、バックトラックは連絡を取った。彼のプリクシー氏の記憶はあまり鮮明ではなく、「彼がレバイン・ブランズウイックに居たのは短期間だったと思う。1年以下じゃないだろうか……ちょっと待てよ……1994年か」。そして記憶を裏づけるように、「あの当時は離職率が高かったんだ、国際部の経営能力が不足していてね」。そして、対象者には責任がない点を強調した。

　プリクシー氏に対する個人的な評価は、「なかなか才能のあるトレーダーだった……当時の彼の年齢にしては市場に対する洞察力があるので、驚かされることがあった」。バックトラックは、当時の彼の年齢は29か30で、一般的にそう「若い」とはいえないと指摘した。それに対するミルハウス氏の返事は、「確かにそうだが、彼は妻子もなく、私が記憶するかぎり気楽な独身者のライフスタイルを送っていた。ニューオーリンズのカーニバル『マルディグラ』まで行ったり、メキシコのビーチスポットに仲間と行ったりしていた」。しかし、そのせいで彼の「仕事の質が落ちることはなかったみたい

だ。そのことをよく覚えているのは、彼がうらやましかったせいかもしれない」。

詳細に前述してあるように、プリクシー氏の職歴の矛盾についてミルハウス氏に、レバイン・ブランズウイックに勤務する前後の彼の勤務先について知っているかどうか確認した。思い出してほしいが、プリクシー氏は提出した履歴書のなかでレバイン・ブランズウイックのすぐあとの1994年から、R・W・ブラウンで勤務を始めていたと説明しているが、NASDの記録によるとそれは1995年6月からであり、約13カ月の空白があるのだ。ミルハウス氏は、レバイン・ブランズウイックに来る前のプリクシー氏の勤務先は覚えていないが、「そういえば、彼はしばらく骨休めをしたいと言っていた……インドネシア方面に旅をするとか何とか。彼がその後、R・W・ブラウンに勤務していたのは知っているが、それを知ったのは随分とあとになってからだ」。彼と再び仕事がしたいかとの質問には、「もちろん。市場に対する、あの洞察力が失われていなければだが」。

ポール・E・バーク

プリクシー氏が、出張中にクライアントとの約束を何度もすっぽかしたのが原因で、ローウエンスタイン・ブラザーズから解雇されたのを思い出してほしい。バックトラックは、当時のローウエンスタイン・ブラザーズの業務責任者だったポール・E・バーク氏に連絡を取って、もっと詳しい話を聞くことにした。「あぁ、彼のことは覚えています」。バーク氏は、バックトラックから連絡を受けたのは、推薦者になってほしいとプリクシー氏に頼まれたからだと思ったらしいが、バックトラックが、これはあくまでも独自調査であり、対象者を調べているうちにバーク氏の名前が浮かび上がったの

だと説明すると、「彼がローウエンスタイン・ブラザーズの名前を職歴に載せていたのは驚きだ。彼にとって最高の勤務態度といえないのは明白だったからだ。いや、そうであってほしいが」と述べたのである。

「しかし、彼に対してこれといった文句があるわけではない。彼にとって新卒後の初めての職場だったわけだし。ただ、彼は与えられたポジションに対して未熟だったということだろう。彼はジュニアアカウント・エグゼキュティブだったので、仕事のコツを覚えるために、現場に放り込まれたわけだ。しかし、潜在的な能力がある社員だった……非常に頭の良い青年だ。ただ、何ていうかまだ、未熟だったということだろう」

詳しい説明を求めると、バーク氏は次のように語った。「もう一度断っておくが、私は彼に対して個人的な恨みは何もない。彼は非常に聡明で頭の切れる優秀な社員だったと思う。ただ、当時はまだ未熟で成長すべき点が多かった。もちろん今の彼は成長していると思うが。基本的に彼は学生モードから抜けきれていなかった。われわれはクライアントを接待する機会が多いのだが、率直にいって、彼はまさにその方面で最悪だった。飲みすぎるのだ。少なくとも当時はそうだった。おそらく今の彼は違うだろう」

バックトラック社は、解任の経緯を確認した。「機密が保持されるという前提で話しているのだが、彼の場合は頻発するミスだった。出張に送り出しても、クライアントとミーティングがある前の晩に、その土地をあとにしてミーティングをすっぽかす。オフィスの出勤状況も良くなかった。ほかの社員なら避ける金曜や月曜に欠勤することが多かった。まあ、彼は大学卒業後に、ヨーロッパ大陸をバックパックで旅行する身軽さだったが」

ここで、プリクシー氏がローウエンスタイン・ブラザーズに入社したのは、大学卒業後、3年もたってからだという点を思い出してほしい。その点を確認したのかどうかバーク氏に尋ねると、「まさか。彼を信用しない理由もなかったし。それに、当時の彼の雰囲気はまさに、つい最近までホステルやバックパックで寝泊りしていた感じだった」。

　彼とまた一緒に仕事がしたいかと尋ねると、「個人的には、私は彼のことはかなり好きだったしオフィス内のほかの人間もそうだったと思う。あれから彼が、どれだけ大人になったかによるだろう。しかし、その後、彼がどうしていたのかは知りたい。それなりに才能がある男だったからだ」。それからしばらく間をおいてバーク氏はこう結んだ。「私が言いたいのは、つまり彼は面白い男だったということだ。分かるでしょう、何ていうか社交上は。しかし、自分のお金を任せるとなると慎重にならざるを得ない」

　次のインタビューは、マイケル・F・ダンヒルに関するものである。

ボブ・フリードマンとアレン・ウインターズ
　バックトラックは、ダンヒル氏のカムデングループ時代の同僚だったフリードマンとウインターズの両氏から話を聞くことができた。「もちろん覚えていますよ。素晴らしい奴だった」。フリードマン氏は語り始めた。ダンヒル氏のポジションについて尋ねると「職務上は、マイク（ダンヒル氏）と私は同じ立場だった。われわれは2人とも、シニアアナリストだったのです」（フリードマン氏は、われわれに当時、ダンヒル氏と働いていたウインターズ氏の話も聞くようにとアドバイスをしてくれた）。

ダンヒル氏の印象を尋ねると、「非常にポジティブな印象を持っている」と答えた。ダンヒル氏は、「社内の投資アナリストのなかではトップだった」と称賛した。そして、ダンヒル氏に対してポジティブな印象を持っている理由は2つあると言うのだ。ひとつは「金融業界における抜きん出た能力」、そしてもうひとつは、「クライアントニーズに対する徹底した理解力」。さらに彼が付け加えたのは、「人のニーズを理解したうえで、人の意見に耳を貸す人間はなかなかいない」。

　ダンヒル氏の弱点を尋ねると、「彼に弱点があるとすれば、仕事以外に何かをする時間はなかっただろう」。ただし、これも金融業界特有だから、理解してほしいとフリードマンは念を押した。

　まとめると、もしチャンスがあればフリードマン氏は「ぜひ、またダンヒル氏と一緒に仕事がしたい」とのことである。「彼がカムデングループを辞めたのは、私にとっては実に残念な出来事だった」。そして、ダンヒル氏が国際トレーディングでは、「一貫して」そして、「常にナンバーワン」だったと続けた。詳しい説明を求めると、フィデリティがセルサイドのブローカーを3カ月に一度、ランク付けしているのだが、ダンヒル氏は「約20人の名立たるライバル」のなかで常にトップだったらしい。

　また、これはニュース記事とも一致するがフリードマン氏によると、ダンヒル氏とキャロル氏は非常に親密であり、ダンヒル氏にとってメンターでもあったキャロル氏の願いによって、2カ月間の短期の離職が解消されて、カムデングループに呼び戻されたのだと語った。「キャロル氏が去ったときにわれわれは、ダンヒル氏も失うのではないかと恐れたが、そのとおりになってしまった」

　前述したように、フリードマン氏は、カムデングループに今でも

勤務しているアレン・ウインターズ氏に対するインタビューを行うよう勧めてくれた。ウインターズ氏によれば、彼はダンヒル氏と1997年から、ダンヒル氏がカムデングループを去る2000年までの間、一緒に仕事をしていたという。ダンヒル氏は国際部門の彼の直属の上司であり、フリードマン氏はアナリストだった。

彼は、ダンヒル氏は上司として「素晴らしかった」と述べた。詳しい説明を求めると、ダンヒル氏には以下の長所があったという。「非常に責任感が強く、ニーズに敏感で、他人の意見を受け入れ、良き聞き手であり、集中力が抜群で、恐ろしく切れる人物」と表現した。ウインターズ氏は、ダンヒル氏を業界内の彼の「メンターである」と断言したのである。

以上はバックトラックのレポートでカバーされる、典型的な情報サンプルである。ここまでで明らかなように、われわれの情報は、貴社が信託義務を果たすうえでの手助けとなるのと同時に、マネジャー候補者の手にファンドを委ねた場合のリスクの定性的な分析である。貴社自身の手で行うファンドやマネジャーの戦略やマネジャーの整合性、そしてパフォーマンスレコードの分析と、バックトラックのレポートを統合することで、貴社の標準的なファンド評価のプロセスを完全なものにするのである。

資料

資料のセクションは、調査の過程で収集され、体系化された資料である。そのなかに含まれるのは、広範囲なマスコミ資料、法廷資料やそれに類似した記録、そしてあらかじめ提供されている場合は

対象者の履歴書や経歴などであるが、本サンプルレポートでは、資料のセクションは省略されている。

第13章
ヘッジファンドを立ち上げますか?
So You Want to Start a Hedge Fund?

スタートしたばかりのヘッジファンドマネジャーが犯しやすいミス

　トレーダーズ・マンスリー誌は、過去1年間で1億ドル以上の報酬を懐に入れたトップトレーダーの恒例の年次リストを発表しているが、常連は主にヘッジファンドマネジャーである。8000を超すヘッジファンドが存在することを考えると、パイの分け前をもらいたいと思う人間が、大勢現れたとしても不思議ではない。ヘッジファンドを立ち上げたいと筆者が耳にしない日はないくらいだ。

　それに、必ずしもそれが悪いアイデアだともいえない。1980年代の初めにミューチュアルファンドの数が多すぎると世間が指摘したが(その当時にバブルという言葉があれば、きっと「ミューチュアルファンドバブル」だと騒がれていただろう)、現在では8兆ドル規模の資産をミューチュアルファンドが運用している。そして、今度はヘッジファンドバブルが起きているから、崩壊も間近だと彼らは騒ぐのである。しかしミューチュアルファンドが主に、アメリカ株のロングオンリー(買い建てのみ)の投資戦略であるのに対し

て、ヘッジファンドは何百もの資産クラスを投資対象としているので、ヘッジファンドのキャパシティーはミューチュアルファンドの最終的なキャパシティーを、はるかにしのぎ（ピークもまだ程遠いと思われる）、この議論は実にバカげているのである。

とはいえ、ヘッジファンドの戦いに飛び込む前に、ヘッジファンドが起業時に犯しやすいミスについて知っておく必要はあるだろう。才能あるトレーダー（才能がないトレーダーも）や投資家の多くは、ヘッジファンドを立ち上げるにはきちんとしたトレーディングアイデアと実績があれば、それで十分だと誤解しているようだ。しかし実際には、食事中に紙ナプキンに良いアイデアをサラサラと書き留めるだけでは駄目で、ほかの事業の立ち上げとまったく同じように、多くのビジネス面の落とし穴が存在することを認識している人は少ない。本章で筆者がリストアップしている落とし穴は、実務上のもの、ブランディングや戦略に関するもの、あるいは心理面や人生の選択肢に関するものだが、これらは、ファンドの立ち上げを決定するときに、だれもが直面するものばかりである。

ヘッジファンドを立ち上げたばかりの初期段階で失敗する点は幾つかあるが、残念ながら事前に対策を練るのが難しいものも多い。進行の妨げになる要素は以下のとおりである。

●あなたの投資アイデアは、机上ではうまくいくかもしれないが現実とは違う。実際に始めてみなければ、成功するかどうかは分からない。立ち上げ段階で、あなたに投資をする人々も、あなたの戦略が実際にうまくいくかどうか本当のところは分からないので、「シード段階のリスク」を負っていることになる。
●リスクと損失に対する心理的な重圧に耐えられないかもしれない。

第13章 ヘッジファンドを立ち上げますか？

　つい先ごろ、友人がファンドを立ち上げると言ってきた。「ようこそ地獄へ」と彼に言ったのだが、ピンとこなかったようだ。彼いわく、「投資家の対応や資金調達はタフな作業ってこと？」。それに対する筆者の答えは、「損失を出したときの重圧は経験してみなければ分からないよ」。
●どのビジネスでも同じだが、事業として成熟するまでに掛かる費用やブランディグ、マーケティング、顧客関係、法的な問題、会計知識などの基本的な起業の原則を軽くみてはいけない。

　心理面の重圧に関しては、本書でここまで記してきた内容を注意深く読めば解決できるものもある。つまり、ヘッジファンドを立ち上げる前に、まずあなたの顧客が一体だれなのかをよく考えてみてほしいのである。あなたの顧客は投資家というよりは、あなたが提供するサービスに対して対価を払う市場参加者なのである。では、そのサービスとは？　市場に流動性を提供することだろうか？　それとも、伝統的な銀行が避けているチャンスを生かすことだろうか？
　そして仮に、ヘッジファンドマネジメントの心理的な側面や顧客が資本主義市場の参加者だという概念（少なくとも筆者の）を、あなたが理解できたとしても、起業段階でマネジャーが犯しやすい基本的な失敗は、複数存在するのである。

失敗その1　月単位の解約に応じてしまう

　初期投資家の気を引くために、必要以上の犠牲を払ってしまう。一見、これは正しいともいえる。あなたの事業が本格的に軌道に乗

って運用実績が出る前の「シード段階のリスク」を負って資金を提供してくれるのだから、事前の通知もなくファンドから資金を引き出す優遇処置を要求されることもあるかもしれない。しかしこれは、あなたの事業が第1日目を迎える前に確実に失敗する最も単純な原因なのである。

　事業を立ち上げるにはオフィスの管理費、法的実務や会計実務にかかわる費用、そしてその他のまとまった支出が必要になってくる。もしあなたのファンドの最大の投資家が（シード投資家が最大の投資家だとして）、どの月末でも自由に解約できるとしたら、あなたのファンドがその投資家を最も必要としているとき（例えば市場の急落と闘っているとき）に資金を引き出される恐れもあるのだ。そして注目してほしいのは、あなたの運用実績とは無関係かもしれない点である。あなたにとって素晴らしい出来の年が顧客にとっては厳しい年であるために、あなたとは何ら関係のない理由（顧客がファンド・オブ・ファンズなら解約に応じているのかもしれない、あるいは顧客自身の自宅や税金の支払いのために現金が必要になったのかもしれない）から現金が必要になり、次の瞬間、あなたは廃業しているわけである。

失敗その2　マネジメントフィーを請求しない

　ウォーレン・バフェットが1957年に始めたヘッジファンドには、マネジメントフィーがなく、25％のインセンティブフィーしかなかった。つまり投資が成功したときにだけ報酬を得ていたわけだ。これが実現できるのなら素晴らしいだろう。しかし、よく考えてみてほしい。だれもがウォーレン・バフェットではない——バフェット

がヘッジファンドを立ち上げた最初の数年間は、自宅をオフィス代わりにしていた点も付け加えておく。投資家は、あなたに払った分の見返りを得るわけで、何も払わないというのは、あなたのサービスに価値を認めていないのに等しい。と言いながらも、便宜を払わなければならない状況もあるが、できれば避けたほうがよいだろう。

失敗その3　ひとつの投資家が突出して大きい場合

　筆者もよく知っているマルチ戦略のヘッジファンドがつい最近、ファンドを閉鎖した。彼を悩ませたのは、「失敗その1」と「失敗その3」の組み合わせだった。ある投資家が解約をしたことで、彼が運用していた資産が約1億5000万ドルから1億ドル以下に急落してしまったのである。そしてそれがきっかけで損失が生じて死のスパイラルに陥り、ほかの顧客の解約を招く事態となったのである。

失敗その4　生活費を余分に取っておかなかった

　ヘッジファンドを立ち上げる前に、最低1年分、できれば2～3年分の生活費を銀行に預けておくこと。損失が出た日に考えたくもないのは、その月の住宅ローンの支払いである。
　また、資金を調達して安定した事業を築くには、あなたが思っているよりも時間がかかるものである。筆者がよく知るヘッジファンドは、過去3年間で損失を出したのは1回のみで、リターンは素晴らしいし、マネジャーの経歴も素晴らしく、ここ3カ月間でファンド資産が1000万ドルから4000万ドルに膨らんだばかりだ。しかし、ファンド創設者は「やっと」自分の生活費を賄えるようになったの

である。繰り返すが——最高のリターンを3年間実現して「やっと」なのである。

年間60万ドルでやっていく

　ヘッジファンドの立ち上げに伴う危険性を強調する例として、つい最近、筆者はファンド資産が約6000万ドルで、ロング・ショートを専門とするヘッジファンドで成功を収めている友人と朝食を取っていた。ストレスで疲れきった彼いわく、「この業界で採算を合わせるのは大変さ」。
　「何を言ってるのさ。君のビジネスはうまくいってるじゃないか」と筆者。「例年、マーケットに勝っているし、成長の一途じゃないか」
　「聞いてくれよ」と彼。「これから内訳を説明するから。俺の資産が仮に6000万ドルだとして、手数料が2-20だとする」。彼が言っているのは、2％のマネジメントフィー（総資産に対するパーセント）と20％のパフォーマンスフィー（収益に対するパーセント）のことである。「つまり、120万ドルは年間の確定キャッシュフローだってことだ。年間リターンが10％だとすると、120万ドルがプラスされるから合計で240万ドルだよな。ところで、俺が調達した資金の約半分は外部業者（サード・パーティー・マーケッター）を通じたものなのだが、契約上、俺が得た手数料の20％を彼らに渡す必要がある。これで、50万ドルが消えるから、残りは190万ドルだ。オフィスでプロフェッショナルを3人雇っているが、1人が総務や顧客関連の仕事をする正社員で、残りの2人が銘柄選択やトレーディング、リスクマネジメント、デューデリジェンスなどをやってくれている。1人当たりの給料が約15万ドルで社会保険もあるから、合計50万ド

ルが消えるな。ところで俺の名前を書くなよ？　3人ともお互いの給料は知らないだろうから。これで残ったのは、140万ドル。

「さて、良いオフィスは必須だろ。クライアントも連れてくるわけだし、オフィス内を見せて回ったり、スタッフが忙しそうに働いている姿をアピールしたり、窓の外の素晴らしい景色を自慢したいじゃないか。となると、ニューヨーク5番街だな。賃貸料が月1万ドルとしよう。お次は秘書だろ。それと事務用品。これで約8万ドルだ。いや、出張費も入れて10万ドルにしておこう。これで、残りは約120万ドルになる。さてと、立ち上げ資金の1500万ドルを調達してくれたパートナーがいるんだが、彼は、さっき俺が言った外部業者が紹介してくれたクライアント候補者すべてに会うだけではなく、新たなクライアントも見つけてくれる。資金調達するために、常に出張で飛び回り会議に出席したりと、とても忙しい。彼と俺の分け前はフィフティー・フィフティーだから、これで俺の手元に残るのは60万ドルになる。

「それでも、世界の総人口で考えたら君はトップ0.1％の富裕層だぞ」と、筆者は静かに念を押した。

「まぁ聞けよ。まず税金で25万ドルが消えるから残りは35万ドルだな。2200平方フィートのマンションの住宅ローンが月8000ドルで、固定資産税が2000ドルだから年間で12万ドルだ。子供2人を私立学校に通わせて、教育費や諸雑費、ピアノのレッスン代や宗教関連が合わせて5万ドル。これで合計17万ドル。夏休みはどうするかって？

子供や妻の友だちは、みんなニューハンプシャー州のリゾート地、ハンプトンズに行くから、ハンプトンズの貸し別荘は最低、5万ドルはするだろ。俺も太っ腹だよな。子供たちにはキャンプ参加費として1万5000ドル。ここまでで、合計23万5000ドルの出費だ。じゃ

あ、基本的な日常雑費というと——子供たちの子守りとお手伝いさんで合わせて6万ドル。ここまでで、合計29万5000ドルだな。俺と妻の出費が週に約1000ドルとして——内訳は食費、交際費、家具代、HBO（有料チャンネル代）、それに旅行（年2回で、1回が約1万ドル）。さっきも言ったが、われながら気前が良いよな。衣料費やクリーニング代は計算に入れてもいないが、これですでに35万ドルってとこだ」

さらに彼が付け加えたのは、「忘れちゃいけないのは、これは今年のリターンがプラス10％だと仮定しての話だ。現状ではS&Pがマイナス約0.5％で、ヘッジファンドインデックスのすべてがフラットだ。今の段階で俺はプラス4.8％だから、そいつら全員には勝っていることになる。だが、今年もすでに8カ月が過ぎているから6～7％で終わる気配が濃厚だ。10％の代わりに7％となると、俺の年間収入から9万ドルが吹き飛んでしまう。マーケットを完全に打ち負かしている年でも、ここまで話したやりくりやっとのシナリオにも満たないんだぞ」。

「それだけじゃない。SECの新しいヘッジファンド規制が導入されたらどうなる？　コンプライアンスオフィサー（業務監査役）を雇う必要が出てくるよな。今、俺たちがこう話している間も、やつらは年間20～50万ドルの報酬を得ている。もし、ヘッジファンドがコンプライアンスオフィサーの雇用を義務づけられたら？　約3000のファンドが彼らを必要とする計算だが、失業中のコンプライアンスオフィサーが3000人もいると思うか？　いったい幾らかかるんだよ？」。友人が万事休すと手を振り上げたのを見て、筆者は返す言葉もなかった。

この会話で思い出したのは、アンドリュー・トビアスが1980年に

出版した『ゲッティング・バイ・オン・100,000ドル・ア・イヤー（Getting By on $100,000 a Year）』だが、読者にはぜひ読んでもらいたい。ヘッジファンド時代が到来する前に、似たようなシナリオについて書いている本である。以上のすべてが意味しているのは、インターネットビジネスと同じように、ヘッジファンドのビジネスも急速に制度化されてきており、最終的に残るのは機関投資家に対応できるような、しっかりとした管理体制を有するビッグプレーヤーだけで、その他は消えて行くかロールアップファンドを通じて買収されるだろう。個人的に思うのは、小規模なヘッジファンドがお金は天の恵みではないと悟った暁にはファイナンシングサイドの助けを必要とするだろうから、今からヘッジファンドを始めるよりは、これらの小規模ファンドの複数の管理会社の株主になるために資金調達をするほうが賢いビジネスモデルではないだろうかということである。

失敗その5　ホームランを狙う

こんな格言がある「毎月1％のリターンが出せれば、10億ドル調達できる」。そしてこれは本当である。資産配分を決めるアセットアロケーターのなかでもいちばん大きいのは、目標リターンを年間8～10％と穏やかなレベルに設定し、低いボラティリティを追求している機関投資家である。彼らにとっては、年間12％のリターンが実現できれば夢のような話なのだ。年間50％を狙うのは、失敗すれば即座に廃業を意味する。仮に50％を達成できたとしても、アセットアロケーターにとってはリスクが高すぎるのである。

失敗その6　そもそもヘッジファンドを始めてしまうこと

　ヘッジファンドは、競争が非常に激しく厳しい業界である。筆者が、この業界で生き残るうえで失敗だったと思っているのは、業界の名門企業の出身ではない点である。筆者には、ゴールドマン・サックスやモルガン・スタンレー、あるいは大手ヘッジファンドで働いた経験がない。つい最近、ドイチェ・アセット・マネジメントが出したレポートは、アセットアロケーターに求められる最も重要（パフォーマンス以外で）な資質が名門金融企業の出身者かどうかだと指摘している。これはまた、立ち上げ資金に3億ドルと300万ドルの差が出ることを意味する。筆者の経歴は、1990年代にソフト事業を立ち上げて、それを売却したのちに新たなソフト事業を立ち上げ（この企業は今でも健在である）、それからトレーディングと投資と投資に関する執筆を始めたというものだ。伝統的な階段を上ってきたわけではないので、並大抵の苦労ではなかった。

　今、振り返ると、自分でヘッジファンドを立ち上げる前に、エントリーレベルでも良いから銀行か大手ヘッジファンドに就職して、そこで仕事の流れを覚えて肩書きをつければ良かったのかもしれない。そうすれば、まず起業時の費用に悩まされることはなかっただろう。2つ目は、経営面よりも投資そのものに専念できただろう。そして3つ目は、収入もそちらのほうが多かったかもしれない──通常は保障されたサラリー、そしてパフォーマンスに基づいたボーナスが加わるが、いずれにしても自分でファンドを始めるよりも多いかもしれないのだ。また、自己勘定取引を行う運用会社では、自分のファンドから得られる（うまくいけばだが）20％をはるかに上回る上限90％のパフォーマンスボーナスを出している企業もある。

とはいえ、筆者は自分が選んできた道に満足しているし、この業界にいると小さな後悔は日常茶飯事なのである。

第14章
投資関連の情報
——古典、新刊書籍、ブログなど
Classic Investment Reading and New Media Resources

投資関連の良書

　過去に何度か新刊の書評を書いたことがあるが、そのたびに、今までで一番面白かった投資関連の本を教えてほしいと尋ねられたものである。投資スタイルは人それぞれで、ある投資家にとって役立つ方法が、別の投資家にはそうでもない場合もある。とはいえ本章では、筆者のお気に入りの本と、その理由を紹介したい。

　最初の本は、アダム・スミスの『スーパーマネー』（日本経済新聞社）である。1973年に出版されたこの本は、スミスの人気作品『ザ・マネーゲーム（The Money Game）』の陰に隠れて見落とされがちである。両書とも、マーケットは難しくプロでさえスタートラインに逆戻りさせられたり、度を超すと刑務所行きになりかねない点を強調している。筆者が『スーパーマネー』を気に入っている理由は、作者のスタイルや知性だけでなく、この本の先見性に引かれるからだ。例えばある章では、当時まだ無名だったウォーレン・バフェットと一緒に、ネブラスカ州のオマハまでドライブに行った様子が描かれている。スミスがこの本を書いたのは、バフェットがヘッジフ

ァンドを畳んだすぐあとで、バフェットが正味資産約4000万ドルという大金を手にして、残りの人生の生き方を模索していたときである。そして、この章のハイライトは、ネブラスカ・ファニチャー・マートの前を2人が通りかかり——いつかあそこを手に入れたいとバレットが語るシーンである。

　別の章では、ポール・アードマンが登場する。アードマンは、スミスの投資先だったスイスの銀行の頭取だったのだが、行きすぎた投機に失敗して刑務所行きになった人物である。彼は獄中で小説を書き上げている。しかし、『スーパーマネー』を執筆していた当時のスミスは、アードマンがその後、金融スリラーのベストセラー作家として右に出るものがないほど有名になるとは想像もしていなかったのである。現在、筆者が読んでいるのは、1959年に出版されたアダム・スミスの処女作、『ザ・ウイーラー・ディーラーズ（The Wheeler Dealers）』である（この本はスミスの本名、ジョージ・グッドマンで出版されている）。

　次のお薦めは、1973年に出版されたアンドリュー・トビアスの『ザ・ファニー・マネーゲーム（The Funny Money Game）』である。トビアスはこのあとにベストセラー『ゲッティング・バイ・オン・100,000ドル・ア・イヤー（Getting By on $100,000 a Year）』や、個人向けの投資書籍のベストセラー『トビアスが教える投資ガイドブック——賢いお金の使い方、貯め方、増やし方』（パンローリング）を出版しているが、筆者は処女作がベストだと思う。『ザ・ファニー・マネーゲーム』は、学生市場を相手に一世を風靡したナショナル・スチューデント・マーケティング（NSMC）の盛衰を描いた作品である。トビアスは、当時のNSMCの若きマーケティングディレクターだったが、1960年代の末期に、利益がほとんど出ていないのに株

価がバブル並みに高騰したり、大学を出たばかりの新卒集団が経営幹部だったりと——1990年代の新興企業の盛衰に非常によく似たパターンである。『ザ・ファニー・マネーゲーム』は、ドットコムが最初のバブルではなく、最後でもないことを巧みに描いた作品である。

『十億ドルの賭け』（TBS出版会）、『マネー・パニック'89』（サンケイ出版）、『シルバー・ショック』（立風書房）のこれら3冊はすべてフィクションだが、ポール・アードマンは複雑な金融経済のトピックを素人にも分かりやすく説明しながら、創造力あふれるシナリオを展開して、それらが市場に与える影響力を巧みに描き出している。『シルバー・ショック』は、イランの銀山を取り上げた作品であり、『マネー・パニック'89』と『十億ドルの賭け』（『無法投機』［新潮文庫］も）は、FRB（連邦準備制度理事会）や金利、債券、スイスの銀行などアードマンが得意とする題材を描いている。最近の金融スリラー作家として人気があるスティーブン・フレイやクリストファー・ライヒを読む前に、ぜひアードマンの作品を読むことを勧める。

次に薦めるのは、バーナード・バルークの『マイ・ストーリー（My Story）』である。バルークは権力者や資産家としてトップに立つことはなかったが、高年まで常に政府高官に影響を与え続けた人物である。彼の誕生から、人生が軌道に乗るまでの苦悩に満ちた日々について知るのは、非常に興味深い。規律を身につけ、そのお陰で将来の損失を防いだ様子は絶対に読んで損はない。筆者にとっても、やる気を奮い立たせてくれる本だ。ドットコム・バブルの崩壊後、筆者は明らかに損失を被り、気分の落ち込みも経験している。栄光を極める前に、何度か盛衰を繰り返した人物のストーリー

は、自分も屈せず頑張ろうという気にさせてくれるのである。

　『マネジメント——基本と原則［エッセンシャル版］』（ダイヤモンド社）も、はずせないだろう。つい先ごろ亡くなった、ピーター・ドラッカーは90歳を超えた経営コンサルタントだったが、その経営哲学と手法はおそらく何千人もの経営者に感銘を与えたに違いない。ではなぜ、経営哲学の本が投資にとって重要なのか？　それは、繰り返し本書のなかで筆者が述べてきたように、投資を一般のビジネスと同じようにとらえる必要があるからだ。投資対象に資金を投入する前に、その資金が生み出す商品やサービス、あるいは、あなたの顧客がいったいだれなのか、そして顧客がほかでもなく「あなた」にその資金を託す理由について、じっくりと考える必要がある。ドラッカーが最も力を入れたのは、経営者が事業の目的を明確にするお手伝いだった。筆者は次のような、彼の名文が大好きである——「ビジネスを形作るのは顧客そのものである。優れた商品やサービスに対して喜んで対価を払ってくれる顧客の存在こそが、経済的な資源を富に変換し、モノを商品に変換するのである。顧客が購入して価値を認めるのは単にその商品ではない。それよりも有用性である。つまりその商品やサービスが顧客に何を提供してくれるかが重要なのである」。

　ここにとても面白い本がある。匿名の投資家が執筆した作品で、題名が『ワイプド・アウト（Wiped Out : How I Lost a Fortune in the Stock Market While the Averages Were Making New Highs)』。つい最近、筆者は、ラスベガスで開かれている恒例のトレーダーエクスポで講演を行ってきた。参加者は約9000人だったが、そこに集まっただれもがマーケットに打ち勝ち、生計を立てて、金持ちになれると、わけもなく確信していた。1966年に書かれたこの

本は、時代が変わっても何も変わらないのだという教訓でもある。まず本の献辞だが――「この本を、自己欺瞞の度合いが私と変わらない、すべてのブローカーに捧げる」である。第4章を開いてみると、「私は独立したばかりで、責任の重さを噛みしめているが、明るい展望に自信を持っている。年間15％の目標リターンでは情けない気がしてきたので、最近、私が読んだ本に書いてあったように、投資資金を年間で2倍にするのを目標にしてみよう……莫大な富が手に入るのは確実だ」。

そして、その何章かあとには――「わずか8000ドルしか手元に残っていないのが信じられない。何度も何度も数字を見直して収支を合わせてみたが、市場全体が豊作だった昨年が、自分にとっては最悪だったことを思い知らされるばかりだ。数万ドルの損失を回復するには、一体、どうしたらよいのだろう？」。

頭も良くて性格も良さそうなヤツの失敗を読み返して面白がるのは心苦しくもあるが、この業界で大切なのは、規律と忍耐と粘り強さだということに改めて気づかされるのである。トレーダーやアナリスト、あるいはヘッジファンドマネジャーや、ポートフォリオマネジャーのキャリアを築く過程には、多くの挫折が待ち受けていることを考えると、われわれは、先人たちの成功と失敗の両方から学ぶ必要があるのである。

ヘッジファンドに役立つブログ

「ディーン・スクリーム」の別名まで生まれた、ハワード・ディーン前候補の雄たけび画像がブログ世界をにぎわせたり、熱烈なブログライターたちのトラックバックによって、つるし上げられた

CBSの看板キャスター、ダン・ラザーなど、2004年は明らかにブログの年だった。現存する400万と、増え続けているブログ（秒単位で誕生しているらしいが、この統計の出所は不明である）の数を考えた場合に筆者が知りたいのは、それらが役に立つのかどうかである。

　従来のニュースソースから得た情報だけではレーダーに映らない最新の分析やニュースを提供してくれるヘッジファンドマネジャー、アナリスト、そしてベンチャーキャピタリストやリサーチャーたちが書いている複数のブログに目を通すのを、筆者は日課としている。以下に紹介するのは、筆者が選んだトップ7であるが、もしこれ以外にもお薦めがあれば、ぜひメールで教えていただきたい。

1．シーキング・アルファ（http://www.seekingalpha.com/）
　現在は、ロング・ショート・ポートフォリオを専門としているが、以前はモルガン・スタンレーで通信機器の関連銘柄をカバーするリサーチアナリストだった、デビッド・ジャクソンが運営するサイトである。シーキング・アルファは、ヘッジファンド業界の動きを毎日アップデートするほか、インターネット関連銘柄に関するジャクソン自身のブログも掲載している。

2．ザ・J・カーブ（http://www.jurvetson.blogspot.com/）
　ベンチャー・キャピタル企業のドレーパー・フィッシャー・ジャーベットソンのスティーブ・ジャーベットソン（ホットメールへの初期投資で有名）が、テクノロジーの最先端で起こっている出来事についてアップデートしているブログである。彼は特に、コンピュテーション、バイオテック、そしてナノテクノロジーの接点に注目

して、このパズルをリアルタイムで組み立てながら、次の投資ブームの発火点を探ろうとしている。しかし、ときとして飛躍しすぎでおかしい発言もある。例えば最近の彼の投稿だが、「ジェフ・ホーキンズの『考える脳、考えるコンピューター』(ランダムハウス講談社)を読んでいたときのことだ。私は、大脳新皮質の記憶や予測の機能に関する彼の一貫した考え方に心を打たれた。サンタフェ研究所の複雑性理論に初めて出合ったときのようだった。その調子だ、ジェフ！」。

3．証券市場の訴訟ウオッチ (http://slw.issproxy.com/)

投資リターンを獲得するための2つのポイントは、価値を見いだすのと汚職を避けることであるが、両方とも実現するのは非常に難しい。機関投資家向けの情報サービス会社、ISSの集団訴訟サービス部門の現在の取締役であり、前職は企業の顧問弁護士だったブルース・カールトンが運営するこのサイトは、スキャンダルや捜査状況についての最新情報をアップデートしている。同じ分野で彼が推薦するブログは、ラブーフ・ラム・グリーン・アンド・マックレイのパートナーが運営する http://www.10b-5daily.com/ である。読者のなかのCEOは、彼の最近のエントリーに注目してほしい。「あなたが再三、お願いしたのに奥さんがそれを無視して、あなたが経営する公開企業に関する情報を彼女の兄弟に漏らして、SECに訴えられたら頭に来ませんか？」

4．フット・ノーテッド・オルグ (http://www.footnoted.org/)

「ファイナンシャル・ファイン・プリント」の作者であるミッシェル・レーダーが運営するサイトである。サイト名のとおり、SEC

ファイリングやプレスリリースなどのフットノート（脚注）を分析して、注意事項に隠されている問題点を探る。「CEOが家族と過ごす時間を増やしたいと言ったからって、それを真に受ける人間がいるか？」という具合の、軽快な調子が気に入っている。ショート機会や少なくとも避けるのが賢明な銘柄について調べるには、最高のサイトである。

5．インフェクシャス・グリード（http://paul.kedrosky.com/）

　前ヘッジファンドマネジャーで、現在は大学の教授であるポール・ケドロスキーの記事は、筆者も記事を掲載している http://www.thestreet.com/ で、かれこれ３年ほど愛読してきた。ほぼ毎日、アップデートされる彼のブログのコメントは「iPod」から鳥インフルエンザ、トランスメタ社の失敗や、セクオイア社のグーグルに対する出資と株式の売却に関する分析などと幅広く、実際に役立つかどうかは別として、世の中の理解を深めるのに、とても役立っている。

6．ブログ・マブリック（http://www.blogmaverick.com/）

　自ら立ち上げた Broadcast.com を、数十億ドルでYahoo!に売却した、マーク・キューバンのブログには、彼が所有するバスケットボールチームのダラス・マーベリックスのことから、彼の解説を読めば最初の印象ほど悪いアイデアではないと思えてくる、ギャンブルを専門とするヘッジファンドの考察など、幅広いトピックをカバーしている。ブログ・マブリックは、金融からテクノロジーまで投資家にとって役立つ数々のブログを運営するジェイソン・カルカニスのブログメディア会社、ウエブロッグス社が運営している。

7．ランダム・ロジャーズのビッグピクチャー（http://randomroger.blogspot.com/）

　ロジャー・ナスボウムは、アリゾナ州プレスコットに住むポートフォリオマネジャーである。彼がカバーしているトピックは、クローズドエンド型のアービトラージについて、あるいは配当株が良い投資対象なのかどうかについて（彼は肯定的だが、前述したシーキング・アルファのデビッド・ジャクソンは否定的である）、あるいは、エネルギー・トラスト・マスター・リミテッド・パートナーシップ（MLP、筆者のお気に入りの投資対象）、そしてETFについてなどである。良いブロガーらしく、彼も明確な自説を持っている。たとえは、ミューチュアルファンドについての彼の意見は──「プロがポートフォリオを作るのに、オープンエンド型のファンドを選ぶなんて、私にはまったく理解ができない」。

　それにしても、ニュースやプレスリリース、SECファイリング、収益報告書やその他の情報に目を通すだけでも大変なのに、さらにここで紹介したブログを読む価値が果たしてあるのだろうか？　しかし筆者は、間違いを怖れず、また仮に間違えてもその事実を認め、（良いブログなら）他人の編集をまったく受けていない、ビジネス現場にいるプロの本音を通じて、彼らの見識を得たいのである。ヘッジファンドの数が8000近くあり、また無数の投資家がいる現状では、従来のニュースソースを見ているだけでは、投資の世界全体について把握したり、エッジを得るのは不可能である。フィル・フィッシャーが記した投資の古典、『フィッシャーの「超」成長株投資』（フォレスト出版）のなかで、「うわさ話」と彼が呼んでいたたぐいのものは、ほかでもなくブログ世界で見つかる可能性が高いのである。

推薦したいブログがあと2つある。ひとつは「ジェフ・マシューズの捏造じゃないぞ」（http://www.jeffmathewsisnotmakingthisup.com/）。ジェフと筆者は、以前、http://www.StreetInsight.com/ というサイトに寄稿していたのだが、その後、筆者はリアル・マネー・ドットコム http://www.RealMoney.com/ に移り、彼は自分のブログに落ち着いたようである。彼のブログを読むと、一見、「え！話を捏造しているに違いない」と思わせる内容が多いので、筆者は彼のブログのタイトルが非常に気に入っているのだが、実際は、ブログ内容は捏造などではない。最近のオーバーストック、http://www.Overstock.com/ と、その株式価値に関するジェフの一連の投稿に端を発し、オーバーストックのCEO、パトリック・バーンがジェフとその他の数人に対して、彼らがスターウォーズのシス卿まがいの悪人の協力を得て（80年代の古いネタだ）、オーバーストックの株価を意図的に引き下げるよう共謀したと、記者会見を通じて訴えたのである。ブログには確かに読者を熱くさせるものがある。それはおそらく、ブログが文句なしに偏った意見であり、中立を装いながら編集せざるを得ない主力メディアが抱える制限を免れているからだろう。

そして2つ目は、ジョン・ラトレッジの「ドクター・ラトレッジのブログ（http://www.rutledgeblog.com/）」である。ジョンは癒やし系だ。そしてこれはもちろん、良い意味で言っているのである。筆者は、経済の先行きに不安を感じると、彼のブログをのぞくことにしている。なぜなら彼は、メディアが作り上げた不安を、「資本主義のマッサージ」と筆者が名づけた方法で、取り除いてくれるからである。筆者が気に入っているのは、石油価格がインフレに及ぼす影響についてジョンが語った、2005年8月のコメントである。

「石油価格、インフレ、そして金利。石油価格が数週間以内に75ドルになると予測している者は多い。実際のところ、短期的に見れば石油価格はどんな価格になってもおかしくないし、彼らの言っていることは当たるかもしれない。これで世界はおしまいだ、アメリカの景気は後退する、インフレが強まり金利も高くなると人々は言い始めるだろう。しかしそれは違う。長期的に見れば人々は価格に適応するからだ。その証拠に石油が安かったころに比べて、われわれは、GDP1ドル当たりのエネルギー消費量が半分で済むようになっている。アメリカ経済を牽引しているのはサービス業界であり、オイルを使うのはサラダを食べるときぐらいである。もちろん石油が重要ではないと言っているのではない(二重否定？ いいや違う)。ただ、青酸カリを飲む前に深呼吸をして落ち着けと言いたい。金融緩和政策と低金利による経済の成長率は、石油価格の高騰を上回っているのだ。インフレに関して言えば、石油価格のスパイクは物価のスパイクを招くが、それが本格的なインフレにつながるわけではない。FRBもこのことは知っている。石油価格の高騰はFRBをFFレートの引き上げから後退させることはあっても、さらなる引き上げにつながることはない。また、債券利回り(10年米国債の利回りは現時点で4.26％)は、これらまとめてすべてを無視するだろう」

第15章
どうやってデータを集めるのか？
Where to Find the Data

　「ダウが終値で200日移動平均線を下回った。弱気のサインだ」。テレビニュースで出演者が適当なことを言いながらつばを飛ばし合うのを見ているのは、実にうんざりする光景だ。彼らが言っていることは本当なのだろうか？　トレーダーはショートすべきなのか？
　それとも専門家に逆らってロングすべきなのか？（答えはイエス）
　しかし、データをきちんと調べて「過去にダウが200日移動平均線を下回ったときにどうなったのか」、この点を分析しないかぎりは、平均値や標準偏差や、その値が統計的に重要なのかを見極めるのは難しい（そして重要だった場合、その平均値は手数料やスリッページを考慮してもトレードに値するのか？）。
　筆者は前述した仮説だけでなく、「FRB（連邦準備制度理事会）が、連続して6回利上げしたらどうなるのか？」、あるいは「セントラルパークに3インチ以上の雪が積もったらどうなるのか？」など、ありとあらゆる仮説を立てて検証してきた。読者は、この本に書かれている内容だけではなく、あらゆる戦略やアイデアを可能なかぎり自分で試してみるべきである。そしてそのためには、データが必要になる。筆者は自分のポリシーとして、データは安く素早く

集めたい。さまざまなデータソースを利用しているのだが、以下にその幾つかを紹介してみたい。

●日々のマーケットデータ　「S&Pの終値が3日連続して1％上昇したらどうなるのか？」――このような疑問に筆者は、Yahoo!ファイナンスのような、無料のデータソースを利用している。ここは日々の始値、高値、安値、終値、出来高のデータを提供してくれる。また、クオート・ドットコム（http://www.quote.com/）が提供するチャート情報、「QChart」は有料だが正確で分かりやすいデータである。そして、データの加工やテストには、フィデリティが運営しているウエルス・ラブのソフトを利用している。http://www.wealth-lab.com/

●日中のマーケットデータ　1分足、5分足、あるいは1時間足のデータは、前述した、「QChart」を利用している。1分足のデータを提供しているところはたくさんあるが、過去3～6カ月分のみ追跡している場合が多い。一方、「QChart」は少なくとも過去5年間のデータを蓄積している。「QChart」はまた、ティックインデックスや、出来高分析のアームズインデックス、最安値や最高値のデータなど多様なデータを取り扱っている。

●経済指標　全米12地区連銀のなかのセントルイス連邦準備銀行のサイト http://www.stlouisfed.org/ に掲載されている、ザ・フレッド2データベースは、GDPを50年前までさかのぼることができる。また人口統計、雇用統計、個人消費支出、インフレ統計などのデータも掲載している。これらのデータは世間が、「ソフトパッチ」（景気の一時的な軟化）や、「景気は過熱している」などという表現を使い始めたときに非常に貴重になってくる。過去のソフトパッチや

過熱と比較して、現状がどうなのかを検証するうえでとても重要になる。

●**ヘッジファンドデータ** ファンド・オブ・ファンズのマネジャーにとって、数百人単位のマネジャー候補者の実績やスタイル、経歴、そして手数料を素早く比較することは重要である。筆者はジョン・ヘンリーや、スーパーファンドグループのクアドリガなど、さまざまなCTA（商品投資顧問業者）を比較できるサイトであるhttp://www.iasg.com/ を重宝している。また、http://www.hedgefund.net/ や、http://www.cogenthedge.com/ も、お気に入りだ。

●**マーケット・ヒューリスティックス（経験則）** PER（米国のみならず各国の）や、市場の配当利回り、市場全体の時価総額、1871年までさかのぼったインデックスデータ、あるいは、1700年代の英国のサウス・シー・カンパニーのデータまで、盛りだくさんなのが、グローバル・ファイナンシャルデータのサイトである http://www.globalfinancialdata.com/。また、FRBのFF金利（1914年以降）や、30年債利回りもこのサイトに掲載されている。

●**景気循環** 過去1世紀の、景気循環や景気拡大について調べたければ、全米経済研究所（National Bureau of Economic Research）をチェックするべきである http://www.nber.org/cycles.html/。景気循環の平均継続期間や上下を調べることによって、現状がそのどの段階にあたるのかを把握するのに役立つ。

●**IPOデータ** エール大学のイボー・ウエルチ教授のサイト http://www.iporesources.org/ には、IPOに関する興味深いデータが数多く掲載されている。また、IPO情報を追跡して公募データを素早くチェックしたり、アンダーライターの上位25社や、年初から現在までのトップパフォーマーについて調べたいときには、http://

www.ipodata.com/を利用している。

●**先物データ** 先物の情報は、前述した「QChart」やタートルトレーダーのサイトにすべてではないが掲載されている http://www.turtletrader.com/。また、前述したグローバルファイナンシャルデータも、先物契約や米国と海外の商品市場のスポット関連のデータをカバーしている。

●**インデックスの変化** 銘柄の入れ替えを追跡するのは、①テスト段階のサバイバーシップバイアスを除去するのに役立つ、②ラッセル2000や、S&P600の銘柄の入れ替えに基づいたシステムを作るのに役立つ（**訳注** サバイバーシップバイアスとは、現在販売されているファンドの過去成績だけをベースに分析すると、すでに償還されているファンドの成績が反映されないため、分析結果がファンドにとり実際より良好なものになるバイアス。生存者バイアスとも言う）。ナスダック100の入れ替えをチェックするには、http://dynamic.nasdaq.com/reference/nasdaq_100_changes.xls/、また、S&P600の入れ替えは、http://www.cob.vt.edu/finance/quotes/articles/priceresponse.pdf/ に掲載されている。ラッセル2000は、毎年、6月に見直しが実施されている。入れ替え銘柄をチェックするには、http://www.russell.com/us/indexes/us/reconstitution/default.asp/。

●**破産データ** 最近の破産データを調べるには、http://www.bankruptcydata.com/researchcenter2.htm/、また、取引停止（破産宣言の結果として起こりやすい）のデータは、http://www.otcbb.com/static/thsearch.stm/ で調べることができる。

そして最後に。

読者のみなさんが株価スクリーンと、にらめっこをするのに疲れて、壁にかかっているピカソのオリジナル作品の値踏みをしたいと思うのなら、最新の価格を http://www.artprice.com/ でチェックすることができる。

訳者あとがき

本書は『SuperCash —— The New Hedge Fund Capitalism』の邦訳である。

つい先日、アルタッチャー氏のインタビュー記事を見る機会を得た。そのなかで印象的だったのは、「個人投資家にお勧めの商品は？」という質問に対して、彼が「一番良いのはビジネスアイデアを考えて起業して、自分に投資すること」と答えたことだ。大学時代に起業し、大学院に進んだあともワイヤレスデータ通信の会社を起業してから金融の道に進んだ彼は起業家でもある。何より重視しているのは創造性なのだろう。しかし、女性インタビュアーの困った顔を見て、「収入の補完や定年後の安定したリターンを得たいなら、まもなく販売される新しいタイプのETF、それからウォール街がミスプライスしやすい高配当のクローズドエンド型ファンドがお勧め」と結んだのである。

ヘッジファンドにつきまとう悪いイメージは、偏見と誤解に基づいている部分が多いように思う。前FRB議長のグリーンスパンが、ヘッジファンドの重要性は既存の金融システムに非常に高い流動性を創造する点であると述べているように、その役割は市場に広く認知されている。2006年には世界のヘッジファンド数が１万を超え、ヘッジファンド運用資産総額が過去最高の１兆4300億ドルを記録した。機関投資家や年金ファンド、そして資産家から根強い支持を得ているのだ。ヘッジファンドへの資金流入が止まらないなかで、受け皿としての裾野がどんどん広がっている。ディズニーがヘッジファンドから映画制作資金を調達したのもそうだが、環境市場に投資

するファンドがあるかと思えば、運用手数料のかなりの部分をマイクロファイナンスに寄付するファンドなど多様化している。

　また、ヘッジファンドは思われているほど当局の規制外にあるわけではない。SECのルールに準拠し、取引市場の規制にも従っている。もちろんインサイダー取引も詐欺も禁止されている。しかし、ヘッジファンドの役割が拡大するにつれて、よりしっかりとした管理体制を有するファンドが求められているのも事実であり、制度化が加速しているようだ。行すぎた制度化によって柔軟性が損なわれれば、ヘッジファンドが資本市場に与えるメリットも失われてしまうが、１万を超すファンドのなかで自然淘汰が進むのは当然なのかもしれない。最終的に生き残るのは、アルタッチャー氏のように創造性のあるビジネスアイデアを生み、顧客がだれなのか、顧客はファンドが提供するサービスに対して対価を払う市場参加者であると肝に銘じているファンドに違いない。

　最後になりましたがパンローリング株式会社、そして編集と校正だけでなく適格なアドバイスで導いてくださった阿部達郎氏、すべての関係者、そしてもちろん原作者のジェームズ・アルタッチャー氏に深く感謝いたします。

2007年1月

船木麻里

■著者紹介
ジェームズ・アルタッチャー(James Altucher)
ジェームズ・アルタッチャーは、ヘッジファンド「フォーミュラー・キャピタル」のパートナー。ザストリート・ドットコムやフィナンシャル・タイムズなどに寄稿するかたわら、テレビ番組のグッドロークラマーの定期的なゲストである。テクノロジー系ベンチャーキャピタルである212ベンチャーのパートナー、ワイヤレスとソフトウエア会社であるボルタスのCEO兼創業者を経て現職。コーネル大学卒業後、カーネギーメロン大学院コンピューターサイエンス学科に進む。著書に『ヘッジファンドの売買技術』(パンローリング)、『トレード・ライク・ウォーレン・バフェット(Trade Like Warren Buffett)』など。

■訳者紹介
船木麻里(ふなき・まり)
上智大学を卒業後、米系投資銀行でマクロ経済調査、M&Aアドバイザリー業務を経験したあと、金融、ビジネス、科学関連を中心に翻訳を行っている。

2007年3月3日 初版第1刷発行

ウィザードブックシリーズ ⑮

ヘッジファンドの錬金術
絶対スーパーリターンを追求し進歩する投資手法公開

著　者	ジェームズ・アルタッチャー
訳　者	船木麻里
発行者	後藤康徳
発行所	パンローリング株式会社
	〒160-0023　東京都新宿区西新宿 7-9-18-6F
	TEL 03-5386-7391　FAX 03-5386-7393
	http://www.panrolling.com/
	E-mail　info@panrolling.com
編　集	エフ・ジー・アイ（Factory of Gnomic Three Monkeys Investment）合資会社
装　丁	パンローリング装丁室
組　版	パンローリング制作室
印刷・製本	株式会社シナノ

ISBN978-4-7759-7081-2

落丁・乱丁本はお取り替えします。
また、本書の全部、または一部を複写・複製・転訳載、および磁気・光記録媒体に
入力することなどは、著作権法上の例外を除き禁じられています。

本文　©Mari Nemoto　図版　©Panrolling Inc. 2007　Printed in Japan

トレード基礎理論の決定版!!

ウィザードブックシリーズ9　投資苑　著者:アレキサンダー・エルダー

定価 本体5,800円＋税　ISBN:9784939103285

【トレーダーの心技体とは？】
それは3つのM「Mind＝心理」「Method＝手法」「Money＝資金管理」であると、著者のエルダー医学博士は説く。そして「ちょうど三脚のように、どのMも欠かすことはできない」と強調する。本書は、その3つのMをバランス良く、やさしく解説したトレード基本書の決定版だ。世界13カ国で翻訳され、各国で超ロングセラーを記録し続けるトレーダーを志望する者は必読の書である。

ウィザードブックシリーズ56　投資苑2　著者:アレキサンダー・エルダー

定価 本体5,800円＋税　ISBN:9784775970171

【心技体をさらに極めるための応用書】
「優れたトレーダーになるために必要な時間と費用は？」「トレードすべき市場とその儲けは？」「トレードのルールと方法、資金の分割法は？」──『投資苑』の読者にさらに知識を広げてもらおうと、エルダー博士が自身のトレーディングルームを開放。自らの手法を惜しげもなく公開している。世界に絶賛された「3段式売買システム」の威力を堪能してほしい。

ウィザードブックシリーズ50
投資苑がわかる203問

著者：アレキサンダー・エルダー　　定価 本体2,800円＋税　　ISBN：9784775970119

分かった「つもり」の知識では知恵に昇華しない。テクニカルトレーダーとしての成功に欠かせない3つのM（心理・手法・資金管理）の能力をこの問題集で鍛えよう。何回もトライし、正解率を向上させることで、トレーダーとしての成長を自覚できるはずだ。

投資苑2 Q&A

著者：アレキサンダー・エルダー　　定価 本体2,800円＋税　　ISBN：9784775970188

『投資苑2』は数日で読める。しかし、同書で紹介した手法や技法のツボを習得するには、実際の売買で何回も試す必要があるだろう。そこで、この問題集が役に立つ。あらかじめ洞察を深めておけば、いたずらに資金を浪費することを避けられるからだ。

バリュー株投資の真髄!!

バフェットからの手紙
著者：ローレンス・A・カニンガム

定価 本体 1,600円+税　ISBN:9784939103216

【世界が理想とする投資家のすべて】
「ラリー・カニンガムは、私たちの哲学を体系化するという素晴らしい仕事を成し遂げてくれました。本書は、これまで私について書かれたすべての本のなかで最も優れています。もし私が読むべき一冊の本を選ぶとしたら、迷うことなく本書を選びます」
———— ウォーレン・バフェット

賢明なる投資家
著者：ベンジャミン・グレアム

定価 本体 3,800円+税　ISBN:9784939103292

【バリュー株投資家必読の古典的名著】
ウォーレン・バフェットが師と仰ぎ、尊敬したベンジャミン・グレアムが残した「バリュー投資」の最高傑作! 株式投資の普遍的真理、株式と債券の配分方法、だれも気づかないうちに将来伸びる「魅力のない二流企業株」や「割安株」を見つけ出す方法が詳細に解説されている。

新賢明なる投資家【上・下】
著者：ベンジャミン・グレアム、ジェイソン・ツバイク
定価(各) 本体 3,800円+税
ISBN:(上)9784775970492　(下)9748775970508

グレアムの理論がよく分かる「バリュー株投資の参考書」。「不朽の名作」に最近の事例に基づいた新たな注解を加え、グレアムの英知を現代の市場に再びよみがえらせる!

賢明なる投資家【財務諸表編】
著者：ベンジャミン・グレアム、スペンサー・B・メレディス
定価 本体 3,800円+税
ISBN:9784939103469

グレアムが著した企業の財務報告書分析に関する永遠の手引書。長らく絶版になっていた1937年版を忠実に復刻。簡単かつ応用可能な企業分析の普遍的モノサシを紹介する。

証券分析【1934年版】
著者：ベンジャミン・グレアム、デビッド・L・ドッド
定価 本体 9,800円+税
ISBN:9784775970058

グレアムの名声をウォール街で不動かつ不滅なものとした一大傑作。ここで展開されている割安な株式や債券のすぐれた発掘法は、今も多くの投資家たちが実践して結果を残している。

最高経営責任者バフェット
著者：ロバート・P・マイルズ
定価 本体 2,800円+税
ISBN:9784775970249

バフェット率いるバークシャー・ハサウェイ社が買収した企業をいかに飛躍させてきたか? 同社子会社の経営者へのインタビューを通しバフェット流「無干渉経営方式」の極意を知る。

マーケットの魔術師 ウィリアム・オニールの本と関連書

ウィザードブックシリーズ 12
成長株発掘法
著者：ウィリアム・オニール
定価 本体2,800円＋税　ISBN:9784939103339

【究極のグロース株選別法】
米国屈指の大投資家ウィリアム・オニールが開発した銘柄スクリーニング法「CAN-SLIM（キャンスリム）」は、過去40年間の大成長銘柄に共通する7つの要素を頭文字でとったもの。オニールの手法を実践して成功を収めた投資家は数多く、詳細を記した本書は全米で100万部を突破した。

ウィザードブックシリーズ 71
相場師養成講座
著者：ウィリアム・オニール
定価 本体2,800円＋税　ISBN:9784775970331

【進化するCAN-SLIM】
CAN-SLIMの威力を最大限に発揮させる5つの方法を伝授。00年に米国でネットバブルが崩壊したとき、オニールの手法は投資家の支持を失うどころか、逆に人気を高めた。その理由は全米投資家協会が「98～03年にCAN-SLIMが最も優れた成績を残した」と発表したことからも明らかだ。

ウィザードブックシリーズ 93
オニールの空売り練習帖
著者：ウィリアム・オニール、ギル・モラレス
定価 本体2,800円＋税　ISBN:9784775970577

氏いわく「売る能力もなく買うのは、攻撃だけで防御がないフットボールチームのようなものだ」。指値の設定からタイミングの決定まで、効果的な空売り戦略を明快にアドバイス。

DVDブック　大化けする成長株を発掘する方法
著者：鈴木一之　定価 本体3,800円＋税
DVD1枚 83分収録　ISBN:9784775961285

今も世界中の投資家から絶大な支持を得ているウィリアム・オニールの魅力を日本を代表する株式アナリストが紹介。日本株のスクリーニングにどう当てはめるかについても言及する。

ウィザードブックシリーズ 95
伝説のマーケットの魔術師たち
著者：ジョン・ボイク　訳者：鈴木敏昭
定価 本体2,200円＋税　ISBN:9784775970591

ジェシー・リバモア、バーナード・バルーク、ニコラス・ダーバス、ジェラルド・ローブ、ウィリアム・オニール。5人の投資家が偉大なのは、彼らの手法が時間を超越して有効だからだ。

ウィザードブックシリーズ 49
私は株で200万ドル儲けた
著者：ニコラス・ダーバス　訳者：長尾慎太郎、飯田恒夫
定価 本体2,200円＋税　ISBN:9784775970102

1960年の初版は、わずか8週間で20万部が売れたという伝説の書。絶望の淵に落とされた個人投資家が最終的に大成功を収めたのは、不屈の闘志と「ボックス理論」にあった。

マーケットの魔術師シリーズ

ウィザードブックシリーズ 19
マーケットの魔術師
著者：ジャック・D・シュワッガー

定価 本体2,800円＋税　ISBN:9784939103407

【いつ読んでも発見がある】
トレーダー・投資家は、そのとき、その成長過程で、さまざまな悩みや問題意識を抱えているもの。本書はその答えの糸口を「常に」提示してくれる「トレーダーのバイブル」だ。「本書を読まずして、投資をすることなかれ」とは世界的トレーダーたちが口をそろえて言う「投資業界の常識」だ！

ウィザードブックシリーズ 13
新マーケットの魔術師
著者：ジャック・D・シュワッガー

定価 本体2,800円＋税　ISBN:9784939103346

【世にこれほどすごいヤツらがいるのか!!】
株式、先物、為替、オプション、それぞれの市場で勝ち続けている魔術師たちが、成功の秘訣を語る。またトレード・投資の本質である「心理」をはじめ、勝者の条件について鋭い分析がなされている。関心のあるトレーダー・投資家から読み始めてかまわない。自分のスタイルづくりに役立ててほしい。

ウィザードブックシリーズ 14
マーケットの魔術師 株式編《増補版》
著者：ジャック・D・シュワッガー
定価 本体2,800円＋税　ISBN:9784939103353

投資家待望のシリーズ第三弾、フォローアップインタビューを加えて新登場!!　90年代の米株の上げ相場でとてつもないリターンをたたき出した新世代の「魔術師＝ウィザード」たち。彼らは、その後の下落局面でも、その称号にふさわしい成果を残しているのだろうか？

◎アート・コリンズ著 マーケットの魔術師シリーズ

マーケットの魔術師 システムトレーダー編
著者：アート・コリンズ
定価 本体2,800円＋税　ISBN:9784939103353

システムトレードで市場に勝っている職人たちが明かす機械的売買のすべて。相場分析から発見した優位性を最大限に発揮するため、どのようなシステムを構築しているのだろうか？　14人の傑出したトレーダーたちから、システムトレードに対する正しい姿勢を学ぼう！

ウィザードブックシリーズ 111
マーケットの魔術師 大損失編
著者：アート・コリンズ
定価 本体2,800円＋税　ISBN:9784775970775

スーパートレーダーたちはいかにして危機を脱したか？　局地的な損失はトレーダーならだれでも経験する不可避なもの。また人間のすることである以上、ミスはつきものだ。35人のスーパートレーダーたちは、窮地に立ったときどのように取り組み、対処したのだろうか？

トレーディングシステムで機械的売買!!

自動売買ロボット作成マニュアル
エクセルで理想のシステムトレード
著者：森田佳佑

定価 本体2,800円＋税　ISBN:9784775990391

【パソコンのエクセルでシステム売買】
エクセルには「VBA」というプログラミング言語が搭載されている。さまざまな作業を自動化したり、ソフトウェア自体に機能を追加したりできる強力なツールだ。このVBAを活用してデータ取得やチャート描画、戦略設計、検証、売買シグナルを自動化してしまおう、というのが本書の方針である。

売買システム入門
ウィザードブックシリーズ11
著者：トゥーシャー・シャンデ

定価 本体7,800円＋税　ISBN:9784939103315

【システム構築の基本的流れが分かる】
世界的に高名なシステム開発者であるトゥーシャー・シャンデ博士が「現実的」な売買システムを構築するための有効なアプローチを的確に指南。システムの検証方法、資金管理、陥りやすい問題点と対処法を具体的に解説する。基本概念から実際の運用まで網羅したシステム売買の教科書。

トレードステーション入門
やさしい売買プログラミング
著者：西村貴郎
定価 本体2,800円＋税　ISBN:9784775990452

売買ソフトの定番「トレードステーション」。そのプログラミング言語の基本と可能性を紹介。チャート分析も売買戦略のデータ検証・最適化も売買シグナル表示もできるようになる！

勝利の売買システム
ウィザードブックシリーズ 113
トレードステーションから学ぶ実践的売買プログラミング
著者：ジョージ・プルート、ジョン・R・ヒル
定価 本体7,800円＋税　ISBN:9784775970799

世界ナンバーワン売買ソフト「トレードステーション」徹底活用術。このソフトの威力を十二分に活用し、運用成績の向上を計ろうとするトレーダーたちへのまさに「福音書」だ。

究極のトレーディングガイド
ウィザードブックシリーズ 54
全米一の投資システム分析家が明かす『儲かるシステム』
著者：ジョン・R・ヒル／ジョージ・プルート／ランディ・ヒル
定価 本体4,800円＋税　ISBN:9784775970157

売買システム分析の大家が、エリオット波動、値動きの各種パターン、資金管理といった、曖昧になりがちな理論を適切なルールで表現し、安定した売買システムにする方法を大公開！

トレーディングシステム入門
ウィザードブックシリーズ 42
仕掛ける前が勝負の分かれ目
著者：トーマス・ストリズマン
定価 本体5,800円＋税　ISBN:9784775970034

売買タイミングと資金管理の融合を売買システムで実現。システムを発展させるために有効な運用成績の評価ポイントと工夫のコツが惜しみなく著された画期的な書！

心の鍛錬はトレード成功への大きなカギ！

ウィザードブックシリーズ32
ゾーン 相場心理学入門
著者：マーク・ダグラス
定価 本体 2,800円＋税　ISBN:9784939103575

【己を知れば百戦危うからず】
恐怖心ゼロ、悩みゼロで、結果は気にせず、淡々と直感的に行動し、反応し、ただその瞬間に「するだけ」の境地、つまり「ゾーン」に達した者こそが勝つ投資家になる！　さて、その方法とは？　世界中のトレード業界で一大センセーションを巻き起こした相場心理の名作が究極の相場心理を伝授する！

ウィザードブックシリーズ114
規律とトレーダー 相場心理分析入門
著者：マーク・ダグラス
定価 本体 2,800 円＋税　ISBN:9784775970805

【トレーダーとしての成功に不可欠】
「仏作って魂入れず」──どんなに努力して素晴らしい売買戦略をつくり上げても、心のあり方が「なっていなければ」成功は難しいだろう。つまり、心の世界をコントロールできるトレーダーこそ、相場の世界で勝者となれるのだ！『ゾーン』愛読者の熱心なリクエストにお応えして急遽刊行！

ウィザードブックシリーズ 107
トレーダーの心理学
トレーディングコーチが伝授する達人への道
著者：アリ・キエフ
定価 本体 2,800 円＋税　ISBN:9784775970737

高名な心理学者でもあるアリ・キエフ博士がトップトレーダーの心理的な法則と戦略を検証。トレーダーが自らの潜在能力を引き出し、目標を達成させるアプローチを紹介する。

ウィザードブックシリーズ 30
魔術師たちの心理学
トレードで生計を立てる秘訣と心構え
著者：バン・K・タープ
定価 本体 2,800 円＋税　ISBN:9784939103544

あまりの内容の充実に「秘密を公開しすぎる」との声があがったほど。システムトレードに必要な情報がこの一冊に！個性と目標利益に見合った売買システム構築のコツを伝授。

マンガ 投資の心理学
原作：青木俊郎　作画：麻生はじめ
定価 本体 1,200 円＋税　ISBN:9784775930267

「損切りできないのはなぜ？」「すでに値上がりした株の買いをためらうのはなぜ？」「投資判断を揺るがす心理的バイアスとは？」──投資家心理の綾、投資の心構えをやさしく解説。

相場で負けたときに読む本
～真理編～
著者：山口祐介
定価 本体 1,500 円＋税　ISBN:9784775990469

なぜ勝者は「負けても」勝っているのか？　なぜ敗者は「勝っても」負けているのか？　10年以上勝ち続けてきた現役トレーダーが相場の"真理"を詩的に表現。

※投資心理といえば『投資苑』も必見!!

日本のウィザードが語る株式トレードの奥義

生涯現役の株式トレード技術
著者：優利加
定価 本体 2,800円+税　ISBN:9784775990285

【ブルベア大賞2006-2007受賞!!】
生涯現役で有終の美を飾りたいと思うのであれば「自分の不動の型＝決まりごと」を作る必要がある。本書では、その「型」を具体化した「戦略＝銘柄の選び方」「戦術＝仕掛け・手仕舞いの型」「戦闘法＝建玉の仕方」をどのようにして決定するか、著者の経験に基づいて詳細に解説されている。

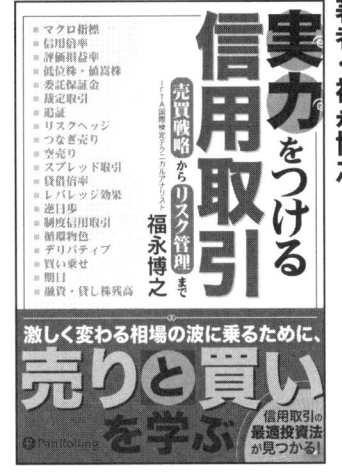

実力をつける信用取引 売買戦略からリスク管理まで
著者：福永博之
定価 本体 2,800円+税　ISBN:9784775990445

【転ばぬ先の杖】
「あなたがビギナーから脱皮したいと考えている投資家なら、信用取引を上手く活用できるようになるべきでしょう」と、筆者は語る。投資手法の選択肢が広がるので、投資で勝つ確率が高くなるからだ。「正しい考え方」から「具体的テクニック」までが紹介された信用取引の実践に最適な参考書だ。

DVD　生涯現役のトレード技術【銘柄選択の型と検証法編】
講師：優利加　定価 本体 3,800円+税
DVD1枚 95分収録　ISBN:9784775961582

ベストセラーの著者による、その要点確認とフォローアップを目的にしたセミナー。激変する相場環境に振り回されずに、生涯現役で生き残るにはどうすればよいのか?

DVD　生涯現役の株式トレード技術 実践編
講師：優利加　定価 本体 38,000円+税
DVD2枚組 356分収録　ISBN:9784775961421

著書では明かせなかった具体的な技術を大公開。4つの利(天、地、時、人)を活用した「相場の見方の型」と「スイングトレードのやり方の型」とは?　その全貌が明らかになる!!

DVDブック　4つの組み合わせで株がよくわかる テクニカル分析MM法
著者：増田正美　定価 本体 3,800円+税
DVD1枚 72分収録　ISBN:9784775961216

MM(マネー・メーキング)法は、ボリンジャーバンド、RSI、DMI、MACDの4つの指標で構成された銘柄選択+売買法。DVDとテキストを活用して知識を効率的に蓄積させよう!

DVDブック　短期売買の魅力とトレード戦略
著者：柳谷雅之　定価 本体 3,800円+税
DVD1枚 51分収録　ISBN:9784775961193

ブルベア大賞2004特別賞受賞。日本株を対象に改良したOOPSなど、具体的な技術はもちろん、短期システム売買で成功するための「考え方」が分かりやすく整理されている。

トレード業界に旋風を巻き起こしたウィザードブックシリーズ!!

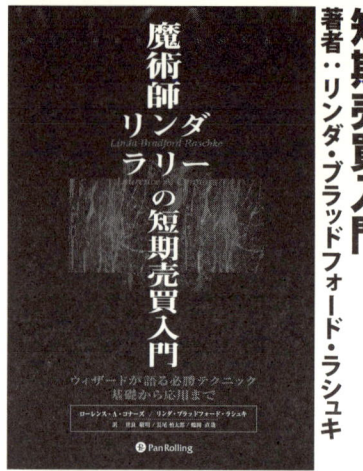

ウィザードブックシリーズ1
魔術師リンダ・ラリーの短期売買入門
著者：リンダ・ブラッドフォード・ラシュキ

定価 本体 28,000円+税　ISBN:9784939103032

【米国で短期売買のバイブルと絶賛】
日本初の実践的短期売買書として大きな話題を呼んだプロ必携の書。順バリ(トレンドフォロー)派の多くが悩まされる仕掛け時の「ダマシ」を逆手に取った手法(タートル・スープ戦略)をはじめ、システム化の困難な多くのパターンが、具体的な売買タイミングと併せて詳細に解説されている。

ウィザードブックシリーズ2
ラリー・ウィリアムズの短期売買法
著者：ラリー・ウィリアムズ

定価 本体 9,800円+税　ISBN:9784939103643

【トレードの大先達に学ぶ】
短期売買で安定的な収益を維持するために有効な普遍的な基礎が満載された画期的な書。著者のラリー・ウィリアムズは30年を超えるトレード経験を持ち、多くの個人トレーダーを自立へと導いてきたカリスマ。事実、本書に散りばめられたヒントを糧に成長したと語るトレーダーは多い。

ウィザードブックシリーズ51・52
バーンスタインのデイトレード【入門・実践】
著者：ジェイク・バーンスタイン　定価(各)本体7,800円+税
ISBN:(各) 9784775970126　9784775970133

「デイトレードでの成功に必要な資質が自分に備わっているのか？」「デイトレーダーとして人生を切り開くため、どうすべきか？」──本書はそうした疑問に答えてくれるだろう。

ウィザードブックシリーズ53
ターナーの短期売買入門
著者：トニ・ターナー
定価 本体2,800円+税
ISBN:99784775970140

「短期売買って何？」という方におススメの入門書。明確なアドバイス、参考になるチャートが満載されており、分かりやすい説明で短期売買の長所と短所がよく理解できる。

ウィザードブックシリーズ37
ゲイリー・スミスの短期売買入門
著者：ゲイリー・スミス
定価 本体2,800円+税
ISBN:9784939103643

20年間、大勝ちできなかった「並以下」の個人トレーダーが15年間、勝ち続ける「100万ドル」トレーダーへと変身した理由とは？　個人トレーダーに知識と勇気をもたらす良書。

ウィザードブックシリーズ102
ロビンスカップの魔術師たち
著者：チャック・フランク　パトリシア・クリサフリ
定価 本体2,800円+税
ISBN:9784775970676

ラリー・ウィリアムズが11376％をたたき出して世間を驚嘆させたリアルトレード大会「ロビンスカップ」。9人の優勝者が、その原動力となった貴重な戦略を惜しみなく披露する。

相場のプロたちからも高い評価を受ける矢口新の本！

生き残りのディーリング 決定版

著者：矢口新

定価 本体 2,800円＋税　ISBN:9784939103322

【相場にかかわるすべての人に読んでほしい】
1990年の初版以来「現役ディーラー座右の書」として多くの金融機関のディーリングルームに置かれてきた名著が「決定版」となって復活！ 新版は内容が全面的に見直され、個人投資家にも分かりやすく読めるように工夫されている。相場で生き残っていくための知恵を網羅した投資家必読の書。

なぜ株価は値上がるのか？ 相場のプロが教える「利食いと損切りの極意」

著者：矢口新

定価 本体 2,800円＋税　ISBN:9784775990315

【矢口氏の相場哲学が分かる！】
実践者が書いた「実用的」な株式投資・トレードの教科書。マーケットの真の力学を解き明かし、具体的な「生き残りの銘柄スクリーニング術」を指南する。ファンダメンタル分析にもテクニカル分析にも、短期売買にも長期投資にも、リスク管理にも資金管理にも、強力な論理的裏付けを提供。

矢口新の 相場力アップドリル[株式編]

著者：矢口新
定価 本体 1,800円＋税　ISBN:9784775990131

相場の仕組みを明確に理解するうえで最も大事な「実需と仮需」。この株価変動の本質を54の設問を通して徹底的に理解する。本書で得た知識は、自分で材料を判断し、相場観を組み立て、実際に売買するときに役立つだろう。

矢口新の 相場力アップドリル[為替編]

著者：矢口新
定価 本体 1,500円＋税　ISBN:9784775990124

「アメリカの連銀議長が金利上げを示唆したとします。このことをきっかけに相場はどう動くと思いますか？」──この質問に答えられるかで、その人の相場に関する基礎的な理解が分かる。本書を読み込んで相場力をUPさせよう。

マンガ 生き残りの株入門の入門 あなたは投資家？ 投機家？

原作：矢口新　作画：てらおかみちお
定価 本体 1,800円＋税　ISBN:9784775930274

タイトルの「入門の入門」は「いろはレベル」ということではない。最初から相場の本質を知るべきだという意味である。図からイメージすることで、矢口氏の相場哲学について、理解がさらに深まるはずだ。

心構えから具体例まで充実のオプション実践書

最新版 オプション売買の実践
著者：増田丞美
定価 本体 5,800 円＋税　ISBN:9784775990278

【プロが実際のトレードでポイントを解説】
瞬く間に実践者のバイブルとなった初版を最新のデータで改訂。すべてのノウハウが実例を基に説明されており、実践のコツが分かりやすくまとめられている。「チャートギャラリープロ」試用版CD-ROM付き。

最新版 オプション売買入門
著者：増田丞美
定価 本体 4,800 円＋税　ISBN:9784775990261

【オプション売買は難しくない】
世界的なオプショントレーダーである著者が、実践に役立つ基礎知識、ノウハウ、リスク管理法をやさしく伝授。小難しい理論よりも「投資家」にとって大切な知識は別にあることを本書は明確に教えてくれる。

オプション売買学習ノート
頭を使って覚えるオプションの基礎知識＆戦略
著者：増田丞美　定価 本体 2,800 円＋税
ISBN:9784775990384

「より勉強しやすいカタチ」を求めて生まれたオプション書初の参考書＆問題集。身に付けた知識を実践で応用が利く知恵へと発展させる効率的な手段として本書を活用してほしい。

オプション売買の実践 ＜日経225編＞
著者：増田丞美
定価 本体 5,800 円＋税　ISBN:9784775990377

日本最大のオプション市場である日経225オプション向きの売買戦略、そしてプロたちの手口を大公開。225市場の特色に即したアドバイス、勝ち残るための知恵が収められている。

オプション倶楽部の投資法
著者：増田丞美
定価 本体 19,800 円＋税　ISBN:9784775990308

増田丞美氏がスーパーバイザーを務める「オプション倶楽部」が会員だけに公開していた実際の取引を分かりやすく解説。オプション売買の"真髄"的な内容が満載された究極の書。

プロが教えるオプション売買の実践
著者：増田丞美
定価 2,800 円＋税　ISBN:9784775990414

オプション取引が「誤解」されやすいのは株式投資や先物取引とは質もルールも全く異なる「ゲーム」であると認識されていないから。ゲームが異なれば優位性も異なるのだ。

DVDブック 資産運用としてのオプション取引入門
著者：増田丞美　定価 本体 2,800 円＋税
DVD1枚 122分収録　ISBN:9784775961384

まずはDVDを一通り見てみよう。そしてテキストで学んだことを復習してほしい。投資家として知っておきたいオプションの本質と優位性が、初心者にも着実に理解できるだろう。

サヤ取りは世界三大利殖のひとつ！

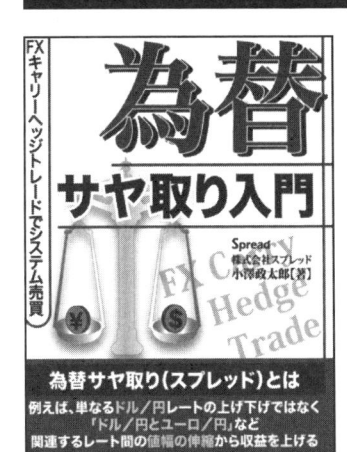

為替サヤ取り入門

著者：小澤政太郎

定価 本体 2,800円+税　ISBN:9784775990360

【為替で一挙両得のサヤ取り】
「FXキャリーヘッジトレード」とは外国為替レートの相関関係を利用して「スワップ金利差」だけでなく「レートのサヤ」も狙っていく「低リスク」の売買法だ!! 本書はその対象レートを選択する方法、具体的な仕掛けと仕切りのタイミング、リスク管理の重要性について解説している。

サヤ取り入門

著者：羽根英樹／蔓部音士

サヤ取りソフト「チャートギャラリープロ」試用版CD-ROMつき

定価 本体 3,200円+税　ISBN:9784939103308

【実践者が秘訣を公開しすぎと嘆いた書】
売りと買いを同時に仕掛ける「サヤ取り」。世界三大利殖のひとつ（他にサヤすべり取り・オプションの売り）と言われるほど独特の優位性があり、ヘッジファンドがごく普通に用いている手法だ。本書を読破した読者は、売買を何十回と重ねていくうちに、自分の得意技を身につけているはずだ。

マンガ サヤ取り入門の入門

著者：羽根英樹, 高橋達央
定価 本体 1,800円+税
ISBN:9784775930069

サヤグラフを表示できる「チャートギャラリープロ」試用版CD-ROMつき

個人投資家でも実行可能なサヤ取りのパターンを全くの初心者でも分かるようにマンガでやさしく解説。実践に必要な売買のコツや商品先物の基礎知識を楽しみながら学べる。

マンガ オプション売買入門の入門

著者：増田丞美, 小川集
定価 本体 2,800円+税　ISBN:9784775930076

オプションの実践的基礎知識だけでなく「いかにその知識を活用して利益にするか？」を目的にマンガで分かりやすく解説。そのためマンガと侮れない、かなり濃い内容となっている。

マンガ オプション売買入門の入門2［実践編］

著者：増田丞美, 小川集
定価 本体 2,800円+税　ISBN:9784775930328

マンガとしては異例のベストセラーとなった『入門の入門』の第2弾。基礎知識の理解を前提に、LEAPS、NOPS、日経225オプションなどの売買のコツが簡潔にまとめられている。

実践的ペアトレーディングの理論

著者：ガナパシ・ビディヤマーヒー
定価 本体 5,800円+税　ISBN:9784775970768

変動の激しい株式市場でも安定したパフォーマンスを目指す方法として、多くのヘッジファンドマネジャーが採用している統計的サヤ取り「ペアトレーディング」の奥義を紹介。

Audio Book 満員電車でも読める！オーディオブックシリーズ

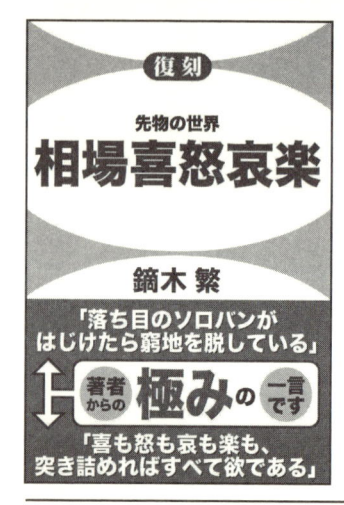

相場喜怒哀楽（全3巻）
著者：鏑木繁

各定価 本体 800 円＋税
各巻 MP3 ファイルまたは CD-R 2 枚組
1 巻 49MB 106 分　2 巻 45MB 97 分　3 巻 45MB 97 分

【相場は徹底的な自己管理の世界】
相場で勝つには常に自己管理、つまり「喜・怒・欲・哀・楽」の感情を厳しく抑制することが求められる。自らも相場で「過酷な経験」をした著者だからこそ説得力のある「感情にまつわる相場教訓」をオーディオブック形式で提供。朗読を説法のように聞くことで、心の鍛錬の機会を広げてほしい。

株式トレーダーへのひとことヒント集
著者：東保裕之

定価 本体 800 円＋税
MP3 ファイル 49MB 105 分

【心得は売買ルール修復の大ヒント】
ベストセラー『株式投資これだけはやってはいけない』の著者である東保裕之氏が投資にあたって覚えておいたほうがよいエッセンスを「ひとこと」で分かりやすく紹介。オーディオブック（音声ファイル）形式なので、満員電車や運転中の車のなかでも「耳で読む」ことが可能だ。

生き残りのディーリング決定版（全8巻）
著者：矢口新　各定価 本体 400 円＋税
各巻 MP3 ファイル 32～38MB 66～81 分

相場で生き残っていくための知恵を網羅した投資家必読の書がついにオーディオブックに！ 通勤電車やバスが日々の投資活動を振り返る絶好の空間に変身する。

魔術師が贈る 55 のメッセージ
定価 本体 800 円＋税
MP3 ファイル 35MB 60 分

シュワッガーの名著『マーケットの魔術師』三部作から厳選した珠玉の名言集。「失敗したときに読みたい名言」「教訓として覚えておきたい名言」などがまとめられている。

◎オーディオブックとは

プロの朗読で本の内容を理解する「耳で読むコンテンツ」です。例えば、満員電車で通勤しているとき、ジムで運動しているとき、暗いところで作業しているときなど、文字を目で追うのが難しい時間も読書にあてることができます。また耳で聞くならではの発見やひらめきもあるでしょう。パソコンをお持ちの方は Windows Media プレーヤー、iTunes、Real プレーヤーで簡単に聴取できます。また、iPod などの MP3 プレーヤーでも聴取可能です。

[刊行予定]
・『マーケットの魔術師』
・『賢明なる投資家』
・『規律とトレーダー』
・『相場で負けたときに読む本～真理編』

話題の新刊が続々登場！ウィザードコミックス

マンガ ウォーレン・バフェット
世界一の株式投資家、ウォーレン・バフェット。
その成功の秘密とは？
森生文乃著
定価1,680円（税込）

マンガ サヤ取り入門の入門
小さいリスクで大きなリターンが望める「サヤ取り」。
初心者でもすぐわかる、実践的入門書の決定版！
羽根英樹・高橋達央著
定価1,890円（税込）

マンガ オプション売買入門の入門
マンガを読むだけでここまでわかる！
難解と思われがちなオプション売買の入門書！
増田丞美・小川集著
定価2,940円（税込）

マンガ 商品先物取引入門の入門
基本用語から取引まで・・・
わかってしまえば株よりカンタン。商品先物の基本！
羽根英樹・斎藤あきら著
定価1,260円（税込）

マンガ 相場の神様本間宗久翁秘録
林輝太郎氏 特別寄稿！全157章完全収録！！
相場の神様が明かす相場の奥義！
林輝太郎・森生文乃著
定価2,100円（税込）

マンガ 世界投資家列伝
バフェット、マンガー、グレアム、フィッシャー。
20世紀を代表するマネーマスター4人の物語。
田中憲著
定価1,890円（税込）

マンガ 伝説の相場師リバモア
大恐慌のなか一人勝ちした伝説の相場師！
その人生はまさに波瀾万丈。
小島利明著
定価1,680円（税込）

マンガ 終身旅行者PT（パーマネントトラベラー）
自由に生きるための最高の戦略がここにある。
──橘 玲（『お金持ちになれる黄金の羽根の使い方』『マンガ マネーロンダリング』の著者）
木村昭二・夏生灼著
定価1,890円（税込）

マンガ 日本相場師列伝
波瀾万丈の人生を駆け抜けた相場師たち。
彼らの生き様からあなたはなにを学びますか？
鍋島高明・岩田廉太郎著
定価1,890円（税込）

マンガ デイトレード入門の入門
デイトレードで個人の株式売買がどう変わるのか。
ビギナーだからこそ始めたいネット時代の株式売買。
広岡球志著
定価1,680円（税込）

話題の新刊が続々登場！ウィザードコミックス

マンガ 信用取引入門の入門
空売りは、あなたの売買手法の幅を広げる画期的な手段なのです。
難しそうだと思っていた方も、まずは「入門の入門」から始めましょう。
てらおかみちお著
定価1,890円（税込）

マンガ ファンダメンタルズ分析入門の入門
実例をふんだんに使って実践的に解説。「あの時、これを知っていればなあ」と思うこと間違いなし。
さあ、あなたも"賢明なる投資家"への第一歩を踏み出しましょう。
山本潤・小川集著
定価1,890円（税込）

マンガ ジョージ・ソロス
女王陛下のイングランド銀行に対し、たった一人で戦争を仕掛けた
ソロスの戦略とは
黒谷 薫著
定価1,680円（税込）

マンガ ジム・ロジャーズ
冒険投資家に学ぶ世界経済の見方
10年間で4200%のリターン！天才投資家は、いま、どこを見ているのか!?
森生文乃著
定価1,680円（税込）

マンガ 三猿金泉秘録
日本相場の聖典
"相場の聖典"がマンガで登場！
牛田権三郎・広岡球志著
定価1,890円（税込）

マンガ 不動産投資入門の入門
だれでもできる中古ワンルームマンション投資法
こんなにローリスクでいいの？数百万円からできる不動産投資。
石川臨太郎・てらおかみちお著
定価1,890円（税込）

マンガ LTCM(ロング・ターム・キャピタル・マネジメント)
ノーベル賞受賞者を含む"金融工学の天才たち"は、どうやって
利益を出し、そして、破綻したのか…。その実態に迫る！
清水昭男・狩谷ゆきひで著
定価1,680円（税込）

マンガ 監査法人アーサー・アンダーセン
"ビッグ5"と呼ばれたアメリカの大手会計事務所。そのジレンマが引き起こした倒産
劇とは――。会計監査からコンサルへ…名門企業、苦悩の末路。
清水昭男・小川集著
定価1,680円（税込）

マンガ 仕手相場　相場を操る者たち
カネだけがモノをいう非情の世界。実際にあった仕手戦を
基にした異色の経済フィクション！
こずかた治・原田久仁信著
定価1,050円（税込）

マンガ 山本有花流！株入門の入門
自分に合ったカンタン投資法はこうして作る
"フツーの主婦"が家事をしながら3000万円稼いじゃった!?
山本有花・森生文乃著
定価1,260円（税込）

マンガ エンロン(Enron)
アメリカ資本主義をゆるがす史上最大級の粉飾決算
債務総額 6兆円超！　巨大エネルギー会社が破綻？
清水昭男・広岡球志著
定価1,680円（税込）

道具にこだわりを。

よいレシピとよい材料だけでよい料理は生まれません。
一流の料理人は、一流の技術と、それを助ける一流の道具を持っているものです。
成功しているトレーダーに選ばれ、鍛えられたチャートギャラリーだからこそ、
あなたの売買技術がさらに引き立ちます。

Chart Gallery 3.1 for Windows
Established Methods for Every Speculation

パンローリング相場アプリケーション

チャートギャラリープロ 3.1　　定価**84,000円**（本体80,000円＋税5％）
チャートギャラリー 3.1　　　　定価**29,400円**（本体28,000円＋税5％）

【商品紹介ページ】http://www.panrolling.com/pansoft/chtgal/

RSIなど、指標をいくつでも、何段でも重ね書きできます。移動平均の日数などパラメタも自由に変更できます。一度作ったチャートはファイルにいくつでも保存できますので、毎日すばやくチャートを表示できます。
日々のデータは無料配信しています。ボタンを2、3押すだけの簡単操作で、わずか3分以内でデータを更新。過去データも豊富に収録。
プロ版では、柔軟な銘柄検索などさらに強力な機能を搭載。ほかの投資家の一歩先を行く売買環境を実現できます。

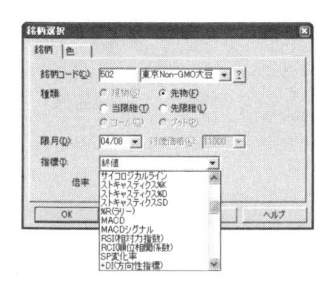

お問合わせ・お申し込みは

Pan Rolling パンローリング株式会社

〒160-0023 東京都新宿区西新宿7-9-18-6F　　TEL.03-5386-7391　FAX.03-5386-7393
E-Mail info@panrolling.com　ホームページ http://www.panrolling.com/

Pan Rolling

相場データ・投資ノウハウ 実践資料…etc

ここでしか入手できないモノがある

今すぐトレーダーズショップにアクセスしてみよう！

1 インターネットに接続して http://www.tradersshop.com/ にアクセスします。インターネットだから、24時間どこからでもOKです。

2 トップページが表示されます。画面の左側に便利な検索機能があります。タイトルはもちろん、キーワードや商品番号など、探している商品の手がかりがあれば、簡単に見つけることができます。

3 ほしい商品が見つかったら、お買い物かごに入れます。お買い物かごにほしい品物をすべて入れ終わったら、一覧表の下にあるお会計を押します。

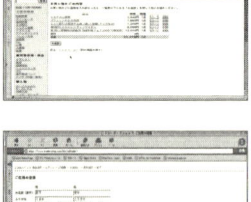

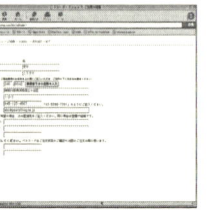

4 はじめてのお客さまは、配達先等を入力します。お支払い方法を入力して内容を確認後、ご注文を送信を押して完了（次回以降の注文はもっとカンタン。最短2クリックで注文が完了します）。送料はご注文1回につき、何点でも全国一律250円です（1回の注文が2800円以上なら無料！）。また、代引手数料も無料となっています。

5 あとは宅配便にて、あなたのお手元に商品が届きます。
そのほかにもトレーダーズショップには、投資業界の有名人による「私のオススメの一冊」コーナーや読者による書評など、投資に役立つ情報が満載です。さらに、投資に役立つ楽しいメールマガジンも無料で登録できます。ごゆっくりお楽しみください。

Traders Shop

http://www.tradersshop.com/

投資に役立つメールマガジンも無料で登録できます。 http://www.tradersshop.com/back/mailmag/

パンローリング株式会社

〒160-0023 東京都新宿区西新宿7-9-18-6F
Tel：03-5386-7391　Fax：03-5386-7393
http://www.panrolling.com/
E-Mail　info@panrolling.com

お問い合わせは

携帯版